घरेलू बजट

घरेलू बजट

कविता गोस्वामी

इशिका पब्लिशिंग हाउस
जयपुर दिल्ली

इशिका पब्लिशिंग हाउस

ए -25, "गणेश सदन", गली न. 4, आदर्श बस्ती,
बी.एल. हाउस के पास, टोंक फाटक,
जयपुर-302018 (राजस्थान) भारत
फोन: 0141-2761280, Mob. 9887532741
Email: ishikapublishinghouse@yahoo.in

दिल्ली कार्यालय : 102, प्रथम मंजिल, 'सत्यम हाउस'
4324/3, अंसारी रोड़, दरियागंज, नई दिल्ली - 110 002
फोन : 011-45652440

ISBN: 9788189471385

टाइपसेटिंग : बी.एस. कम्प्यूटर्स, जयपुर

मुद्रक : थॉमसन प्रेस, नई दिल्ली

प्रस्तावना

एक कृषि प्रधान देश होने के कारण हमारे यहां सदियों से संयुक्त परिवार की प्रथा प्रचलित रही है, लेकिन औद्योगीकरण और आधुनिकीकरण के हमारे परिवार का सदियों पुराना स्वरूप तेजी से बदला है और संयुक्त परिवार का स्तान एकल परिवार ने ले लिया है। संयुक्त परिवार में गृहिणयों की जिम्मेदारियां बंटी हुई होती थीं। धन-प्रबन्ध पूर्ण रूप से घर के मुखिए के हाथ में होता था लेकिन आज गृहिणी के ऊपर उसके परिवार की सम्पूर्ण जिम्मेदारी आ गयी है और उसे प्रतिदिन नई चुनौतियों का सामना करना पड़ रहा है। घरेलू अर्थव्यवस्था को सुदृढ़ बनाने के लिए उसे घर के बाहर नौकरी भी करनी पड़ रही है। इस तरह गृहिणी का कार्य-क्षेत्र भी बढ़ गया है। तेजी से बदलती दुनिया में भाग-दौड़ बढ़ती जा रही है और समय की कमी की शिकायत भी हर कोई करता है। इन परिवर्तनों का प्रभाव हमारे आर्थिक, सामाजिक और सांस्कृतिक जीवन पर विशेष रूप से आये हैं। ये अन्तर इस तथ्य की ओर इंगित करते हैं कि हम परिवर्तनों की चुनौतियों को स्वीकार कर उनके साथ समझौते कर रहे हैं अथवा दूसरे शब्दों में परिवर्तनों के साथ बदम मिलाकर चल रहे हैं।

गृह प्रबंधन का शाब्दिक अर्थ है—घर का प्रबंधन अर्थात ऐसा प्रबंधन जिससे घर के सभी निश्चित उद्देश्य पूरे हो सके। परिवार की खुशियाँ, सुख-सृमद्धि, स्वास्थ्य और परिवार के सभी सदस्यों का उज्जवल भविष्य सफल गृह-प्रबन्ध पर ही निर्भर करता है। इसके लिए गृहिणी को घर के सभी क्षेत्र, सभी स्तर के साथ -साथ सभी सदस्य की ओर समुचित ध्यान देना होता है। गृहिणी की परिकल्पानाओं तथा सूझ-बूझ के परिणामस्वरूप ही पारिवारिक एवं घरेलू संसाधनों का सर्वाधिक उपयोग

समभव हो सकता है। गृहिणी को उपलब्ध संसाधन मानवीय और अमानवीय प्रकृति के होते हैं। घरेलू कार्य-कलापों का नियोजन तथा नियन्त्रण इन्हीं संसाधनों पर निर्भर करता है।

पुस्तक के प्रकाशन में विविध ग्रंथों, लेखों और शोध-पत्रों से मदद ली गई है। हम उनके लेखकों के प्रति अपना आभार प्रकट करता हूँ। आशा है पुस्तक पाठकों के लिए उपयोगी होगी।

कविता गोस्वामी

अनुक्रमणिका

1

विषय बोध

प्रत्येक क्षेत्र में प्रबंधन का महत्त्व दिनानुदिन बढ़ता जा रहा है। इसका प्रमुख कारण है कि अव्यवस्थित निवेश या किसी कार्य से वांछित लाभ संभव नहीं हो पाता। बड़े उपक्रमों से लेकर घरेलू व्यवस्था तक इसे महत्त्व दिया जा रहा है। प्रबंधन क्या है? इसका क्या महत्त्व है या घरेलू कार्यों में इसकी क्या भागीदारी है ? इस विषय में प्रबंध विशेषज्ञों ने विभिन्न प्रकार से अपने विचारों को व्यक्त किये हैं। प्रबंध को परिभाषित करते हुए **मैक्फारलैंड** ने लिखा है कि, "प्रबंध वह प्रक्रिया है जिसके द्वारा प्रबंधक क्रमबद्ध, समन्वित एवं सहकारितापूर्ण मानवीय प्रयासों से उद्देश्यपूर्ण संगठनों का सृजन करते हैं, निर्देशन करते हैं, बनाए रखते हैं तथा संचालन करते हैं।" इस विषय में **टैरी** का मानना है कि, "प्रबंध एक पृथक् प्रक्रिया है जिसमें नियोजन, संगठन, उत्प्रेरण एवं नियंत्रण सम्मिलित है। इनमें से प्रत्येक में विज्ञान एवं कला दोनों का प्रयोग करते हुए पूर्व निर्धारित उद्देश्यों की पूर्ति के लिए इस प्रक्रिया का अनुसरण किया जाता है।" **हेनरी फेयोल** ने लिखा है कि, "प्रबन्ध का अर्थ है पूर्वानुमान लगाना एवं योजना बनाना, संगठित करना, आदेश देना, समन्वय करना तथा नियंत्रण करना।"

इस तरह हम देखते हैं कि प्रबंध एक ऐसी पृथक् प्रक्रिया है जिसमें प्रबंध में नियोजन, संगठन, उत्प्रेरण तथा नियंत्रण सम्मिलित हैं और इसमें कला एवं विज्ञान दोनों का प्रयोग किया जाता है। पूर्व निर्धारित उद्देश्यों की पूर्ति के लिए भी इसका अनुसरण किया जाता है।

प्रबंधन की कुछ सामान्य परिभाषाएँ इस प्रकार हैं–

"प्रबंध औपचारिक रूप से संगठित समूहों के माध्यम से तथा उनके साथ मिलकर कार्य करने तथा कराने की कला है।" ***हैरोल्ड कूंट्ज***

"निश्चित उद्देश्यों की प्राप्ति के लिए मानवीय शक्तियों के प्रयोग एवं निर्देशन की विधि प्रबंध कहलाती है।" ***विल्सन***

"प्रबंध किसी समुदाय की एक एजेंसी द्वारा कार्य करवाने की प्रक्रिया है।"

सर चार्ल्स रेनोल्ड

"प्रबंध दूसरे व्यक्तियों के प्रयासों से परिणामों को प्राप्त करना है।"

लारेंस एप्ले

उपरोक्त परिभाषाओं के अध्ययन तथा विश्लेषण से स्पष्ट होता है कि प्रबंध दूसरे व्यक्तियों से कार्य करवाता है। सभी कार्यकर्ता एक निश्चित उद्देश्य की प्राप्ति हेतु औपचारिक रूप से संगठित होकर प्रयास करते हैं।

कुछ विद्वानों ने प्रबंध को निर्णय लेने की प्रक्रिया माना है। इनमें प्रमुख विद्वानों के विचार निम्न प्रकार हैं–

स्टेन्ले वेंस का मत, "संक्षेप में, प्रबंध का आशय निर्णय लेने तथा मानवीय क्रियाओं पर नियंत्रण रखने की विधि से है जिससे कि पूर्व-निर्धारित लक्ष्यों को आसानी से प्राप्त किया जा सके।"

प्रो. डोनाल्ड क्लग का विचार, "प्रबंध निर्णय लेने तथा नेतृत्व प्रदान करने की कला एवं विज्ञान है।"

रौस मूरे ने निणर्यन को महत्व देते हुए लिखा है कि, "प्रबंध से आशय निर्णय लेना है।"

इन परिभाषाओं के विश्लेषण से यह स्पष्ट होता है कि निर्णयन प्रबंध का केंद्र-बिंदु है, परंतु ये परिभाषाएँ प्रबंध के क्षेत्र को संकुचित बना देती हैं क्योंकि निर्णयन तो प्रबंध की प्रक्रिया में एक कदम है। यह अपने-आप में संपूर्ण प्रबंध का स्थान प्राप्त नहीं कर सकता।

उत्पादकता तथा कुशलता को आधार मानते हुए **जान एफ. मी.** ने लिखा है कि, "प्रबंध का आशय न्यूनतम प्रयास द्वारा अधिकतम परिणाम प्राप्त करने की कला से है जिससे कि नियोक्ता एवं कर्मचारी दोनों के लिए अधिकतम समृद्धि एवं खुशहाली तथा जनता के लिए सर्वश्रेष्ठ सेवा संभव हो सके।" इस विषय में **टेलर** का मानना है कि, "प्रबंध यह जानने की कला है कि आप व्यक्तियों से क्या करवाना चाहते हैं। तत्पश्चात् यह देखना कि वे इसे सर्वोत्तम एवं मितव्ययितापूर्ण विधि से करें।"

ये परिभाषाएँ न्यूनतम लागत तथा अधिकतम उत्पादन के सिद्धांत पर आधारित हैं। यद्यपि लाभदायकता के दृष्टिकोण से यह विचार अति उपयुक्त है, परंतु आधुनिक विद्वानों ने इन परिभाषाओं की कड़ी आलोचना की है क्योंकि यह उत्पादन के साधनों के अधिकतम उपयोग पर तो जोर देती हैं परंतु इसमें व्यावहारिक पक्षों पर ध्यान भी दिया जाता है।

गृह प्रबन्ध का अर्थ

गृह प्रबंधन का शाब्दिक अर्थ है—घर का प्रबंधन अर्थात् ऐसा प्रबंधन जिससे घर के सभी निश्चित उद्देश्य पूरे हो सकें। परिवार की खुशियाँ, सुख-सृमद्धि, स्वास्थ्य और परिवार के सभी सदस्यों का उज्जवल भविष्य सफल गृह-प्रबन्ध पर ही निर्भर करता है। इसके लिए गृहिणी को घर के सभी क्षेत्र, सभी स्तर के साथ-साथ सभी सदस्यों की ओर समुचित ध्यान देना होता है। गृहिणी की परिकल्पनाओं तथा सूझ-बूझ के परिणामस्वरूप ही पारिवारिक एवं घरेलू संसाधनों का सर्वाधिक उपयोग समभव हो सकता है। गृहिणी को उपलब्ध संसाधन मानवीय और अमानवीय प्रकृति के होते हैं। घरेलू कार्य-कलापों का नियोजन तथा नियन्त्रण इन्हीं संसाधनों पर निर्भर करता है। सच्चे अर्थों में उपलब्ध साधनों का अधिकतम उपयोग करते हुए पारिवारिक लक्ष्यों की प्राप्ति करना ही सफल गृह-प्रबन्ध है। कहने का आशय गृह-प्रबन्धन जीवन-निर्वहन की एक शैली है। पारिवारिक लक्ष्यों की प्राप्ति के लिए जीवन-निर्वहन एक नियोजित शैली में होता है, जिस पर गृहिणी का नियन्त्रण होता है। मानवीय तथा अमानवीय संसाधनों का सर्वाधिक उपयोग जो गृहिणी जितनी ही अधिक सफलता से करती है, उसका प्रबन्धन उतना ही उत्तम होता है। पारिवारिक लक्ष्यों को उनके महत्त्व, उपयोगिता और आवश्यकता के आधार पर प्रश्रय दिया जाता है और संसाधनों का प्रयोग भी उसी के अनुसार किया जाता है। समय (time), शक्ति अथवा ऊर्जा (energy), धन (money), तथा भौतिक वस्तुओं (materials) के साथ-साथ पारिवारिक संसाधनों में परिवार के सदस्यों की मनोवृत्ति (attitudes), रूचियों (interests), कार्य-कुशलता तथा दक्षता (abilities and skills), ज्ञान (knowledge) तथा सामुदायिक सुविधाओं (community facilities) को महत्व दिया जाता है। इतने सारे संसाधनों में क्रमबद्धता स्थापित करना गृहिणी के लिए बहुत ही चुनौतीपूर्ण कार्य होता है। इसलिए गृहिणी को सूझ-बूझ के साथ इनका नियोजन (planning), नियन्त्रण (controlling), निष्पादन (execution) तथा अन्त में मूल्यांकन (evalutaion) करना पड़ता है।

गृह प्रबन्ध के सम्बन्ध में **ग्रॉस** तथा **क्रैंडल** का विचार है कि— Management is using what you have to get what you want. मनुष्य जीवन आवश्यकताओं पर आधारित होता है। इन्हीं आवश्यकताओं की पूर्ति करना मनुष्य का लक्ष्य होता है। लक्ष्य को पाने के लिए मनुष्य को उपलब्ध साधनों पर निर्भर करना होता है। उदाहरण के लिए अगर किसी बच्चे को उच्च शिक्षा प्राप्त करनी है तो उसके समक्ष

धन, समय, ऊर्जा एवं अन्य भौतिक संसाधनों के साथ-साथ कुछ अन्य संसाधन भी उपलब्ध होने चाहिएँ; यथा - परिवार के सदस्यों की मनोवृत्ति भी इस दिशा में सकारात्मक होनी चाहिए और परिवार के लोगों को बच्चे की पढ़ाई में रुचि लेनी चाहिए। बच्चे को उच्च शिक्षा प्राप्त करने के लिए अपने ज्ञान को बढ़ाना एवं पठन-पाठन सम्बन्धी अपनी दक्षता को बढ़ाना पड़ता है। इसके लिए उसे कुछ सामुदायिक सुविधाओं यथा- शिक्षण संस्थान, पुस्तकालय आदि की उपलब्धता की भी जरूरत होती है। बच्चे की उच्च शिक्षा की तरह ही परिवार के ढेर सारे लक्ष्य होते हैं जिनकी पूर्ति करनी रहती है। इसके लिए योजना बनाकर नियन्त्रित ढंग से उसके निष्पादन की जरूरत होती है। एक सफल गृहिणी सभी उपलब्ध संसाधनों का अधिकतम उपयोग करते हुए पारिवारिक लक्ष्यों को प्राप्त करने के लिए निरंतर प्रयास रत रहती है।

एक कृषि प्रधान देश होने के कारण हमारे यहाँ सदियों से संयुक्त परिवार की प्रथा प्रचलित रही है, लेकिन औद्योगीकरण और आधुनिकीकरण के हमारे परिवार का सदियों पुराना स्वरूप तेजी से बदला है और संयुक्त परिवार का स्थान एकल परिवार ने ले लिया है। संयुक्त परिवार में गृहिणियों की जिम्मेदारियाँ बँटी हुई होती थीं। धन-प्रबन्ध पूर्ण रूप से घर के मुखिए के हाथ में होता था लेकिन आज गृहिणी के ऊपर उसके परिवार की सम्पूर्ण जिम्मेदारी आ गयी है और उसे प्रतिदिन नई चुनौतियों का सामना करना पड़ रहा है। घरेलू अर्थव्यवस्था को सुदृढ़ बनाने के लिए उसे घर के बाहर नौकरी भी करनी पड़ रही है। इस तरह गृहिणी का कार्य-क्षेत्र भी बढ़ गया है। तेजी से बदलती दुनिया में भाग-दौड़ बढ़ती जा रही है और समय की कमी की शिकायत भी हर कोई करता है। इन परिवर्तनों का प्रभाव हमारे आर्थिक, सामाजिक और सांस्कृतिक जीवन पर विशेष रूप से आये हैं। ये अन्तर इस तथ्य की ओर इंगित करते हैं कि हम परिवर्तनों की चुनौतियों को स्वीकार कर उनके साथ समझौते कर रहे हैं अथवा दूसरे शब्दों में परिवर्तनों के साथ कदम मिलाकर चल रहे हैं। आधुनिक भाग-दौड़ और समयाभाव से पूर्ण जीवन में गृह-प्रबन्धन का महत्त्व और भी बढ़ जाता है।

गृह-प्रबन्ध की सफलता का मूल्यांकन अन्य प्रबन्धों के मूल्यांकन से अलग होता है। पारिवारिक खुशियों, परिवार के सदस्यों की समृद्धि, उनका स्वस्थ रहना, बच्चों का अच्छे पदों पर स्थापित होना, इन सभी की सन्तुष्टि ही गृह-प्रबन्धन की सफलता की कसौटी है। गृह-प्रबन्ध की सफलता कई स्तरों और बिन्दुओं पर आँकी जाती है। परिवार के लोग अगर प्रसन्न और सन्तुष्ट नहीं रहते तो गृह-प्रबन्धन सफल

नहीं माना जायेगा। उपलब्ध संसाधनों चाहे वे मानवीय हों या अमानवीय द्वारा घर संचालित नहीं हो पाता तब भी गृह-प्रबन्धन को दोषपूर्ण माना जायेगा; घर के लोग अगर अपने लक्ष्यों को प्राप्त करने में सफल नहीं हो पाते तब भी यह गृह-प्रबन्धक की ही विफलता मानी जायेगी। इस तरह गृह-प्रबन्धन की सफलता विभिन्न स्तरों पर आधारित रहती है। हर स्तर की अपनी माँग होती है तथा उससे सम्बन्धित संसाधन भी अलग होते हैं और परिस्थितियाँ भी भिन्न-भिन्न होती हैं। गृह-प्रबन्धक द्वारा लिए गये निर्णय इसमें अहम् भूमिका निभाते हैं। इसलिए हर गृहिणी के लिए यह अनिवार्य हो जाता है कि वह गृह-प्रबन्धन के विविध पक्षों से परिचित हो, हरक्षेत्र में अपना ज्ञान बढ़ाये। सम्यक् ज्ञान के अभाव में निर्णय गलत हो जाते हैं।

गृह-प्रबन्धन भौतिक तत्त्वों के साथ-साथ जीवन मूल्यों, संवेदनाओं तथा पारस्परिक सम्बन्धों पर भी आधारित होता है। इसलिए दिमाग के साथ-साथ दिल को भी समुचित महत्त्व देना होता है। गृह-प्रबन्धन में पारस्परिक सम्बन्धों को ध्यान में रखते हुए सारे निर्णय लेने होते हैं। घर के हर सदस्य की सुविधाओं का ध्यान रखना और उनमें घर के प्रति विश्वसनीयता जगाना भी जरूरी रहता है। कई बार ऐसा भी होता है कि परिस्थितिवश पूर्व में लिए गये निर्णय में जरूरी बदलाव करने की जरूरत पड़ जाती है। इसलिए गृहिणी को हर बिन्दु पर मानसिक धरातल पर सक्रियता बनाये रखनी पड़ती है जिससे सही लक्ष्य पर पहुँचा जा सके और सही परिणाम प्राप्त किये जा सकें। पूर्वकालिक गृह-प्रबन्धन तथा सम-सामयिक गृह-प्रबन्धन में विभिन्न स्तरों पर अन्तर पाया जाता है। पूर्व काल में लक्ष्य, मूल्य तथा संसाधन सभी कुछ सीमित थे। नौकरियाँ सीमित थीं, व्यापार-व्यवसाय के क्षेत्र भी कम थे। इसी तरह आय के स्रोत भी कम थे। आज न तो नौकरियाँ सीमाबद्ध हैं, न ही व्यापार-व्यवसाय और न ही आय के स्रोत।

आधुनिक शिक्षा प्रणाली पठन-पाठन में नये-नये विषयों का समावेश हो रहा है, जो व्यक्ति को भविष्य की अनेक दिशाओं के पथ पर ले जा रहे हैं। ऐसी परिस्थिति में, एक सफल गृह-प्रबन्धक बनने के लिए नई-नई सूचनाओं तथा जानकारियों से स्वयं को जोड़े रखना भी जरूरी है। आज जो गृहिणियाँ स्वयं को नई जानकारियों से समृद्ध नहीं बना पातीं वे जीवन की दौड़ में स्वयं तो पीछे रहती ही हैं साथ ही अपने बच्चों को भी जीने के उत्तम मौके देने में विफल हो जाती हैं, साथ ही अपने बच्चों को भी जीने के उत्तम मौके देने में विफल हो जाती हैं। इसलिए आधुनिक गृहिणियों को चाहिए कि वे चूल्हे-चौके और सिलाई-बुनाई तक ही स्वयं को सीमित न रखकर, नई-नई बातों की जानकारी भी ऐसा कर वह अपने परिवार को एक सुखद, सुन्दर और सफल कर सकती हैं।

प्रबन्धन की विशिष्टताएँ

प्रबंध की विशिष्टताएँ समाज, संस्कृति एवं अर्थव्यवस्था की कई प्रक्रियाओं के बीच से निकलकर सामने आती है। ये तमाम विशिष्टताएँ प्रबंध की व्यापक चर्चाओं से सांस्थापित कार्य-व्यवहार की विशिष्टताओं पर भी प्रकाश डालती हैं। प्रबन्ध मानवीय संगठनों का एक विशिष्ट कार्य है। इसके अर्थ, अवधारणा एवं प्रकृति को सही रूप में समझने के लिए इसकी प्रमुख विशेषताओं का अध्ययन करना आवश्यक है। प्रबंधन की प्रमुख विशिष्टताओं पर नीचे प्रकाश डाला जा रहा है–

1. सार्वभौमिकता–प्रबंधन एक ऐसी प्रक्रिया है जिसके सिद्धान्त, कौशल व तकनीकें सभी प्रकार के मानवीय संगठनों के संचालन में समान रूप से लागू होती हैं। व्यावसायिक एवं गैर-व्यावसायिक संगठनों के साथ-साथ प्रत्येक देश एवं अर्थव्यवस्था में संस्थाओं की सफलता के लिए प्रबन्ध कार्य आवश्यक होता है। अतः **प्रबन्धकीय कौशल योग्यता एवं अनुभव विभिन्न मानवीय संगठनों में हस्तान्तरणीय** है।

2. श्रेणीबद्ध प्रबन्ध–प्रबन्धन अधिकारों एवं कर्त्तव्यों का एक श्रेणीबद्ध प्रबन्ध है, जिसके कारण मानव की दशाओं योगदानों व भूमिकाओं एवं कर्त्तव्यों में विषमताएँ फैल जाती हैं। संस्था में कार्यों को समय पर निष्पादित करने के लिए कर्मचारियों के निर्देशन, अभिप्रेरणा व नियन्त्रण की आवश्यकता होती है ताकि कार्य कुशलतापूर्वक बड़े अधिकारी अपने अधीनस्थों को आदेश-निर्देश देते हैं, नियमानुसार कार्य करवाते हैं तथा कार्य की प्रगति के बारे में पूछते हैं। वे अपने अधीनस्थों का नेतृत्व करते हैं। **हरबिसन तथा मेयर्स** ने लिखा है–**"प्रबन्ध वास्तविक अर्थों में नियम बनाने व लागू करने वाली संस्था है। यह स्वयं में उच्च अधिकारियों एवं अधीनस्थों के सम्बन्ध जाल में बँधी हुई होती है।"**

3. सामूहिक प्रयास–सामूहिक प्रयास प्रबंधन की एक विशिष्ट प्रक्रिया होती है। संगठन के लक्ष्यों की प्राप्ति एक व्यक्ति की तुलना में सामूहिक रूप से कर पाना ज्यादा सुगम होता है। समूह के प्रयासों को समन्वित करने व प्रभावी बनाने के लिए प्रबन्धकीय निर्देशन एवं नियन्त्रण की आवश्यकता होती है। प्रबन्धन की समूह प्रकृति के कारण ही **कून्ट्ज एवं ओ'डोनेल** ने अपनी परिभाषा में **"इसे औपचारिक रूप से संगठित समूहों"**, **चार्ल्स रेनाल्ड** ने **"समुदाय का अभिकरण'** तथा **लॉरेन्स एप्पले** ने **"दूसरे व्यक्तियों के प्रयास"** कहा।

4. संयोजित प्रक्रिया–नियोजन, संगठन, निर्देशन, नियन्त्रण, समन्वय आदि एक ऐसी प्रक्रिया है जिसमें इन सभी कार्यों को एक संयोजित एवं एकीकृत प्रक्रिया

के रूप में रखा जाता है। ये सभी कार्य पृथक्-पृथक् या एकाकी रूप से निष्पादित नहीं किये जाते हैं। ये सभी कार्य एक दूसरे से सम्बन्धित एवं प्रभावित होते हैं। **ब्रेच** (Brech) के अनुसार **"प्रबन्ध एक एकीकृत या संयोजित प्रक्रिया है।"** प्रबंधन एक ऐसी व्यवस्था है जिसके लिए विशिष्टीकरण की अनिवार्यता नहीं होती।

5. अमूर्तता—**जॉर्ज टैरी** का मानना है कि प्रबन्धन **अदृश्य शक्ति** है। कुछ अन्य विद्वानों ने भी प्रबन्ध को अस्पृश्य, अविचारणीय एवं अमूर्त बताया है। इसका आशय है कि प्रबन्धन की विद्यमानता को इसके प्रयासों के परिणामों, जैसे—सुव्यवस्था, कर्मचारी संतुष्टि, श्रेष्ठ उत्पादन, उत्साह, उत्तम नीतियों आदि से अनुभव किया जा सकता है। इसी प्रकार अकुशल प्रबन्धन की जानकारी, योग्य प्रबन्धन की तुलना में, कर्मचारियों व समाज को शीघ्र हो जाती है।

6. व्यावहारिकता एवं वैज्ञानिकता—प्रबंधन का स्वरूप व्यावहारिक होने के साथ-साथ वैज्ञानिक भी होता है। विज्ञान के रूप में प्रबन्धन सुव्यवस्थित एवं क्रमबद्ध सिद्धान्तों, विधियों व तकनीकों का ज्ञान समूह है। कला के रूप में प्रबन्ध इन सैद्धान्तिक नियमों का व्यावहारिक प्रयोग है। प्रबन्धन की सफलता इसका विधिवत् ज्ञान प्राप्त करने एवं व्यक्तिगत आधार पर व्यवहार में इसके कुशल प्रयोग करने, दोनों ही पर निर्भर करती है। **टैरी** का मानना है कि—"प्रबन्धन का अध्ययन किया जा सकता है, इसका ज्ञान प्राप्त किया जा सकता है तथा इसके प्रयोग में प्रवीणता प्राप्त की जा सकती है।"

7. मानवीय संगठनों से जुड़ी प्रक्रिया—प्रबन्धन मानवीय संगठनों का ही एक रूप है। पशुओं, भौतिक संसाधनों, यंत्रों, भूमि-भवनों तथा अन्य निर्जीव वस्तुओं का प्रबन्ध नहीं होता, क्योंकि इन्हें निर्देश देना तथा उनका पालन करवाना सम्भव नहीं होता। **कारलिसले** (Carlisle) ने इस सन्दर्भ में लिखा है—"प्रबन्धन मानवीय संगठनों से सम्बन्धित कार्य है। पशुओं का प्रशिक्षक प्रबन्धक नहीं होता है जबकि मनुष्यों का प्रशिक्षक प्रबन्धक हो सकता है।" सर्कस में पशुओं से कार्य लेने वाला 'प्रशिक्षक' कहलाता है, प्रबन्धक नहीं।

8. मानवीय प्रक्रिया—यह ध्यान रखने योग्य बात है कि प्रबन्धन मानवीय व्यवहार एवं प्रयासों के नियोजन, संगठन, निर्देशन, अभिप्रेरणा एवं नियन्त्रण से सम्बन्धित है। मानव एवं उसका व्यवहार ही प्रबन्ध की मुख्य विषयवस्तु है। **पीटर एफ. ड्रकर** का कथन है कि, "प्रबन्धन कार्य है, प्रबन्धन एक विधा है। किन्तु प्रबन्धन व्यक्ति भी है। प्रबन्ध की हर उपलब्धि प्रबन्धक की उपलब्धि है। हर सफलता प्रबन्धक की सफलता है। व्यक्ति प्रबन्धन करते हैं न कि "शक्तियाँ

अथवा तथ्य'' (People manage rather than forces or 'facts')। प्रबन्धकों की दृष्टि, समर्पण व सत्यनिष्ठा ही यह निर्धारित करती है कि वहाँ प्रबन्ध है या कुप्रबन्ध।'' प्रबन्ध की मानवीय प्रकृति के कारण ही **लॉरेन्स एप्पले** ने कहा है कि **''प्रबल व्यक्तियों का विकास है, निर्जीव वस्तुओं का निर्देशन नहीं।''**

9. सामाजिक प्रक्रिया–प्रबन्धन में व्यक्ति के आन्तरिक संबंध शामिल होते हैं। उद्योग अथवा व्यवसाय स्वयं में एक समुदाय है जो विभिन्न वर्गों–अंशधारियों, कर्मचारियों, पूर्तिकर्ताओं, ग्राहकों, सरकार, व्यावसायिक संस्थाओं आदि के सहयोग से संचालित होता है। प्रबन्धक को इन सभी वर्गों के पारस्परिक सम्बन्धों, हितों व कल्याण के लिए उत्तरदायी रहना होता है। प्रबन्धन से लक्ष्यों की पूर्ति में व्यक्तियों का सहयोग एवं योगदान प्राप्त करने में सहायता मिलती है। सामाजिक प्रक्रिया के कारण ही प्रबन्धक में सामाजिक कौशल (Social Skills) का गुण होना आवश्यक है। **ई. एफ. एच. ब्रैच के अनुसार**–''संगठन में मानवीय तत्त्वों की सर्वव्यापकता ही प्रबन्ध को सामाजिक प्रक्रिया का स्वरूप प्रदान करती है।''

10. समन्वय–प्रबन्धन संस्था के भौतिक एवं मानवीय संसाधनों को संयोजित करके निर्धारित लक्ष्यों को प्राप्त करने की प्रक्रिया है। इसमें नियोजन, संगठन, समन्वय, निर्देशन, अभिप्रेरणा व नियन्त्रण आदि कार्य सम्मिलित हैं। प्रबन्ध प्रक्रिया के माध्यम से ही संगठन के संसाधनों को उत्पादन एवं लाभ में रूपान्तरित किया जाता है। यह व्यक्तियों का निर्देशन करने एवं परिणाम प्राप्त करने की प्रक्रिया है। **पीटर ड्रकर** के अनुसार–''प्रबन्ध एक कार्य है, अतः इसका अपना कौशल, अपने उपकरण एवं अपनी तकनीकें होती हैं।''

11. समन्वय–सामंजस्यकारी क्षमता मानव की प्रक्रियाओं में परस्पर मेल-जोल बनाने, अनेक समुदायों के कल्याण को समन्वित करने तथा संस्था के उद्देश्यों व उपलब्ध संसाधनों के मध्य एकीकरण करने की प्रक्रिया है। प्रबन्धक अपने समस्त कार्यों–नियोजन, संगठन, निर्देशन, अभिप्रेरण, नियन्त्रण आदि में समन्वय के तत्त्व पर अधिक बल देता है। **प्रबन्धन का आधारभूत स्वरूप समन्वयकारी ही है।**

12. निर्माणशील प्रक्रिया–प्रबन्धन को एक निर्माणशील प्रक्रिया माना गया है। यह समाज में विनियोग, आय रोजगार व नये व्यवसायों में वृद्धि करके धन-सम्पदा का निर्माण करता है। प्रबन्धन के द्वारा ही देश में कार्य कौशल, सृजनात्मक विचारों, साहसिक प्रवृत्तियों व व्यावसायिक अभिरुचियों को प्रोत्साहन मिलता है।

13. संस्कृति पर प्रभाव–प्रबंधन का संस्कृति अनुकूल व प्रतिकूल प्रभाव

पड़ता है। समाज की संस्कृति व संपूर्ण मानव जीवन पर प्रबन्धन का गहरा प्रभाव पड़ता है। किन्तु प्रबन्धन भी समाज के मूल्यों व परम्पराओं से अछूता नहीं है। इस विषय में **पीटर एफ. ड्रकर** ने लिखा है–"प्रबन्ध संस्कृति भी है, यह मूल्य-मुक्त विज्ञान नहीं है। प्रबन्धन एक सामाजिक कार्य है, जिसकी जड़ें संस्कृति अर्थात् समाज, मूल्य, परम्पराओं, रीति-रिवाजों एवं आस्थाओं और सरकारी व राजनैतिक प्रणालियों में हैं। प्रबन्धन संस्कृति-बद्ध है और होना चाहिए, किन्तु प्रबन्धन व प्रबन्धक संस्कृति व समाज को स्वरूप भी देते हैं।"

14. प्रबन्धन के ज्ञान व सिद्धांतों का हस्तान्तरण संभव–शिक्षण-प्रशिक्षण के द्वारा प्रबन्धन के ज्ञान, सिद्धान्तों एवं तकनीकों का हस्तान्तरण किया जा सकता है। एक सीमा तक विज्ञान होने के कारण प्रबन्धन पद्धति की औपचारिक शिक्षा दी जा सकती है। प्रबन्धन एक प्रकार से मानवीय प्रक्रिया है। इसकी संपूर्ण प्रक्रिया **"मनुष्यों के व्यवहार"** से जुड़ी हुई है। "मानव" प्रबन्धन की प्रमुख विषय-सामग्री है, वस्तुएँ या यंत्र नहीं। इस प्रकार प्रबन्धन मानव तंत्र से घिरा है।

15. प्रबन्ध की प्रकृति–प्रबंधन की प्रकृति व्यावहारिक होती है। प्रबन्ध को व्यवहार के रूप में स्पष्ट करते हुए **ड्रकर** ने लिखा है–"प्रबन्धन एक व्यवहार है। इसका सारतत्त्व 'जानने' में नहीं बल्कि "करने" में है। इसका एकमात्र अधिकार सत्ता निष्पादन है। कुशल व्यवहार पर प्रबंधन प्रक्रिया निर्भर होती है।

16. लक्ष्य प्राप्ति–प्रबन्ध संस्थान के लक्ष्यों की प्राप्ति का एक विशिष्ट माध्यम है। इन लक्ष्यों की उपलब्धता हेतु उसे नियोजन, संगठन, अभिप्रेरणा, समन्वय तथा नियन्त्रण के महत्त्वपूर्ण कार्य करने होते हैं, प्रबन्धकीय सफलता का मूल्यांकन पूर्व-निर्धारित उद्देश्यों की पूर्ति के आधार पर ही किया जा सकता है। कोई अधिकारी अपने अधीनस्थों को आदेश-निर्देश देने व उन पर अधिकार रखने मात्र से प्रबन्धक नहीं बन जाता है, प्रबन्धक की वास्तविक पहचान लक्ष्यों को प्राप्त करना है। इस संदर्भ में **मैसी** (Massie) का मानना है–"प्रबन्धक वास्तव में क्रियाशील व्यक्ति है।" इसी प्रकार ड्रकर के विचार में "प्रबन्धक का स्वयं अपने लिए ज्ञान से कोई सम्बन्ध नहीं है, इसका सम्बन्ध निष्पादन से है।" इस प्रकार प्रबन्ध एक लक्ष्य-प्रधान (Goal-oriented) प्रक्रिया है।

17. विशिष्टता–आज के समय में व्यवसाय के अन्तर्गत प्रबन्धन का एक पृथक् महत्त्व हो गया है। यह व्यवसाय के स्वामियों एवं कर्मचारियों से भिन्न व्यक्तियों का एक ऐसा वर्ग है, जिसके हाथों में प्रबन्ध-व्यवसाय की समस्त बागडोर होती है। प्रबन्धन निर्णय लेने, नेतृत्व प्रदान करने व कार्यों पर नियन्त्रण करने वाले

व्यक्तियों का एक विशिष्ट वर्ग है। प्रबन्धन अन्य व्यक्तियों से कार्य करवाने एवं परिणामों के लिए उत्तरदायी रहने वाले व्यक्तियों का एक पृथक् वर्ग है। **मैसी** ने प्रबन्धन को **"विशिष्टता प्राप्त वर्ग"** (Distinguishable Group) कहा है। यह वर्ग ज्ञान, पद, स्थिति व अधिकारों में उच्च होता है। इस समय प्रबन्धकों के इस विशिष्ट वर्ग को पेशेवर प्रबन्धक कहते हैं।

18. समायोजन–समायोजन को प्रबन्धकीय प्रक्रिया का सार माना गया है। यह प्रबन्धन का कार्य ही नहीं वरन् सार-तत्त्व है। प्रबन्धन किसी भी संस्था के भौतिक संसाधनों तथा मानवीय प्रयासों के समन्वय की प्रक्रिया है। समन्वय के कारण कुशल प्रबंधन करना संभव होता है।

19. परिवर्तनशीलता–क्षेत्रीय परिवेश पर भी प्रबंधन की प्रक्रिया भी निर्भर करती है। इसलिए इसकी प्रकृति सदैव सांयोगिक एवं पारिस्थितिक (Situational) होती है। अर्थात् परिस्थितियों एवं वातावरण के अनुसार प्रबन्धन की विधियों, सिद्धान्तों एवं तकनीकों में परिवर्तन करना आवश्यक होता है। समस्त परिस्थितियों में प्रबन्धन करने की कोई एक श्रेष्ठ विधि अथवा प्रणाली निर्धारित नहीं की जा सकती है। अतः कार्य-प्रणाली का निर्धारण परिस्थितियों पर निर्भर करती है।

20. संसाधनों का कुशलतम उपयोग–औद्योगिकीकरण को बढ़ावा देने में प्रबंधन की विशेष भूमिका होती है। कृषि युग में आधुनिक औद्योगिक व्यवस्था तक का विकास "प्रबन्धन" की ही देन है। प्रबन्धन ही समाज के संसाधनों का कुशलता से उपयोग करके समाज की आवश्यकताओं की पूर्ति हेतु उपयोगी वस्तुओं का निर्माण करता है। प्रबन्धन ही समाज में "आर्थिक मूल्यों", "पूँजी व धन का सृजन करता है। **पीटर ड्रकर** के अनुसार–"प्रबन्धन औद्योगिक समाज का एक आर्थिक अंग है। प्रबन्धक के प्रत्येक कार्य, प्रत्येक निर्णय व प्रत्येक विचार में आर्थिक निष्पादन का होना इनका प्रथम आयाम है।"

21. उत्प्रेरक कारक–संगठन के तहत प्रबन्धन की उपस्थिति "उत्प्रेरक कारक" की तरह होती है। प्रबन्धक के निर्देशन में व्यक्ति अपने प्रयासों को उत्पादक बनाते हैं। प्रबन्धक व्यक्तियों के प्रयासों में गति लाते हैं। प्रबन्धक व्यक्तियों में उपलब्धियों के प्रति उत्साह, आकांक्षा व ऊर्जा का संचार करते हैं। **जॉर्ज टैरी** के शब्दों में, "प्रबन्धन चीजों को घटित करता है (Management makes things happen)। प्रबन्ध की विद्यमानता संस्था के कर्मचारियों एवं संसाधनों को गतिमान करती है।"

22. अप्रतिस्थापनीय कौशल–इस समय प्रबन्धन के क्षेत्र में नवीन उपकरणों, यंत्रों व कम्प्यूटर टेक्नोलॉजी का प्रयोग तेजी से हो रहा है। प्रबन्धक को अपने

निर्णयों व प्रक्रियाओं में इन नवीनतम साधनों से बहुत सहायता मिलती है, इनसे प्रबन्धक की दृष्टि, विश्लेषण-योग्यता व निर्णय क्षमता में निश्चित रूप से वृद्धि हुई है। इनके कारण प्रबन्धक ज्यादा सूचना-सम्पन्न (Information-rich) हैं। किन्तु ये प्रबन्धन के साधन मात्र हैं, इनसे प्रबन्धकीय कौशल को प्रतिस्थापित (Replace) करना सम्भव नहीं है।

23. गतिशील एवं परिवर्तनशील प्रक्रिया—प्रबन्धन को एक गतिशील प्रक्रिया माना गया है जो समाज व संगठनों में लगातार चलती रहती है। व्यवसाय के प्रबन्धन में नियोजन, संगठन, समन्वय, अभिप्रेरणा, नेतृत्व, नियंत्रण व नवप्रवर्तन संबंधी कार्य सतत् रूप से चलते रहते हैं। **न्यूमैन तथा वारेन** के अनुसार "प्रबन्धन, शिक्षा अथवा सरकार की भाँति सतत् रूप से चलने वाली प्रक्रिया है। प्रबन्धन को सदैव नये मुँहों (Mounths) को पोषण देना होता है, नए मस्तिष्कों को उत्प्रेरित करना होता है तथा नये व्यक्तियों को नेतृत्व प्रदान करना होता है।" प्रबन्धन एक परिवर्तनशील प्रक्रिया है। यह समयानुसार परिवर्तित होती रहती है। यह **वातावरणमूलक कार्य** है जो आर्थिक, सामाजिक, राजनीतिक एवं तकनीकी वातावरण से जुड़ा रहता है। प्रबन्धन वातावरण से प्रभावित होने के कारण परिवर्तनशील है। **पीटर ड्रकर** के अनुसार—"प्रबन्धन गतिशील है। यह स्थिर नहीं, वरन् परिस्थितियों के अनुरूप ढलने वाली प्रक्रिया है।"

24. प्रबन्धन का नियमन एवं नियंत्रण सम्भव—प्रबन्धन कार्य के लिए विभिन्न प्रकार के नियम निर्धारित होते हैं जिनसे हटकर कार्य करना सम्भव नहीं होता है। प्रबन्धन पर विभिन्न कानूनों का नियमन एवं नियंत्रण बना रहता है। प्रबन्धकों को विभिन्न अधिनियमों जैसे—कम्पनी अधिनियम, उपभोक्ता संरक्षण अधिनियम, कारखाना अधिनियम एवं विविध श्रम सन्नियमों के प्रावधानों का पालन करना होता है।

25. भूमण्डलीय क्रिया—वर्तमान समय में प्रबन्धन कार्य विश्वस्तर तक विस्तृत हो गया है। यह कार्य प्रबन्ध **'वैश्विक परिप्रेक्ष्य'** को अपनाये बिना सफल नहीं हो सकता है। **स्टोनर व गिलबर्ट** के अनुसार—आज कोई भी प्रबन्धक अपनी संस्था को वैश्विक दबावों एवं चुनौतियों से मुक्त मानकर नहीं बैठ सकता है। बदलती हुई अन्तर्राष्ट्रीय परिस्थितियों में "वैश्विक प्रबन्ध" की अवधारणा तेजी से विकसित हो रही है। आधुनिक प्रबन्धक को "वैश्विक साझेदारी" निभानी होती है। अन्तर्राष्ट्रीय प्रभाव के कारण ही 'बहु-केन्द्रिक प्रबन्धक', 'भूमण्डलीय प्रबन्धक' एवं 'मानवजाति-केन्द्रिक प्रबन्धक' की अवधारणायें प्रचलन में आ गई हैं।

26. विषयों से अंतर्संबंध—प्रबन्धन में अनेक विषयों जैसे समाजशास्त्र, मनोविज्ञान, मानवशास्त्र, राजनीतिशास्त्र आदि की अवधारणाओं एवं ज्ञान का प्रयोग किया जाता है। **प्रो. मैसी** के अनुसार, "प्रबन्ध विविध विषयों द्वारा विकसित ज्ञान तथा विचारधाराओं के समन्वय एवं व्यवहार का विषय है।"

27. 'प्रबन्धन' का स्वामित्व में पृथकता—किसी भी उपक्रम में प्रबंधक तथा स्वामी के मध्य एक निश्चित संबंध तो होता है परंतु दोनों में पृथ्कता होती है। स्वामी धन का निवेश तो करता है परंतु उत्पादन का कार्य प्रबंधन ही सुनिश्चित करता है। कम्पनी में अंशधारी व संचालनक कम्पनी के स्वामी होते हैं जो नियंत्रणकारी पूँजी के धारक होते हैं। वे संस्था पर अन्तिम नियंत्रण रखते हैं जबकि प्रबन्धक प्रशिक्षित, पेशेवर एवं वेतनभोगी व्यक्ति होते हैं जो संस्था की प्रबन्ध व्यवस्था के लिए उत्तरदायी होते हैं। छोटे एवं मध्यम श्रेणी के संगठनों में उद्यमी या प्रवर्तक ही स्वामी होते हैं, जो कार्यकारी उच्च प्रबन्धक के रूप में कार्य करते हैं। निचले स्तरों पर 'नियुक्त प्रबन्धक' होते हैं जो संगठन का संचालन करते हैं। तकनीकी कुशलता उत्पादन में वृद्धि को प्रोत्साहित करता है।

गृह प्रबंध की विविध अवधारणाएँ

जिस प्रकार से व्यावसायिक उपक्रमों के प्रबंधन के संबंध में विभिन्न धारणाएं हैं उसी प्रकार घरेलू बजट के विषय में कुछ धारणाएँ हैं जिन्हें नीचे उल्लेखित किया जा रहा है—

1. पारिवारिक उद्देश्यों का प्रबन्ध माँग होने पर ही नहीं होना चाहिए—किसी भी घर का प्रबन्ध इस तरह का हो जिससे अचानक किसी वस्तु की माँग होने पर तथा आवश्यकता होने पर उसकी पूर्ति की जा सके। इसके अतिरिक्त किसी एक लक्ष्य की प्राप्ति के लिए ही सब कुछ नहीं त्याग देना चाहिए।

इस प्रकार गृह प्रबन्ध अत्यंत सूक्ष्म तथा कुशलतापूर्वक बनायी जाने वाली वह योजना है, जो परिवार में सभी साधनों का ज्यादा लाभ के लिए उपयोग करती है अतः उक्त सभी गलत धारणाओं से बचते हुए एक के बाद दूसरे आयोजन को सिद्ध करते हुए गृह प्रबन्ध किया जाना ही गृह प्रबन्ध की वास्तविक धारणा है।

2. उद्देश्यों की प्राप्ति गृह प्रबन्ध नहीं होता है—कुछ लोगों का यह विचार है कि किसी एक लक्ष्य को प्राप्त कर लेना ही गृह प्रबन्ध है वास्तव में यह धारणा गलत है। गृह प्रबन्ध में एक लक्ष्य के साथ-साथ अन्य लक्ष्यों को भी पूरा किया जाना चाहिए। इस कार्य के लिए किसी पर भी पाबन्दी नहीं होनी चाहिए अपितु सभी लोगों को किसी भी काम को पूरा करने के लिए स्वाभाविक प्रयत्न करते रहना चाहिए।

जैसे कि यदि घर में एक व्यक्ति बीमार है, तो अवश्य ही उसकी देखभाल करना अत्यंत जरूरी है। लेकिन इसके साथ-साथ घर के अन्य कार्यों को भी पूर्ण करना उतना ही आवश्यक है जो कि घर के सभी सदस्यों के स्वाभाविक रूप से कार्य करने पर ही सम्भव है।

3. काम को करना मात्र ही प्रबन्ध नहीं—गृह प्रबन्ध में यह मान लिया जाता है कि कार्य को करने का ढंग ही गृह प्रबन्ध है। घरों में स्त्रियाँ यह सोच कर अपना काम समाप्त कर लेती हैं कि समय और परिश्रम की बचत हो, लेकिन इस प्रकार की धारणा गलत है चूँकि यदि कार्य को गृह प्रबन्ध की प्रक्रियाओं को ध्यान में रखते हुए और उनका उपयोग करते हुए पूरा किया जाए तो उससे और भी ज्यादा समय, धन तथा परिश्रम की बचत हो सकती है। इसके लिए काम को करने से पूर्व योजना बनाना तथा नियन्त्रण की खास बातों को ध्यान में रखकर प्रबन्ध करना चाहिए, जिससे कि भविष्य में अच्छे नतीजे प्राप्त हो सकें। पुरुष प्रधान भारतीय समाज में अभी भी ज्यादातर परिवारों में पुरुष ही परिवार के मुखिया होता है तथा उसी के घरेलू प्रबंधक की जिम्मेदारी निभानी होती है।

4. गृह प्रधान तक ही प्रबन्ध केवल सीमित नहीं है—यह माना जाता है कि गृह काम से सम्बन्धित जो भी प्रबन्ध किया जाता है उसकी जिम्मेवारी परिवार के मुखिया की ही होती है। यह विचार सही नहीं है। यदि गृहिणी गृह कार्यों के सम्बन्ध में प्रबन्ध करती है, तो परिवार के प्रत्येक सदस्यों को अपनी योग्यता के अनुरूप इसमें सहयोग करना चाहिए जिससे गृह प्रबन्ध के कार्य में वे अपनी स्वयं की भी कुछ जिम्मेदारी महसूस कर सकें क्योंकि प्रबन्ध के कार्यों में अनेक साधनों तथा जानकारी की जरूरत होती है। इस प्रकार कार्य तथा समय के अनुरूप किसी सदस्य विशेष को उस कार्य विशेष के लिए प्रमुख की भूमिका निभानी पड़ सकती है जो कि गृहिणी की तुलना में ज्यादा निपुणता से यह कार्य कर सकता है। कहने का तात्पर्य यह है कि गृह के प्रबन्ध सामूहिक जिम्मेवारी की भावना की धारणा पर आधारित है।

5. एक अच्छे प्रबन्धक का निर्माण प्रशिक्षण से ही होता है—गृहिणियों में यह सामान्य धारणा रहती है कि अच्छे प्रबन्धक जन्म से ही होते हैं यह धारणा सच नहीं है। चूँकि प्रशिक्षण तथा अनुभव ही किसी व्यक्ति को एक अच्छा एवं दक्ष प्रबन्धक बना सकता है। चूँकि प्रायः देखा जाता है कि जो गृहिणियाँ अधिक शिक्षित नहीं होती हैं वे भी गृह कार्यों में प्रवीण होती हैं। इसकी वजह यह है कि उनका ज्यादा अभ्यास ही उनके प्रशिक्षण का अंग बन जाता है और वे एक सफल प्रबन्धक बन जाती हैं। जैसे कि यदि कोई गृहिणी सिलाई-कढ़ाई में प्रवीण है, तो इसका मतलब यह नहीं है कि वह जन्म से ही इस काम में दक्ष अभ्यास तथा प्रशिक्षण के माध्यम से वह इस कार्य को करने में प्रवीण हुई है।

घरेलू प्रबंधन के प्रमुख तत्व

नियंत्रण संगठन आयोजन तथा मूल्यांकन गृह प्रबंधन के प्रमुख तत्व है। परिवार में खर्चों को व्यवस्थित तथा संतुलित रखने के लिए नियंत्रण की विशेष अनिवार्यता होती है। संगठन की आवश्यकता इसलिए होती है कि सभी सदस्यों की कार्यशक्ति का समन्वित परिणाम प्राप्त हो सके तथा निश्चित कार्य प्रबंधन क्रियान्वयन के कारण परिवार को एक व्यवस्था मिलती है। वस्तुतः आयोजन के तहत प्रबन्धक निश्चित उद्देश्यों की प्राप्ति के हेतु कार्य करने की योजना बनाता है। योजना बनाने के साथ-साथ यह ध्यान रखना भी जरूरी है कि कार्य करने के समय, संगठन एवं उन पर नियन्त्रण किस प्रकार से रखा जायेगा। आयोजनों को क्रियान्वित करते वक्त घर के सम्पूर्ण सदस्यों का सहयोग बहुत ही आवश्यक होता है। इसलिए प्रबन्धक को चाहिए कि वह एक-दूसरे का मार्ग दर्शन करते हुए सही प्रबन्ध करे। परिवार की उपलब्धियों का मूल्यांकन इसलिए जरूरी होता है कि योजना को व्यावहारिक रूप दिया जा सके।

गृह प्रबंधन के उद्देश्य

गृह प्रबंधन के प्रमुख उद्देश्य निम्नवत् हैं–

1. सदस्यों की आवश्यकताओं की पूर्ति–सकल प्रबंधक उसे ही कहा जाता है जो परिवार के सभी सदस्यों की आवश्यकताओं का ध्यान रखे। हर परिवार के सभी सदस्यों की कुछ सामान्य एवं कुछ विशेष जरूरतें होती हैं, जैसे कि रोटी, कपड़ा और मकान आवश्यक आवश्यकताएँ इसके अलावा शिक्षा, विशेष प्रकार के भोजन आदि सुविधात्मक आवश्यकताओं तथा कार, टी.वी., स्कूटर आदि विशेष आवश्यकताएँ हैं। व्यवस्थित घर में इन सभी जरूरतों की समुचित रूप से पूर्ति होना आवश्यक होता है। इसलिए गृह प्रबन्ध का उद्देश्य इन आवश्यकताओं को पूरा करना होता है।

2. स्तर निर्धारण–हर परिवार के रहन-सहन का निर्धारित स्तर होता है इसलिए गृह प्रबन्ध का उद्देश्य होता है कि वह पारिवारिक साधनों के आधार पर इस स्तर को बनाए रखे और सम्भव हो सके तो उसे उठाने की कोशिश करे तथा परिवार का सामाजिक, धार्मिक, आर्थिक एवं दार्शनिक आदि हर स्तर से परिवार का उत्थान करे।

3. पारिवारिक मूल्यों की स्थापना–गृह प्रबन्ध का एक उद्देश्य पारिवारिक

वातावरण को स्वच्छ तथा सौहार्दपूर्ण बनाए रखना भी होता है। इसके लिए परिवार के सदस्यों के आपसी सम्बन्धों अनुशासन तथा पारिवारिक मूल्यों को स्थापित करना भी गृह प्रबन्ध का लक्ष्य होता है।

4. आय-व्यय संतुलन—सभी तरह की भौतिक आवश्यकताओं को पूरा करने के लिए धन की जरूरत होती है लेकिन परिवार की आय सीमित होती है इसलिए व्यवस्था इस प्रकार से करनी चाहिए कि सीमित आय में ही सभी आवश्यकताओं को एक साथ सन्तुष्ट किया जा सके। इसके लिए पारिवारिक बजट बनाना तथा उसके अनुसार आय-व्यय का सन्तुलन बनाए रखना, साथ ही भविष्य की आकस्मिक आवश्यकताओं के लिए बचत करना आदि। इस प्रकार गृह प्रबन्ध का एक लक्ष्य पारिवारिक आय को नियोजित तरीके से उपयोग में लाना होता है।

इस तरह हम समझ सकते हैं कि हर परिवार हेतु गृह प्रबंधन कितना महत्व रखता है। इसकी कमी से कोई भी परिवार न तो किसी तरह की उन्नति ही कर सकता है और न ही ठीक प्रकार से चल सकता है। गृह प्रबन्ध का महत्त्व परिवार के हर सदस्य के लिए है। यदि कोई परिवार उचित गृह प्रबन्ध द्वारा संचालित नहीं होता है तो प्रचुर आय एवं साधन होते हुए भी परिवार में कमी की स्थिति पैदा हो सकती है एवं अधिक आवश्यकताएँ असन्तुष्ट ही रह सकती हैं। जरूरतें पूरी नहीं होने पर परिवार का माहौल खराब हो सकता है एवं सदस्यों में कलहपूर्ण स्थिति उत्पन्न हो सकती है। कलहपूर्ण अवस्था में परिवार के बच्चों के पालन-पोषण तथा उनके विकास में बाधाएँ उत्पन्न हो जायेंगी। संक्षेप में कह सकते हैं कि गृह प्रबंध पारिवारिक जीवन का मूलभूत आधार है चूँकि परिवार के सभी सदस्यों की जरूरतों को ठीक ढंग से पूरा किया जा सकता है। आधुनिक समय में व्यावसायिक क्षेत्र में इसको विकसित करने के लिए प्रत्यक्ष और परोक्ष रूप से कार्य किए जा रहे हैं। पारिवारिक व्यवस्था को सुदृढ़ करने तथा इसे नवीन व्यवस्था से जोड़ने के लिए सरकार द्वारा विशेष पाठ्यक्रम संचालित चूँकि गृह प्रबन्ध के तहत भौतिक तथा मानवीय साधनों का प्रबन्ध ही मुख्य चुनौती होती है। इस प्रकार वर्तमान में कई विश्वविद्यालयों एवं महाविद्यालयों में इसे 'पारिवारिक संसाधन प्रबन्ध' विषय का नाम दिया गया। इस पाठ्यक्रम से गृहिणियों की कुशलता में वृद्धि की संभावना होती जा रही है।

गृह संसाधनों का प्रबंधन

पारिवारिक उद्देश्यों की प्राप्ति के लिए उपलब्ध संसाधनों का योजनाबद्ध, संगठित संसाधनों तथा नियन्त्रित मूल्यांकन तथा उपयोग ही गृह प्रबंधन

कहा जाता है। अतः उपलब्ध संसाधनों से परिचित होना आवश्यक है। उपलब्ध संसाधनों में समय, शक्ति, धन एवं अन्य भौति तत्त्व आते हैं। इतना ही नहीं उपलब्ध संसाधनों में पारिवारिक सदस्यों का ज्ञान, उनकी रुचि, कार्यक्षमता, मनोवृत्ति आदि भी आते हैं। वर्तमान में विद्यालय, अस्पताल, बाजार पुस्तकालय आदि ऐसे निकाय हैं जो गृह प्रबंधन में विशेष भूमिका का निर्वाह करते हैं। गृह प्रबन्धन की सफलता इन्हीं संसाधनों के उचित उपयोग पर निर्भर करती है। प्रस्तुत पाठ में इस पर प्रकाश डाला जा रहा है।

गृह संसाधनों के प्रकार

जुलाई 1961 में हुए होम इकॉनॉमिक्स सेमिनार में गृह संसाधनों को तकनीकी संसाधन, सामाजिक संसाधन तथा गुप्त, अप्रत्यक्ष अथवा व्यक्तिगत संसाधन में वर्गीकृत किया गया।

ग्रॉस तथा **क्रेंडल** ने इसे मानवीय तथा अमानवीय संसाधनों में वर्गीकृत किया। मानवीय संसाधनों में उन्होंने समय, ऊर्जा, रुचियाँ, क्षमता एवं कार्य दक्षता, ज्ञान एवं मनोवृत्ति को रखा तथा अमानवीय संसाधनों में भौतिक तत्व, मुद्रा एवं सामुदायिक सुविधाओं को रखा। **निकेल तथा डॉरसी** ने **मानवीय संसाधन** में क्षमता एवं कार्य-क्षमता, मनोवृत्ति, ज्ञान एवं ऊर्जा तथा **अमानवीय संसाधन** में समय, मुद्रा एवं समान एवं सम्पत्ति को रखा।

सामुदायिक सुविधाएँ

पारिवारिक व सामुदायिक साधनों की जानकारी होने पर ही कोई गृहिणी गृह प्रबंधन व्यवस्थित तरीके से कर सकती है। प्रायः ऐसा होता है कि कुछ उपलब्ध संसाधनों को गृहिणियाँ पहचान नहीं पातीं और उनके फायदे से वंचित रह जाती हैं। गृहिणी को मानवीय एवं अमानवीय संसाधनों को समझना जरूरी है और यह जानना चाहिए कि उपरोक्त वर्णित संसाधनों के तहत कौन-कौन से तत्व, साधन और सुविधाएँ आती हैं। जहाँ तक समय जैसे महत्वपूर्ण संसाधन का प्रश्न है, वह सभी गृहिणियों को एक समान मिलते हैं। जो गृहिणी घण्टों, मिनटों और सेकेन्डों का अधिकतम उपयोग करती हैं, वह स्वयं को और अपने परिवार को अधिकतम सुविधाएँ और सुख दे पाती हैं।

पारिवारिक संसाधनों में परिवार के सभी सदस्यों की ऊर्जा को मानसिक तथा शारीरिक स्तरों पर मूल्यांकित किया जाता है एवं समाविष्ट किया जता है। अगर

परिवार के सदस्यों में घरेलू काम निबटाने की ऊर्जा है, तो नौकरों पर होने वाले खर्चों को कम किया जा सकता है। पैदल चलने की ऊर्जा हो तो वाहन खर्च को बचाया जा सकता है। मुद्रा कई रूपों में घर में आती है। नौकरी, व्यवसाय, बचत-लाभ, भत्ते, निवेश-लाभ आदि इसमें शामिल किये जाते हैं। पारिवारिक संसाधन के भौतिक तत्वों में अनाज, दलहन, तिलहन, सब्जियाँ आदि आते हैं। अगर कोई निजी मकान में रहता है तो उसे किराया देना नहीं पड़ता तथा वह भी संसाधन होता है। इसी तरह निजी वाहन रखने पर भी पैसों और समय की कई रूपों से बचत होती है।

इससे मानसिक विश्रांति भी मिलती है क्योंकि कहीं आना-जाना समस्या का रूप नहीं लेती। अस्पताल, बच्चों के स्कूल, पुस्तकालय, पार्क, दैनिक उपभोग की जाने वाली चीजों की दुकानें जैसी सामुदायिक सुविधाएँ भी महत्वपूर्ण संसाधन के रूप में मानी जाती हैं। इन पर व्यक्ति का उत्तरोत्तर विकास तथा जीवन-यापन निर्भर करता है। गृहिणी के लिए पारिवारिक संसाधनों की जानकारी विशेष महत्वपूर्ण है। घर की छोटी से छोटी और बड़ी से बड़ी चीज के साथ गृहिणी का नाता तो रहता ही है, साथ ही परिवार के हर सदस्य के कार्य-कलाप से भी उसका परिचित होना जरूरी है।

पारिवारिक संसाधनों का अधिकतम उपयोग गृहिणी तभी कर सकती है, जब वह हर मामले में अपनी सजगता तथा भागीदारी बनाये रखे। एतदर्थ यह जरूरी है कि नई-नई सूचनाओं, जानकारियों, उत्पादनों, आविष्कारों आदि से स्वयं को जोड़कर रखे तथा अपने ज्ञान के भण्डार को बढ़ाने के लिए निरंतर प्रयत्नशील रहे। गृह प्रबंधन का कार्य कोई भी गृहिणी तथा कुशलता से कर सकती है जब उसे अच्छी जानकारी हो।

रुचियां पारिवारिक संसाधनों के रूप में महत्वपूर्ण भूमिका निभाती हैं। घर में अगर किसी भी सदस्य की रूचि बागवानी में रहती है तो सब्जियाँ, फल -फूल से घर भर जाता है और वह अप्रत्यक्ष रूप से आय बन जाती है, क्योंकि उन पर होने वाले खर्च में बचत होती है। इसी तरह भोजन पकाने में जब गृहिणी और घर के लोगों की रुचि रहती है तो कई रूपों में भी पैसों की बचत होती है और परिवार के लोगों को अच्छे-अच्छे व्यंजन घर में मिल जाते हैं। इसी तरह क्षमता और कार्य-दक्षता भी महत्वपूर्ण संसाधन है।

शिक्षित लड़कियाँ और घर की महिलाएँ गृह-प्रबन्ध गृह-प्रबन्ध में महत्वपूर्ण योगदान देती हैं। विद्युत से सम्बन्धित छोटे-मोटे काम, घर के फर्नीचर आदि की मरम्मत, नल-वगैरह ठीक करना ये ऐसे काम हैं जिनमें थोड़ी-सी दक्षता जरूरत होती है। लेकिन ढेरों पैसों और समय की बचत होती है। गृह-प्रबन्धन में गृहिणी वाले

लोग परिवर्तनों तथा नई-नई बातों को अपनाने में ज्यादातर हिचकिचाते हैं। इससे जीवन की दौड़ में वे पिछड़ जाते हैं। परम्परागत विचारधाराएँ, रूढ़िवादिता, अति धार्मिकता, जातीयता, अंधविश्वास, संकुचित मान्यताएँ आदि व्यक्ति की प्रगति में निश्चित रूप से बाधाएँ पैदा करते हैं।

आधुनिक गृहिणियों द्वारा होने वाले बदलावों और विचारधाराओं को अपनाकर ही कोई भी व्यक्ति अथवा परिवार आगे बढ़ सकता है। इनके साथ-साथ भविष्य के प्रति आशावादी दृष्टिकोण रखना भी सुखी जीवन की एक अनिवार्य परिवार के लोगों को ढाढ़स देना, हिम्मत बढ़ाना, भविष्य के प्रति विश्वास जगाना उसका एक जरूरी दायित्व होता है क्योंकि परिवार के सदस्यों का सर्वाधिक विश्वास गृहिणी पर ही होता है। सामान्य रूप से गृह -प्रबन्धन के तहत समय, मुद्रा (धन) तथा ऊर्जा जैसे प्रत्यक्ष साधनों को सर्वाधिक महत्व दिया जाता है, इसलिए विस्तृत चर्चा जरूरी है, पुस्तक में से समय एक ऐसा संसाधन है, जो हर वर्ग की गृहिणी को समान रूप से उपलब्ध होता है। हर गृहिणी को एक निश्चित अवधि में सारे कार्य करने होते हैं। अपनी कार्य-कुशलता तथा तत्परता से गृहिणी अन्य संसाधनों का सर्वाधिक उपयोग करके अपने परिवार की आर्थिक स्थिति को सुदृढ़ता प्रदान कर सकती है।

मुद्रा के द्वारा ही हमारी विभिन्न भौतिक जरूरतों एवं सुविधाओं की पूर्ति होती है, इसलिए इसे हम बहुत महत्व देते हैं। ऐसे कई संसाधन हैं जो अमौद्रिक होकर भी हमारी मौद्रिक स्थिति में परिवर्तन ला सकते हैं। समान आय और समान खर्च होते हुए भी देखा गया है कि कुशल गृहिणियाँ अन्य संसाधनों के सदुपयोग द्वारा बेहतर जीवन स्वयं भी जीती हैं और परिवार को भी खुशहाल बनाती हैं। परिवार के सदस्य ऊर्जा के स्रोत होते हैं। इनकी शक्ति का सही उपयोग गृहिणी के लिए बहुमूल्य साधन हो सकता है। गृहिणी स्वयं अपनी कलात्मक स्वामी और घर के अन्य सदस्य अगर छोटी-छोटी टूट-फूट भी स्वयं मरम्मत कर लेते हैं तो छोटे-छोटे खर्चों की बचत होती है। पारिवारिक मनोवृत्ति में खुलापन गृहिणी के लिए एक उत्तम संसाधन होता है। गृह प्रबंधन में पारिवारिक सदस्यों का यह नैतिक उत्तरदायित्व है कि गृहिणियों के कार्यों में सहयोग करें। आधुनिक युग में गृह प्रबन्ध का क्षेत्र विस्तृत एवं व्यापक हो जाने के कारण गृह-प्रबन्ध एक जटिल कार्य हो गया है। ऐसे में गृहिणी का शिक्षित होना अपने आप में एक संसाधन होता है। परिवार के जीवन-स्तर को बढ़ाने में यह बहुत ही सहायक सिद्ध होता है। गृहिणी का सम्बन्ध घर की छोटी-सी सुई से लेकर बड़ी-बड़ी अलमारियों, चूल्हे, फ्रिज आदि से होता है। उन्हें भोजन बनाने से लेकर बच्चों को विद्यालय भेजने तक का काम करना होता है।

कार्यकारी महिलाओं का कार्य क्षेत्र तो और भी विस्तृत रहता है। घर की सभी चीजों की देख-रेख करना, सभी तरह की सुविधाएँ परिवार के सदस्यों को उपलब्ध कराना, कोई बीमार हो तो उसकी देखभाल करना जैसे अनगिनत कार्य गृहिणी के दायित्व के दायरे में आते हैं।

सभी परिवारों की आय में असमानता होती है या आय-व्यय संतुलन अलग-अलग होता है यही कारण है कि उनकी समस्याएँ भी अलग-अलग होती हैं। पारिवारिक संसाधन अथवा मानवीय ऊर्जा के स्रोत भी एक समान नहीं होते। कभी-कभी किसी सदस्य के बीमार पड़ने पर शक्ति रूपी संसाधन में कमी होती ही है, साथ ही बीमारी में आकस्मिक व्यय होने के कारण घर की अर्थव्यवस्था पर भी प्रभाव पड़ता है। इन दशाओं में सूझ-बूझ से सम्पन्न गृहिणियाँ ही अपने परिवार को सही मार्ग पर ले जा सकती हैं। इसलिए गृहिणियों को अपने ज्ञान भण्डार का सदैव विकास करते रहना चाहिए जिससे वह सामान्य दिनों में परिवार को व्यवस्थित करने के साथ भावी योजना भी बना सके।

धन प्रबन्ध

कुशल पारिवारिक प्रबंधन में धन की विशेष आवश्यकता होती है। प्रायः व्यक्ति से यह पूछा जाए कि उसकी आय कितनी है तो वह पैसों के रूप में प्राप्त राशि का योग आपको बतायेगा। लेकिन जब हम पारिवारिक आय की बात करते हैं तो आय सन्दर्भ विस्तृत हो जाता है। **निकेल** तथा **डॉरसी** के विचार में - Family income is that stream of money goods, services and satisfactions that come under control of the family to be used by them to satisfy needs and desires and to discharge obligations." कहने का आशय यह है कि परिवार में आने वाले पैसों के साथ-साथ वे चीजें सेवाएँ एवं सन्तुष्टि साधन भी पारिवारिक आय कहलाते हैं, जिनके लिए हमें पूँजी लगानी पड़ती है। इनमें निःसन्देह सर्वोपरि स्थान पैसे का होता है, क्योंकि इसका विनिमय मूल्य होता है। इसके बदले हमें जीवन-यापन के साधन यथा- भोजन, वस्त्र, आवास, शिक्षा तथा चिकित्सा सुविधाएँ, मनोरंजन के साधन आदि की प्राप्ति होती है। इन साधनों के सही उपयोग के लिए हमें मानव-शक्ति, ज्ञान एवं कार्य-कौशल की जरूरत होती है। गृह कार्यों में व्यय हुई परिवार के सदस्यों की शक्ति, उनका ज्ञान एवं कार्य-कौशल, जिससे वे कार्यों का सम्पादन करते हैं- इन सभी बातों का मूल्यांकन गृह प्रबन्ध में आय के रूप में होता है और अन्ततोगत्वा घर के सफल प्रबन्ध से प्राप्त सन्तुष्टि का मूल्यांकन भी मानसिक आय के रूप में किया जाता है।

पारिवारिक आय के प्रकार (Kinds of family income)–पारिवारिक आय निम्नवत् प्रकार की होती है–

1. मौद्रिक आय (Money income)– मौद्रिक आय का तात्पर्य एक निश्चित समय में प्राप्त होने वाले रुपये से है। इस आय के प्राप्ति के कई साधन होते हैं। जैसे -रकम वेतन, सूद, मुनाफे, किराए, सेवा, निवृति वेतन, रॉयल्टी आदि है। मुद्रा के विनिमय द्वारा हम अपनी दैनिक आवश्यकताओं की पूर्ति के साधन प्राप्त करते हैं। इसी के द्वारा हम कुछ बचत बीमा, सावधि, जमा आदि के रूप में की जाती है।

2. वास्तविक आय (Real income)– वास्तविक आय को अमौद्रिक आय की भी संज्ञा दी जाती है। इसका क्षेत्र बहुत विस्तृत है। इसके तहत ऐसी पारिवारिक सम्पत्तियों तथा परिवार के सदस्यों द्वारा प्राप्त ऐसी सेवाओं की चर्चा मुख्य रूप से की जाती है जिनके लिए धन को खर्च नहीं करना पड़ता है। जैसे अगर यदि हम निजी मकान में रहते हैं तो मकान के किराए के रूप में खर्च होने वाला धन बचता है। इसी तरह खेत के अनाज तथा आंगनबाड़ी द्वारा प्राप्त सब्जी और फल भी वास्तवकि आय के साधन हैं।

परिवार के सदस्यों की सेवाएँ भी बहुत महत्वपूर्ण हैं। गृहिणी के द्वारा स्वयं भोजन पकाने एवं अन्य कार्यों को करने से नौकर की बचत होती है। इस बचत की गणना भी वास्तविक आय मानी जायेगी। इसी तरह घर की किशोरी कपड़े धो लेती है, लड़के स्वयं कपड़ों पर इस्तरी कर लेते हैं, अन्य सदस्य छोटे बच्चों को पढ़ा देते हैं, तो इन सभी मदों में व्यय होने वाला धन आय के रूप में परिणित हो जाता है।

3. मानसिक आय (Psychic income)–मानसिक आय एक प्रकार से संतुष्टि बोध है तथा मौद्रिक आय तथा वास्तविक आय के परिणाम है। यद्यपि परिवार में आने वाली धनराशि मौद्रिक आय पर निर्भर करती है और हमारी आर्थिक दशा को प्रभावित करती है लेकिन वास्तविक एवं मानसिक आय पूर्ण रूप से गृहिणी के कार्य-कौशल एवं सफल गृह-प्रबन्ध पर अवलम्बित होती है। इससे हमारा जीवन - स्तर भी प्रभावित होता है।

मौद्रिक आय तभी लाभप्रद होती है जब उसका विनियोग सही कार्यों में हो। इसी पर पारिवार आवश्यकताएँ, इच्छाएँ, एवं उनकी पूर्ति निर्भर करती है। गलत ढंग से पैसे खर्च किये जाने पर मानसिक तनाव, चिन्ता तथा विषाद का उद्भव होता है। इसके विपरीत अगर आवश्यकताओं को समझते हुए, न्यायपूर्ण ढंग से सन्तुलित व्यय किया जाए तो इससे परिवार का हर सदस्य जीवन भर लाभान्वित होता है तथा परिवार में सामजंस्य व संतुलन बना रहता है।

मौद्रिक आय प्रबन्ध

मौद्रिक आय प्रबन्ध के लिए पारिवारिक व्यय के विभिन्न मदों का अध्ययन करना चाहिए एवं उनकी व्याख्या करनी चाहिए एवं अनुमानित आय का विश्लेषण करना चाहिए। पारिवारिक जीवन-चक्र के विभिन्न चरणों की व्याख्या एव तत्सम्बन्धी मौद्रिक आवश्यकताओं का अध्ययन करना चाहिएँ एवं नियमित तथा सामायिक आय को देखते हुए समन्वयकारी योजनाएँ बनानी चाहिए। मौद्रिक व्यय सम्बन्धी नीति निर्धारण भी करना चाहिए। निर्धारित नीति के व्यवहार द्वारा योजनाओं का परिचालन करना चाहिए एवं योजनानुसार नियन्त्रण तथा योजना एवं परिणाम का पारस्परिक मूल्यांकन करना चाहिए।

हर परिवार की अपनी आवश्यकताएँ तथा इच्छाएँ होती हैं। इनकी पूर्ति के लिए व्यय करने से पहले इनकी व्याख्या कर लेना जरूरी है। इनका तुलनात्मक अध्ययन भी महत्वपूर्ण है। ऐसा करते समय निष्पक्ष एवं भावुकता से परे रहना अनिवार्य है। इस बात पर भी समुचित ध्यान देना चाहिए कि परिवार में आने वाले पैसों की स्थिति कब क्या होगी । भविष्य की आवश्यकताओं को जानना, समझना एवं उनकी पूर्ति के लिए बचत जरूरी है। ऐसी चेष्टा की जानी चाहिए कि आज की बचत, आने वाले समय में आय का साधन बन सके।

परिवार में आने वाली धनराशि, कमाने वाले के काम के स्वरूप पर निर्भर करती है। अगर उसे मानसिक रूप से निश्चित् वेतन मिलता है तो मौद्रिक आय भी निश्चित होगी। ऐसी स्थिति में घरेलू खर्चों की योजना एवं धन प्रबन्ध सरल होता है। लेकिन कुछ लोग ऐसे कार्यों में भी लगे होते हैं, जिनसे लगातार एक-सी आय नहीं होती, जैसे - खेती करने वाले, सब्जी, फल उगाने वाले, ऊन अथवा बर्फ के व्यापारी आदि । इनके कार्य मौसम के अनुरूप होते हैं। ऐसे व्यक्तियों के घरों में धन प्रबन्ध करते समय गृहिणी को पूरे वर्ष की योजना बना लेंनी पड़ती है। आमदनी नियमित हो या सामयिक धन-प्रबन्ध के तहत अपने परिवार के जीवन-चक्र की विभिन्न स्थितियों को ध्यान में रखना महत्वपूर्ण है।

पति-पत्नी जब गृहस्थी प्रारम्भ करते हैं तो खर्च बहुत कम होते हैं। बच्चों के जन्म लेने पर खर्चों में अपेक्षाकृत वृद्धि होती है, लेकिन सर्वाधिक दबाव आय पर तब होता है, जब बच्चे स्कूल तथा कॉलेज में पढ़ते होते हैं। गृहस्थी के आरंभिक दिनों में पैसों की बर्बादी न कर बच्चों की पढ़ाई के लिए धन संचय करना चाहिए। कुछ घर ऐसे हैं जहाँ आय के स्रोत नियमित तथा सामयिक, दोनों ही तरह के होते हैं। नियमित स्रोतों द्वारा घर की दैनिक आवश्यकताओं की पूर्ति करनी चाहिए और

सामयिक आय की बचत योजनाएँ बनाकर भविष्य सुरक्षित करना चाहिए। अगर आज नियमित मौद्रिक आय के अलावा पाँच सौ अथवा एक हजार रुपए का अतिरिक्त खर्च आने वाला है। उन पैसों को उस अवधि तक के लिए बैंक या पोस्ट ऑफिस की सावधिक या मियादी जमा योजना के तहत जमा कर दीजिए। इन पैसों से राष्ट्रीय बचत प्रमाण-पत्र भी खरीदे जा सकते हैं। अवधि पूरी होने पर रुपये निकालकर मूल धन से खर्चों को निपटाया जा सकता है एवं इस रूप में प्राप्त राशि आय बन जाती है।

घरेलू व्यय-प्रणाली

परिवार के कुशल व्यवस्थापन के लिए खर्च की गई राशि विशेष मदों में ही की जाती है। गृहस्थी जब शुरू होती है तो निर्णय पति तथा पत्नी लेते हैं, बच्चों के समझदार होने पर वे भी निर्णय प्रक्रिया के साझेदार बन जाते हैं। आधुनिक परिवारों में पति-पत्नी तथा बच्चों में अत्यन्त सौहार्द्रपूर्ण सम्बन्ध होते हैं, वे ज्यादातर एक-दूसरे से मित्र जैसा व्यवहार करते हैं। गृह प्रबंधन का कार्य आय-व्यय संतुलन पर निर्भर करता है। यदि इसमें संतुलन नहीं होगा तो परिवार के सदस्यों की आवश्यकताओं की पूर्ति व्यवस्थित तरीके से कर पाना संभव नहीं होगा। इस समस्या के समाधान के लिए ही परिवार के पति-पत्नी मदों का विभाजन करके पारस्परिक उत्तरदायित्वों का निवर्हण करता है।

इस योजना के तहत पति-पत्नी दोनों का ही यह दायित्व हो जाता है कि वे एक निश्चित रकम द्वारा खर्चों को निबटायें। कुछ घरों में पत्नी भी कार्यकारी होती है और उसे भी एक निश्चित मौद्रिक आय प्राप्त होती है। ऐसे घरों में वित्त प्रबन्ध योजना द्वारा खर्चों के मदों को पति-पत्नी आपस में बाँट सकते हैं और अपनी आय द्वारा इनकी पूर्ति कर सकते हैं जबकि दूसरी व्यवस्था में समस्त प्रबंधन एक ही व्यक्ति को हस्तांतरित कर दिया जाता है। वित्त प्रबन्ध योजना की सफलता और असफलता उसके कार्यान्वयन पर निर्भर करती है। योजना चाहे कितनी भी अच्छी क्यों न हो, अगर उससे परिवार के लोगों को सन्तुष्टि नहीं होती तथा पैसों का समुचित उपयोग नहीं हो पाता तो गृहिणी को इस ओर विशेष ध्यान देना चाहिए। उसे पहली चेष्टा तो यह करनी चाहिए कि चुनी गई योजना के अनुसार घर के खर्च चलाये जायें। योजना सफल न होने की स्थिति में वैकल्पिक प्रबंधन की आवश्यकता होती है।

परिवार में शांति व्यवस्था तथा पति-पत्नी के पारस्परिक संबंध भी इसमें महत्वपूर्ण

भूमिका अदा करते हैं। गृहिणी को अपने घर के वित्त प्रबन्धक के प्रति हमेशा सजग रहना चाहिए तथा वित्त प्रबन्ध, योजना एवं घर में हुए खर्चों का पारस्परिक मूल्यांकन करते रहना चाहिए। अगर योजना अनुसार घर के खर्च हुए हैं, पति एवं पत्नी पर वित्त-आपूर्ति सम्बन्धित कोई अनावश्यक मानसिक तनाव अथवा दबाव नहीं आया है और घर के किसी सदस्य को वित्त सम्बन्धी कोई शिकायत नहीं है तो यह निष्कर्ष निकलता है कि अपनाई गई वित्त प्रबन्ध-योजना सही है।

गृह-प्रबंध आधारभूत सिद्धांत

यहाँ हम गृह प्रबंधन के सिद्धांतों का बिंदुगत रूप से उल्लेखित कर रहे हैं–

आदर्श गृह प्रबंधन के लिए गृह कार्यों को कुशलतापूर्वक संपन्न करना, परिवार के आय-व्यय के संतुलन को बनाए रखना एवं परिवार के सदस्यों की आवश्यक जरूरतों की पूर्ति करना अनिवार्य होता है।

(1) प्राथमिक जरूरतों की पूर्ति-परिवार के सदस्यों की कुछ मूलभूत आवश्यकताओं में भोजन, वस्त्र एवं आवास का प्रमुख स्थान है। परिवार की समृद्धि एवं शांति के लिए जीवन रक्षक जरूरतों की पूर्ति होना आवश्यक है। ऐसी जरूरतों की पूर्ति से सदस्यों की कार्यक्षमता बनी रहती है। ऐसी आवश्यकताओं की पूर्ति में कमी आने से ही सदस्यों में असंतोष की भावना जागृत होती है और वे अशांत एवं चिड़चिढ़े हो जाते हैं, जिससे परिवार में सदैव अशांति, द्वेष, कलह आदि का वातावरण बना रहता है। ऐसी आवश्यकताओं में निम्नलिखित जरूरतों का प्रमुख स्थान है-

(क) भोजन–परिवार के हर सदस्य को उसकी आयु, कार्य, लिंग एवं शारीरिक जरूरत के अनुसार संतुलित भोजन मिलना चाहिए। इसके लिए गृहिणी को निम्नलिखित बातों का ज्ञान होना जरूरी है–

(i) सस्ते मूल्य वाले भोज्य तत्त्वों से परिपूर्ण भोज्य पदार्थों का ज्ञान।

(ii) आहार-आयोजन (menu) के सिद्धांतों का ज्ञान।

(iii) भोज्य तत्त्वों के गुण एवं विभिन्न भोज्य पदार्थों की विशेषताएँ।

(iv) भोजन परोसने के आकर्षक ढंग का ज्ञान।

(v) परिवार के सदस्यों को भोजना संबंधी रुचियों एवं आवश्यकताओं का ज्ञान।

(vi) खाद्य पदार्थ ख़रीदना तथा संभालकर रखना।

(vii) भोजन पकाने की उचित विधियों का ज्ञान।

(ख) वस्त्र–उचित वस्त्रों के प्रबंध के लिए गृहिणी को निम्नलिखित बातों को जानना आवश्यक है-

(i) वस्त्र खरीदने की कला का ज्ञान ताकि कम-से-कम कीमत में अच्छा और मजबूत वस्त्र तैयार हो जाए।

(ii) वस्त्रों की धुलाई, रंगाई एवं मरम्मत का ज्ञान तथा

(iii) विभिन्न तंतुओं (Fabrics) की पहचान एवं विशेषता।

(iv) सिलाई शिल्प का ज्ञान।

(v) मौसम के अनुसार परिवार के सदस्यों की वस्त्र संबंधी जरूरतें।

(vi) वस्त्रों की देखरेख का ज्ञान।

(ग) मकान-मकान में परिवार के सभी सदस्यों को उचित सुख तथा सुविधा मिले इसके लिए गृहिणी को प्रमुख बातों पर ध्यान देना चाहिए-

(i) मकान में स्वच्छ वायु एवं सूर्य-प्रकाश का प्रबंध करना।

(ii) मकान को सुव्यवस्थित एवं साफ-सुथरा रखना।

(iii) मकान को स्वास्थ्य के अनुकूल रखना।

(iv) मकान को सभी सदस्यों की सुविधा के अनुरूप सुव्यवस्थित करना।

(2) कार्य, अवकाश-विश्राम एवं मनोरंजन का प्रबंध–शारीरिक क्षमता के अनुसार काम करना व्यक्ति के स्वास्थ्य हेतु अनिवार्य तत्व है। बच्चे तथा महिलाएँ घर के भीतर गृह-कार्यों में हाथ बँटाते हैं तो पुरुष वर्ग के लोग बाहर दफ्तर, कारखाने, खेत या अन्य जगह काम करते हैं। कार्य करने के उपरांत एवं विश्राम की भी जरूरत होती है। इससे शरीर में दुबारा काम करने की शक्ति आ जाती है। विश्राम का तात्पर्य बिस्तर पर लेटने से ही नहीं होता अपितु एक क्रिया से हटकर कुछ अन्य मनोरंजनात्मक कार्य करने से भी होता है। खेल-कूद, लोगों से मिलना-जुलना, पत्र-पत्रिकाएँ पढ़ना या विश्राम करना मानसिक स्वास्थ्य में सक्रिय भूमिका निभाते हैं।

(3) आय-व्यय के संतुलन–परिवार में सदस्यों के आवश्यकताओं की पूर्ति तभी संभव है जबकि आय-व्यय में संतुलन का अनुपात निश्चित हो। परिवार का साधन सीमित होता है परन्तु आवश्यकतायें असीमित होती हैं। सीमित साधनों से असीमित आवश्यकताओं को पूरा करना एक समस्या है। आय को तुरंत बढ़ाया नहीं जा सकता अतः खर्चे को आय के बाहर नहीं जाने देना चाहिए और इसके लिए बजट अर्थात् आय-व्यय का अनुमानित चिट्ठा बना लेना जरूरी हो जाता है। चिट्ठे के अनुसार खर्चे करने एवं सभी खर्चों का सही हिसाब रखने से व्यय आय के भीतर

ही रहता है। आय-व्यय को संतुलित रखने का एकमात्र उपाय बजट बना कर उसी के अनुसार व्यय करना होता है।

(4) पारिवारिक परिवेश—पारस्परिक सद्भाव के अभाव में परिवार विघटित हो जाता है। इसके लिए परिवार के सभी सदस्यों को आपस में मिल-जुल कर रहना चाहिए और उनमें सहनशीलता, विनम्रता, निःस्वार्थता, प्रबंध पटुता और क्षमा आदि गुणों का होना जरूरी है। परिवार के सदस्यों को एक दूसरे की भावनाओं, दुःख-सुख एवं परेशानियों को समझना चाहिए। परिवार के सदस्यों के सामने गृहिणी को स्वयं एक आदर्श उपस्थित करना चाहिए ताकि परिवार के अन्य व्यक्ति भी उसका अनुकरण कर घर का वातावरण सुखद बना सकें।

(क) बजट निर्माण एवं लेखन—पारिवारिक बजट परिवार की आय-व्यय का एक लिखित व्यौरा है जिसके अनुसार खर्चे करने से एवं व्यय का हिसाब लिख कर रखने से परिवार अपनी आय के अंतर्गत ही सभी जरूरी आवश्यकताओं की पूर्ति करता है। आय में कमी होने से खर्चे में कटौती कर आय-व्यय को संतुलित किया जाता है। बजट बनाने का मूल सिद्धांत निम्नलिखित है—

(i) परिवार की आय को अलग व्यय में घटात्ते समय भविष्य के लिए थोड़ी बचत का प्रावधान बजट में होना चाहिए। आज की बचत अचानक खर्चे के लिए लाभप्रद होती है।

(ii) गृह की अलग-अलग जरूरतों का क्रमानुसार ज्ञान होना आवश्यक है।

(iii) गृहिणी को परिवार में आने वाली मासिक आय का पूरा ज्ञान होना चाहिए।

(iv) बजट एक निश्चित काल के लिए बनाना चाहिए। एक माह के लिए बजट बनाना ही लाभप्रद होता है।

बजट के अनुसार खर्चे करने और हर व्यय को मद अनुसार लिखने से यह पता चलता है कि खर्चे बजट के अनुसार हो रहा है या नहीं। अगर बजट से ज्यादा खर्चे होते हैं तो उसके कारण का पता लगाना तथा अगले बजट में उसी के अनुरूप सुधार करना गृहिणी का कर्त्तव्य हो जाता है।

(ख) आवश्यक वस्तुओं की खरीदारी—उपरोक्त वस्तुओं को आवश्यकता के अनुसार खरीदना भी एक कला है। उपयुक्त वस्तु नहीं खरीदने से व्यय आय से ज्यादा हो जाता है और परिवार ऋण के बोझ से लद जाता है। सफल खरीददार बनने के लिए निम्नलिखित बातों पर ध्यान देना जरूरी है—

(i) विश्वसनीयता को विशेष महत्व देना चाहिए। ज्यादा दाम देने पर भी चीजें ऐसी जगह ठीक मिलती हैं तथा मिलावट की उम्मीद नहीं रहती है।

(ii) मौसम तथा उत्पादन काल को ध्यान में रखकर ही सामान खरीदें। मौसम में

खाद्य वस्तुएँ सस्ती दर में मिलती हैं। ऊनी वस्त्र मार्च-अप्रैल में एवं ठंडे वस्त्र नवम्बर-दिसम्बर में सस्ते मिलते हैं।

(iii) कुछ वस्तुएँ स्थान विशेष पर ही सस्ती मिलती हैं। एक ही शहर में विभिन्न क्षेत्रों में वस्तुओं की कीमत अलग-अलग होती है। अतः कौनसी वस्तु कहाँ सस्ती मिलेगी इसका भी ज्ञान जरूरी है।

(iv) गृहिणी को सदैव बाजार भाव से परिचित होना चाहिए। कोई भी वस्तु खरीदने के पूर्व उस वस्तु की कीमत अलग-अलग दुकानों से पता कर लेनी चाहिए।

(v) जो सामान प्रतिदिन नहीं खरीदे जा सकते जैसे—फर्नीचर, गद्दे, ऊनी कपड़े या अन्य गृहोपयोगी महँगे सामान, उन्हें खरीदते वक्त उनके टिकाऊपन पर भी ध्यान देना आवश्यक माना जाता है।

(vi) खरीददारी करते समय यह ध्यान रखना चाहिए कि उस वस्तु की उपयोगिता कितनी है या वह बजट को किस सीमा तक प्रभावित करेगा। यह जरूरी नहीं है कि सस्ती वस्तु में महँगी वस्तु के समान गुण न हो। गृहिणी अपनी आर्थिक क्षमता के अनुरूप सस्ती वस्तु को खरीद कर भी उस गुण को प्राप्त कर सकती है। कम दाम में भी संतुलित भोजन का प्रबंध किया जा सकता है।

(vii) अनुपयोगी वस्तुओं को नहीं खरीदना चाहिए या ऐसी वस्तुओं को भी नहीं खरीदना चाहिए जिनकी जरूरत कभी-कभी पड़ती हो। मितव्ययिता का अर्थ कम-से-कम दाम व्यय कर ज्यादा-से-ज्यादा लाभ एवं संतोष प्राप्त करना होता है। मितव्ययी व्यक्ति प्रतिस्थापना का नियम प्रयोग कर कम-से-कम खर्चे में ज्यादा-से-ज्यादा संतोष प्राप्त करता है।

(viii) डिब्बाबन्द या सीलबन्द सामान खरीदते समय लेबिलों एवं अन्य निशानों की पहचान भी आवश्यक है। इससे वस्तु की श्रेणी, उसकी मात्रा, उत्पादन की तिथि, आदि का पता चलता है। जहाँ तक संभव हो सके सरकारी मुहर लगा सामान या अच्छे कम्पनियों का ही सामान खरीदना चाहिए।

(ix) सामान कम-से-कम खरीदना चाहिए क्योंकि ये महँगे होते हैं। अतः थोक सामान की खरीददारी करनी चाहिए। थोक मूल्य में सामान सस्ता मिलता है और साथ-ही-साथ सवारी, ढुलाई आदि पर खर्चे की भी बचत होती है। बार-बार बाजार जाने की चिंता नहीं रहती तथा समय की बचत होती है।

(3) गृह-कार्यों को कुशलतापूर्वक संपन्न करना—गृह-कार्यों को कुशलतापूर्वक संपन्न करने से अभिप्राय यह नहीं है कि प्रत्येक कार्य कुशलतापूर्वक ही संपन्न हो। यहाँ कुशलतापूर्वक संपन्न करने का तात्पर्य किसी कार्य को सर्वोत्तम श्रेणी का करने

में समय, शक्ति और धन की बचत से है। विभिन्न गृह-कार्यों को कुशलतापूर्वक संपन्न करने के लिए निम्नलिखित बातों का होना आवश्यक है—

(क) ज्ञान—किसी कार्य को करने की सबसे उत्तम विधि जानने पर ही हम उस कार्य को पूर्ण कुशलता से कर सकते हैं। गृह-कार्यों में कुशलता मनुष्य अनुभवों से भी प्राप्त करता है। किसी भी विधि को सदैव अपनाने एवं प्रयोग करने से उसमें कुशलता अपने-आप आ जाती है। इसलिए गृह कार्य की विधियों से अवगत होना आवश्यक है। खाना पकाने, वस्त्र सीने एवं मरम्मत करने, बच्चों की देख-रेख करने आदि की सर्वोत्तम विधियों का ज्ञान रहने से ये सभी कार्य कुशलतापूर्वक किए जा सकते हैं अथवा घर के अन्य व्यक्तियों से करवाए जा सकते हैं।

(ख) उचित साधन एवं यंत्रों का प्रबन्ध—केवल योजना बनाने, ज्ञान रहने या परिवार के सदस्यों की मदद से ही गृह कार्य कुशलतापुर्वक संपन्न नहीं हो सकते। इसके लिए काम को कुशलतापूर्वक करने के साधन एवं यंत्र उपलब्ध होने चाहिएँ। उपयुक्त यंत्रों एवं साधनों के प्रयोग के समय शक्ति की बचत होती है एवं काम सही ढंग से संपन्न होता है। केवल सिलाई का ज्ञान रखने से ही अच्छी सिलाई नहीं हो सकती-जब तक हमारे पास बढ़िया सिलाई मशीन न हो। अतः घर में ऐसे उपकरण व साधन जरूर होने चाहिएँ जिनकी हमेशा जरूरत बनी रहती है।

(ग) योजना—किसी भी कार्य को पूरी सफलता से करने के लिए पूर्व योजना बनाना जरूरी हो जाता है। परिवार में होने वाले कार्यों की सूची योजना बनाने के पूर्व बनानी चाहिए। यदि भोजन की योजना बनानी है तो उसे सुबह के नाश्ते, दोपहर के भोजन, शाम के नाश्ते एवं रात्रि के भोजन में क्या बनेगा और उसके लिए कौन-कौन सी चीजों की जरूरत होगी आदि की सूची बनाकर एक बार ही बाजार से सामान मँगाने में पूरी सहूलियत रहती है। पूरे दिन में होने वाले काम की योजना एक बार बना लेने से कार्यों के महत्त्व और आवश्यकता के अनुसार उन्हें प्राथमिकता दी जा सकती है तथा जरूरत अवकाश एवं सुविधा के विचार से उन्हें एकत्र किया जा सकता है। कभी-कभी समयाभाव में कुछ कार्यों को स्थगित कर अन्य कार्य भी किए जाते हैं। सभी घर की सफाई प्रातःकाल की जाती है लेकिन गृहिणी को सुबह कम समय मिलता है, इस प्रकार वह दोपहर में अवकाश के समय, जिन कमरों की सफाई नहीं कर सकी होती है, उन कमरों की सफाई कर सकती है।

नित्यप्रति के कार्यक्रम के साथ-साथ साप्ताहिक तथा माहवारी कार्यक्रम भी बना लेना जरूरी हो जाता है। रविवार या अन्य छुट्टियों का खास कार्यक्रम बनाना चाहिए। कार्यक्रम बनाते समय परिवार के सदस्यों की राय लेना तथा उनकी मदद

लेना भी आवश्यक है। योजना को कार्यान्वित करने में परिवार के सदस्यों से कौन-कौन-से कार्य में मदद मिल सकेगी इसका भी योजना में प्रावधान होना चाहिए। कार्य-योजना बनाते समय परिवार के सदस्यों की रुचि और जरूरी को भी ध्यान रखना आवश्यक हो जाता है ताकि शारीरिक स्फूर्ति बनी रह सके।

(घ) परिवार का सहयोग—परिवार के सभी कार्यों में अंतर होता है। सभी कार्य गृहिणी अकेले नहीं कर सकती। सुबह से शाम तक बिना विश्राम किए अगर गृहिणी गृहकार्य में जुटी रहे तब भी शायद गृहकार्य समाप्त नहीं हो पाएगा। गृहकार्य को ज्यादा-से-ज्यादा कुशलता से करने के लिए यह जरूरी है कि गृह-योजना बनाने में परिवार के सदस्यों की कार्यक्षमता, रुचि एवं समय के अनुरूप कार्य विभाजन कर दिया जाय। इसके लिए परिवार के सभी सदस्यों को सहभागिता निभानी चाहिए। उदाहरणार्थ—यदि गृहस्वामी बाजार-हाट करते हैं तो घर के बच्चे अपनी सामर्थ्य-अनुसार सफाई, भोजन बनाने में माँ की मदद आदि कर सकते हैं। घर में अगर बूढ़ी महिला है तो वह बच्चों को पढ़ाने या अन्य छोट-छोटे कार्यों को जैसे सब्जी काटने, चावल-दाल साफ करने, सिलाई या मरम्मत करने आदि हल्के काम को कर सकती है। बच्चों में कार्य करने की भावना का विकास करना चाहिए।

2

परिवार : आर्थिक साधन

किसी भी परिवार में सभी व्यक्तियों की अपनी आवश्यकताएँ होती हैं। इनकी पूर्ति किस सीमा तक हो सकेगी यह परिवार के आर्थिक संसाधनों तथा उसके प्रबंधन स्तर पर निर्भर करता है। जिस परिवार के सदस्यों की आर्थिक स्थिति सुदृढ़ होगी। वह दिनानुदिन प्रगति करता है। यदि हम परिवार की आवश्यकताओं की पूर्ति हेतु अनिवार्य साधनों की बात करें तो ये दो प्रकार के होते हैं। प्रथम, भौतिक साधन तथा द्वितीय मानवीय साधन। भौतिक साधनों में धन, आर्थिक सुविधाएँ, समय, परिवार के विभिन्न कार्यों पर खर्च किया जाने वाला समय, परिवार की चल एवं अचल सम्पत्ति सामुदायिक सुविधाएँ जैसे पार्क, पुस्तकालय, यातायात, स्वास्थ्य और शिक्षा की सुविधाएँ शामिल हैं और मानवीय संसाधनों में परिवार के सदस्यों की विशेष तथा सामान्य योग्यताएँ, रुचियों तथा समाज के द्वारा प्राप्त शैक्षणिक एवं स्वास्थ्य सम्बन्धी सुविधाएँ आती हैं। परिवार के सदस्यों की रुचियों के अतिरिक्त उनका अनुभव तथा उनका शारीरिक परिश्रम, मानवीय साधनों के तहत आता है। परिवार के सदस्यों की रुचियाँ उन्हें विभिन्न कार्यों के करने के लिए प्रेरणा एवं उत्साह देती हैं इसमें अनुभव का विशेष महत्व होता है। परिवार के सदस्यों की विशेष योग्यताएँ, परिवार के खास कार्यों का कुशलतापूर्वक सम्पादन के साथ-साथ परिवार की सम्पूर्ण आमदनी में भी सहायता मिलती है।

"होम इकोनॉमिक्स सेमिनार" की रिपोर्ट के अनुसार परिवार में उपलब्ध साधनों को व्यक्तिगत, सामाजिक एवं शिल्प विज्ञान संबंधी साधनों में विभक्त किया जा सकता है। व्यक्तिगत साधनों के अन्तर्गत मनुष्य की योग्यताएँ, रुचियाँ, मानवीय गुण, भावनाएँ, संवेग एवं व्यक्तियों के आपसी सम्बन्ध आते हैं। सामाजिक साधनों

के अंतर्गत परिवार के सदस्यों तथा समाज द्वारा प्राप्त अन्य सुविधाएँ आती हैं जबकि शिल्प विज्ञान सम्बन्धी साधनों के अंतर्गत विभिन्न तरह के उपकरण और यन्त्र आते हैं चाहे वे प्राकृतिक हों या मनुष्य द्वारा निर्माणित।

पारिवारिक साधनों का महत्त्व

पारिवारिक आवश्यकताओं की पूर्ति के लिए अलग-अलग पारिवारिक साधनों की जानकारी एवं उपभोग की जानकारी होना काफी ही आवश्यक है। साधनों का उचित प्रयोग न होने से साधनों तथा समय का अपव्यय होता है एवं परिवार के निर्धारित उद्देश्य भी समय पर पूरे नहीं किए जा सकते हैं। परिवार के सदस्यों के लिए एक कहावत प्रसिद्ध है कि 'घर की मुर्गी दाल बराबर' एक गृह-प्रबन्धक परिवार के सदस्यों की योग्यताओं तथा रुचियों का सही मूल्यांकन नहीं कर उन्हें एक साधन के रूप में ग्रहण कर पाता है। परिवार के महत्त्व को बिंदुगत रूप से उल्लेखित किया जा रहा है—

1. कुशलता में वृद्धि—एक परिवार की लड़कियों में सिलाई- कढ़ाई के प्रति खास रुचि तथा योग्यता है तो उनकी वह योग्यता परिवार के सदस्यों के तथा अन्य अनिवार्य कपड़ों की सिलाई में मददगार होती है तथा घर में सिलाई हो जाने से दर्जी से सिलवाने की जो सिलाई देनी पड़ती उसकी बचत हो जाती है। इसी प्रकार लड़की की इस खास योग्यता तथा रुचि का लाभ पाकर अन्य लोगों का काम करके पारिवारिक आमदनी में वृद्धि भी की जा सकती है।

2. सहयोग—साधन के रूप में परिवार के सदस्यों के अनुभव का भी उपयोग किया जा सकता है। उदाहरणार्थ—यदि घर का कोई सदस्य पढ़ा-लिखा है तो वह घर के बच्चों को पढ़ा कर उनको योग्य व्यक्ति बना सकता है तथा उनकी कमजोरी को दूर कर सकता है। इस प्रकार ज्ञान रूपी साधन के उपभोग से परिवार शिक्षा का शुल्क बचा सकता है।

3. मितव्ययिता के (गुन्ते) का विकास—इसी तरह जिस व्यक्ति को बाजार के तुलनात्मक रूप से कम मूल्य पर वस्तुएँ बेचने वाली दुकानों का पता होता है वह इनका प्रयोग करके धन की बचत कर सकता है जैसे कि दिल्ली में स्थित ईश्वर स्टोर एवं जौहरी बाजार के कुन्दीगरों के रास्ते में स्थित साबुन वालों की दुकानों पर पायी जाने वाली वस्तुएँ बाजार की अन्य दुकानों से सस्ती मिलती हैं। परिवार का साधन है परिवार के सदस्यों की शक्ति। यदि परिवार के सभी सदस्य कमजोर हैं, बीमार रहते हैं, किसी काम को करने के लिए उनमें शारीरिक शक्ति नहीं है, तो उस परिवार

का खर्च दोगुना हो जाता है। चूँकि एक तो परिवार के सदस्यों के स्वास्थ्य को बनाये रखने हेतु अतिरिक्त खर्च करना पड़ता है तथा परिवार के सदस्यों में शारीरिक शक्ति की कमी होने की वजह से ये घर का कार्य नहीं कर पाते हैं जिससे इन कार्यों को करने के लिए नौकर की व्यवस्था करनी पड़ती है और इस तरह नौकर को दिया जाने वाला वेतन परिवार के लिए एक अतिरिक्त खर्च सिद्ध होता है। आज के समय में लगातार बढ़ती महँगाई में परिवारों के लिए भौतिक साधनों का व्यवस्थापन करना अत्यंत कठिन काम हो गया है।

4. भौतिक साधनों की सुरक्षा—औद्योगीकरण के कारण शहरों में छोटे-छोटे घर होते हैं जहाँ पर वस्तुओं को इकट्ठा करके रखना एक कठिन काम है। इसके अतिरिक्त आज धनोपार्जन साधन न होकर साध्य हो गया है। आज हर व्यक्ति धनोपार्जन में लगा हुआ है जिस वजह से अपने पास उपलब्ध भौतिक साधनों का वह समुचित तरह से उपयोग, सुरक्षा एवं देखभाल नहीं कर पा रहा है। जो विश्लेषण परिवार के प्रबन्ध में काम आने वाले साधनों का किया गया है वह उनके गुणों एवं प्रयोग करने की विभिन्नता पर किया गया है। इन साधनों के गुण, रूप एवं उपयोग करने की विभिन्नता में अन्तर होने के बावजूद इन सब साधनों का एक ही उद्देश्य होता है। कि गृह-प्रबन्ध इस तरह से किया जाए कि परिवार को उसकी लक्ष्य-प्राप्ति में मदद मिल सके। जहाँ तक अलग-अलग साधनों को पृथक्-पृथक् महत्त्व देने का प्रश्न उठता है। वहाँ पर जिस साधन के विषय में हम जितना अधिक जानते हैं उसका उतना ही अधिक महत्त्व है।

पारिवारिक साधनों की विशेषताएँ

गृह-प्रबंध में पारिवारिक साधनों की निम्नांकित विशेषताएँ होती हैं—

(1) निश्चित एवं सीमित साधन—व्यक्ति की आवश्यकताएँ दिनानुदिन बढ़ती जा रही हैं। मानव-जीवन में आदिकाल से चुनाव की समस्या रही है क्योंकि मनुष्य की जरूरतों में हमेशा प्रतियोगिता रही है। मनुष्य की असीम इच्छाओं में से केवल कुछ इच्छाएँ ही आवश्यकता का रूप धारण कर पाती हैं। ऐसा इसलिए होता है चूँकि मनुष्य के पास साधन सीमित होते हैं। हर मनुष्य के पास मानवीय एवं भौतिक साधन सीमित होते हैं। इस प्रकार उसे इनकी सीमाओं में रहकर ही अपनी आवश्यकताओं को तृप्त करना होता है। यदि परिवार के साधन पर्याप्त नहीं हैं तो किसी भी दशा में लोगों में सामंजस्य बनाये रखना कठिन नहीं है। अगर साधन असीम हों तो परिवार में प्रबन्ध की समस्या ही उत्पन्न नहीं हो सकती। जैसे कि समय साधन को ही लें, तो हम जानते हैं कि एक दिन में 24 घण्टे होते हैं अतः हर परिवार

अपने नाना तरह के कार्यों को इस तरह विभाजित करता है कि ये सभी एक निर्धारित समय में पूरे हो जायें।

(2) साधनों की उपयोगिता—साधनों की उपयोगिता परिवार की जरूरतों पर निर्भर करती है। इसके अलावा किसी साधन के प्रति हमारा ज्ञान जितना बढ़ता जायेगा उसकी उपयोगिता उतनी ही ज्यादा होगी। कहने का तात्पर्य यह है कि सभी साधन उपयोगी होते हैं लेकिन कौन-सा साधन किसके लिए कितना उपयोगी है यह उस परिवार के सदस्यों की रुचियों, समस्याओं तथा उसे साधन के प्रति कितनी जानकारी है इस पर निर्भर होता है। ये साधन निम्नवत् दो स्तर पर होते हैं—

(अ) गुणात्मक स्तर—जहाँ परिवार के समायोजन में साधनों की सीमा प्रभाव डालती है। ठीक उसी तरह वस्तुओं के गुणों की भिन्नता उन साधनों के परिवार-व्यवस्थापन पर प्रभाव डालती है। परिवार के मानवीय साधनों में गुणों की भिन्न-भिन्न और उसके प्रभाव स्पष्ट नजर आते हैं। परिवार में उपलब्ध मानवीय एवं भौतिक साधनों को अलग-अलग करके मापना बहुत मुश्किल है, क्योंकि ये सभी साधन एक-दूसरे से घनिष्ठ रूप से सम्बन्ध बनाए रखते हैं। परिवार के अलग-अलग कार्यों के लिए जरूरी साधनों का चुनाव करते समय उन साधनों का उपयोग हमारी अन्य क्रियाओं को कितना प्रभावित करेगा, इस बात का ध्यान रखना बहुत आवश्यक है अन्यथा उस साधन का सही उपयोग नहीं हो पाता है। प्रतिस्थापन के नियम का ध्यान परिवार के साधनों को खर्च करते वक्त रखना चाहिए। किस तरह कार्य की पूर्ति के लिए साधनों में बदलाव करके कम साधन खर्च कर ज्यादा तृप्ति पायी जा सकती है वे जरूरतों और कार्य जिनकी पूर्ति सीमित मात्रा वाले साधनों की अपेक्षा में किसी अन्य साधन का उपयोग करके की जा सकती है उसके लिए साधनों का प्रतिस्थापन कर लेना चाहिए जिससे सीमित साधन में ज्यादा-से-ज्यादा आवश्यकताओं की पूर्ति की जा सके।

गृह-प्रबन्ध में समुचित समायोजन एवं साधनों के पूरा उपयोग के लिए साधनों को आपस में सम्बन्धित कर तब उनका उपयोग करना चाहिए। यदि साधनों में बगैर सम्बन्ध बनाए ही एक विशेष साधन का प्रयोग किया जाता है तो न तो उस खास साधन का और न ही अन्य साधनों का सही प्रयोग हो पाता है। आज के समय में परिवार के अलग-अलग कार्यों के लिए जिन भौतिक कार्यों एवं साधनों की खोज हो रही है वे सभी साधन बहु-प्रयोजनीय हैं और वे परिवार जो इनका सही प्रयोग के बारे में नहीं जानते हैं उनके लिए उन साधनों का समुचित प्रयोग असम्भव होता है। इन बहुयोजनीय साधनों के उचित प्रयोग एवं इन साधनों का अन्य साधनों के साथ

मिलकर उद्देश्य की प्राप्ति में सहायक होना तभी सम्भव हो सकता है जब इन साधनों के समुचित प्रयोग की शिक्षा दी जाए।

(ब) समय सीमा—इसका सबसे प्रमुख उदाहरण हर दिन का समय है, जो कि 24 घण्टे के बराबर है या 1440 मिनट के बराबर है। अब यदि हम किसी घण्टे के मिनट बढ़ाना चाहें तो यह सम्भव नहीं है। इसी तरह सीमित साधन का दूसरा उदाहरण धन है। हर व्यक्ति के लिए धन की सीमित मात्रा अलग-अलग होती है। कोई भी व्यक्ति अपने प्रयासों द्वारा जितना धन प्राप्त करता है वह उसका खर्च एक सीमित मात्रा में ही कर सकता है। सीमित साधनों में तीसरा मुख्य साधन परिवार के व्यक्तियों की योग्यता है जिन्हें हम मानवीय साधन कहते हैं। प्रत्येक व्यक्ति की शारीरिक शक्ति सीमित होती है, उस शक्ति से ज्यादा कार्य करने पर गलत नतीजे सामने आ सकते हैं।

परिवार के सदस्यों में योग्यताएँ जन्म के समय से होती हैं अतः जितनी योग्यताएँ परिवार के सदस्यों में होती हैं वे उसी के बराबर काम कर सकते हैं। किसी भी परिवार के जीवन स्तर में बढ़ोतरी करने से उस परिवार में मौज़ूद धन, समय एवं शक्ति ये तीनों साधन ही आधार होते हैं हर परिवार के पास इन तीनों साधनों की अलग-अलग सीमा होती है। साधनों के कुशलतम उपयोग से परिवार की आर्थिक दशा में काफी सुधार होता है। किसी परिवार के पास कोई साधन कितनी मात्रा में उपलब्ध होगा, इसे हर परिवार का प्रकार, सदस्यों की आयु, उनकी रुचि तथा सामाजिक, आर्थिक, तथा भौतिक पृष्ठभूमि प्रभावित करती है। साधनों की सीमा पारिवारिक समायोजन को प्रभावित करती है।

(3) निर्भरता स्तर—साधनों की उपयोगिता हर व्यक्ति के लिए समान नहीं होती है। जिस तरह साधन का प्रयोग होगा उसी पर उसके जीवन के रहन-सहन का स्तर निर्भर करेगा। जैसे कि रमेश एवं सुरेश दो आदमी हैं तथा दोनों की हर महीने आय 2,000 रु. है। रमेश अपनी आय की योजना बनाकर विवेकपूर्ण तरीके से खर्च करता है जबकि दूसरा व्यक्ति सुरेश बिना योजना के एवं बिना सोचे-समझे खर्च करता है तो ऐसी अवस्था में रमेश का स्तर सुरेश से कई गुना ऊँचा होगा। इस तरह यह साबित होता है कि योजनाबद्ध खर्च जीवन के स्तर को ऊँचा उठाते हैं।

(4) साधनों का नियोजित प्रयोग—समय, साधन तथा शक्ति ऐसे साधन हैं जो विकास तथा आय का स्तर निर्धारित करते हैं। यह सीमा या तो मात्रात्मक होती है अथवा गुणात्मक होती है। इस तरह साधनों की सीमा निर्धारित होने की वजह से ही परिवार के पृथक्-पृथक् कार्यों में इन साधनों का समुचित प्रयोग तभी हो पाता

है, बल्कि इन साधनों को व्यवस्थित रूप से उपयोग किया जाए। यह तभी संभव हो सकता है जब गृहिणी में कुशलता हो।

साधनों के स्तर निर्धारक तत्त्व

साधनों के स्तर के प्रमुख निर्धारक तत्व निम्नवत् हैं–

(1) प्राप्त साधनों की जानकारी–परिवार को अपने उपलब्ध साधनों में बढ़ोतरी करने के लिए उसे अपनी पूरी सम्पत्ति के बारे में पूरा अनुभव होना आवश्यक है, चूँकि परिवार के लक्ष्यों को समस्त उपलब्ध साधनों का प्रयोग करके सरलता से प्राप्त किया जा सकता है। इन उद्देश्यों को थोड़े से साधनों का प्रयोग करके प्राप्त करना अधिक मुश्किल होता है। उदाहरण के लिए बच्चों को पढ़ाने के लिए ट्यूटर की व्यवस्था की जाती है तो आवश्यक रूप से पारिवारिक खर्चे में बढ़ोतरी हो जायेगी यदि इसके स्थान पर घर का ही कोई पढ़ा-लिखा सदस्य बच्चे के ट्यूटर का कार्य कर दे तो न सिर्फ उस सदस्य की योग्यता एवं ज्ञान का फायदा परिवार को मिलेगा बल्कि इससे ट्यूटर के न रखने से जो बचत होगी उससे परिवार की अन्य जरूरतों को पूरा किया जा सकेगा। प्राप्त साधनों के कुशलतम उपभोगी ही आर्थिक व्यवस्था को व्यवस्थित कर सकता है।

(2) साधनों के उपयोग की जानकारी–अनिवार्य साधनों की जानकारी गृह प्रबंधक को अवश्य होनी चाहिए, एक साधन एक से अधिक प्रयोजनों के लिए कार्य में लाया जा सकता है। इस प्रकार उपलब्ध साधनों से परिवार के सदस्यों को ज्यादा-से-ज्यादा सुख-सुविधा तथा तृप्ति प्राप्त हो सके। इसके लिए इस बात का ध्यान रखते हुए साधनों का प्रयोग सबसे उत्तम विकल्पों में किया जाना चाहिए। विकल्पों के कुशलतम प्रयोग की जानकारी होना भी उसके लिए अनिवार्य है।

(3) उपयोगिता एवं रुचियों में वृद्धि–धन के अलावा कुछ विशिष्ट वस्तुएँ भी ऐसी होती हैं जिनके अनेक सम्भावित प्रयोग हो सकते हैं। ऐसी वस्तुओं का चुनाव उपयोगिता में बढ़ोतरी करता है। उपलब्ध वस्तुओं के नये उपयोग से सामूहिक प्रयोग करने की सम्भावनाएँ खोज निकाली जाएँ तो ऐसा करने से तृप्ति की मात्रा में वृद्धि हो जाती है। उपयोगिता में बढ़ोतरी करना तो सरल होता है लेकिन परिवार के सदस्यों की रुचियों में विस्तार करना इतना आसान काम नहीं है। इसके अनुसार साधन का उपयोग करने वाले व्यक्ति की रुचि में वृद्धि होती है जैसे कि ज्ञानवर्द्धक पुस्तकों को पढ़ने में खर्च किए गए समय से नई रुचियों का जन्म होता है। अगर इसी समय को बेकार एवं गन्दे साहित्य को पढ़ने में बिताया जाए तो इससे नये एवं

अच्छी रुचियों का विकास असम्भव होगा। रुचियों के विस्तार के लिए जानकारी में वृद्धि, धन तथा समय जैसे साधनों के मिल-जुले प्रयोग एवं संयोजन की आवश्यकता होती है।

(4) विकल्पों की उपलब्धता—परिवार के साधनों का भिन्न-भिन्न विकल्पों में प्रयोग इस तरह से करना चाहिए कि उनमें सन्तुलन बना रहे। इसके लिए यह जरूरी है कि मनुष्य सन्तोषी स्वभाव का हो एवं सन्तोषजनक जीवन जीने में विश्वास रखता हो। सन्तोषजनक जीवन ही रुचियों, साधनों एवं विकल्पों में आवश्यक तालमेल रखता है। उदाहरण के लिए बटर, केक, आटा, चीनी, नमक, घी, दूध एवं अन्य तरल पदार्थों से बना होता है। इसे और भी पौष्टिक मूल्यों को कम करने के लिए घी की मात्रा को कम किया जा सकता है।

लेकिन इन सभी में तालमेल बनाए रखने के लिए अन्य पदार्थों की मात्रा में एक निश्चित अनुपात बनाए रखना जरूरी है। अगर घी का प्रयोग एकदम ही नहीं किया जायेगा तो यह केक बनाना संभव नहीं होगा। लेकिन यदि सब घटकों अथवा साधनों का प्रतिनिधित्व उत्पादित वस्तु में नहीं होगा तो उत्पादित वस्तु सन्तोषजनक नहीं बन पाएगी या निर्धारित मापदण्डों से घटिया होगी। अतः रुचियों में तालमेल बहुत ज्यादा जरूरी है। अलग-अलग रुचियाँ एक-दूसरे के लिए नियन्त्रण एवं सन्तुलन का काम करती हैं तथा इसी तरह का सन्तुलन संतोषजनक होता है।

पारिवारिक उत्तरदायित्व

परिवार एक ऐसी सामाजिक इकाई है जिसमें रहकर व्यक्ति की विभिन्न आवश्यकताओं की पूर्ति होती है। सुखी एवं सम्पन्न परिवार का समाज भी सुखी व सम्पन्न होगा। यहाँ सम्पन्नता का प्रयोग विस्तृत अर्थ में किया गया है। परिवार सदैव सम्पन्न रहे इसके लिए उसे अपने उत्तरदायित्वों का निर्वाह निष्ठापूर्वक करना होता है। पारिवारिक उत्तरदायित्व को बिन्दुगत रूप से नीचे उल्लेखित किया जा रहा है–

(1) पारिवारिक जीवन के शारीरिक कार्य करना—एक ठोस सफल गृह-प्रबन्ध में शारीरिक क्रियाओं का प्रमुख स्थान होता है क्योंकि बिना शारीरिक क्रियाओं के गृह-प्रबन्ध संभव नहीं होता है। इस तरह गृह-प्रबन्ध की सफलता शारीरिक क्रियाओं पर आश्रित होती है। परिवार में होने वाली प्रमुख शारीरिक क्रियाएँ निम्नलिखित हैं–

(1) परिवार के बच्चों की सही देखभाल एवं इनकी शिक्षा की व्यवस्था करना।

(2) आँगन, घर के आसपास के वातावरण गाड़ी के रख-रखाव आदि कार्यों को करना।

(3) घर की साफ-सफाई एवं मरम्मत आदि कार्य करना।

(4) घर की साज-सज्जा सम्बन्धी वस्तुओं को खरीदना, बनाना, मरम्मत एवं इन्हें साफ करना।

(5) खाद्य पदार्थों को खरीदना इनसे भोजन बनाना, उसे परोसना, भविष्य के लिए खाद्य पदार्थों एवं भोजन को एकत्रित एवं संरक्षित करना।

(6) वस्त्र आभूषण का काम, कढ़ाई, सिलाई तथा निर्माण, मरम्मत तथा इनकी सफाई एवं सुरक्षा का ध्यान रखना।

(7) घर की आर्थिक गतिविधियों को करना जैसे कि पारिवारिक आमदनी-खर्चे में तालमेल रखना, लेखांकन करना, बैंक आदि का कार्य करना।

कुछ परिवार गृह-प्रबन्ध में होने वाली शारीरिक क्रियाओं को सदस्यों के मध्य उनकी योग्यताओं के अनुरूप विभाजित कर देते हैं। कुछ परिवारों में ये सारे गृह-कार्य गृहिणी स्वयं तथा सम्भव हो तो नौकरों की सहायता से पूरा कर लेती है।

इन अलग-अलग शारीरिक क्रियाओं को करने में शारीरिक और मानसिक शक्ति की भी जरूरत होती है, चूँकि इन क्रियाओं की सफलता इन क्रियाओं की योजना और निर्देशन पर आश्रित करती है। वे परिवार जहाँ गृहिणी को योजना बनाकर स्वयं क्रियान्वित करना पड़ता है, वहाँ उसे शारीरिक और मानसिक दोनों क्रियाएँ करनी पड़तीं हैं। लेकिन जहाँ गृहिणी योजना बनाकर उसे परिवार के अन्य सदस्यों एवं नौकरों से पूरा करवाती है वहाँ उसे केवल मानसिक श्रम करना पड़ता है।

(2) परिवार के लिए सन्तोषजनक उद्देश्यों तथा मूल्यों का निर्धारण तथा निर्माण करना—प्रत्येक परिवार का अपना अलग जीवन-दर्शन होता है। परिवार के जीवन-दर्शक का निर्धारण एवं निर्माण तब होता है जब दो भिन्न-भिन्न परिवारों की पृष्ठभूमि से आए वर-वधू आपस में मिलते हैं। जब ये वर-वधू अपना नया परिवार बनाते हैं, तो अपने पूर्वाग्रहों और मान्यताओं के आधार पर उचित इच्छाओं और मान्यताओं को मानते हुए तथा बुरी अवधारणाओं को छोड़कर अपने जीवन-दर्शन का दृष्टिकोण निर्धारित करते हैं।

प्रत्येक परिवार में जीवन-दर्शन का अपना अलग महत्त्व होता है क्योंकि परिवार का जीवन-दर्शन सदस्यों के आचरण को बनाने में सहयोग प्रदान करता है। जब पूरे परिवार का जीवन-दर्शन एक-सा होता है तो परिवार के सभी सदस्य भावनात्मक रूप से एक-दूसरे से मिले रहते हैं। परन्तु यदि परिवार का कोई

जीवन-दर्शन नहीं होता है तो परिवार के प्रत्येक सदस्य का रास्ता अलग-अलग हो जाता है। जीवन-दर्शन परिवार के सामूहिक एवं व्यक्तिगत उद्देश्यों के निर्धारण में सहायक प्रतीत होता है।

पारिवारिक उत्तरदायित्व के कुशल निर्वहन के लिए पति-पत्नी की इच्छाओं एवं अभिरुचियों से मिलकर एक जीवन-दर्शन का निर्धारण स्वतः ही हो जाता है जिसे परिवार के सभी सदस्य मानते हैं। परन्तु यह जीवन-दर्शन परिवार में तभी तक कायम रहता है जब तक सदस्यों को सारे व्यक्तिगत अनुभव प्राप्त नहीं हो जाते हैं।

परिवार में सदस्यों की जिम्मेदारियों में बढ़ोत्तरी होने से उनमें उत्तरदायित्व की भावना का भी विकास होता है, तब इन अनुभवों के आधार पर पूरे परिवार का जीवन-यापन ही बदल जाता है एवं नये जीवन-दर्शन की स्थापना हो जाती है। उदाहरण के लिए यदि किसी परिवार का यह जीवन-दर्शन है कि जीवन में जो भी प्राप्त करना है, वह मेहनत, ईमानदारी से ही प्राप्त करना है तो यह भावना परिवार के सारे सदस्यों में पाई जाती है। बच्चे में भी यह भावना अप्रत्यक्ष रूप से घर कर जाती है।

(i) सामाजिक प्रवृत्तियाँ—मनुष्य स्वभावतः एक सामाजिक प्राणी है, इसलिए वह समाज से अलग नहीं रह सकता। लेकिन समाज में रहने के लिए मनुष्य में सामाजिक गुणों का होना अत्यन्त जरूरी है। मनुष्य समाज के विभिन्न व्यक्तियों के सम्पर्क में आकर जीवन के रहस्य और जीवन की वास्तविकताओं से परिचय प्राप्त करता है। अनुभव ही उसके जीवन के दृष्टिकोण आदर्श के निर्माण में सहायता करता है। अतः हर परिवार का उत्तरदायित्व बनता है कि वह परिवार के सदस्यों में सामाजिक समायोजन पैदा करने के लिए घर पर छोटे-छोटे सामूहिक कार्यक्रमों का आयोजन करे। परिवार से बाहर होने वाली इन सामाजिक प्रवृत्तियों में परिवार के सदस्यों को खुलकर भाग लेने के लिए बढ़ावा करना चाहिए जिससे वे समाज के सम्बन्धों को आसानी से समझ सकें।

(ii) विद्यालय की प्रवृत्तियाँ—शिक्षा में भी परिवार की भूमिका प्राथमिक होती है। प्रारम्भ में बालक परिवार में ही शिक्षा ग्रहण करता है उसका विकास बाद में विद्यालय में होता है। परिवार में रहकर बच्चे का जो जीवन के प्रति दृष्टिकोण रहता है, वह दृष्टिकोण कहाँ तक स्थायी रहेगा, यह इस बात पर आश्रित करता है कि बच्चे को जिस विद्यालय में दाखिला दिलाया गया है, उसकी प्रवृत्तियाँ, किस प्रकार की हैं। बच्चों को ऐसे विद्यालय में भेजना चाहिए जिसका वातावरण तथा शैक्षिक परिवेश उन्नत हो। विद्यालय में पुस्तकीय ज्ञान के अलावा जीवन-सम्बन्धी अन्य

ज्ञान देने के लिए पाठ्येतर प्रवृत्तियाँ भी हैं कि नहीं। यद्यपि किसी भी विद्यालय का कार्य मात्र निश्चित पाठ्यक्रम को पढ़ाना ही नहीं होता है बल्कि छात्र का पूर्णरूपेण विकास करना भी होता है। पाठ्य सहगामी क्रियाएँ भी विद्यालय में आयोजित की जानी चाहिएँ।

(iii) धार्मिक प्रवृत्तियाँ—मनुष्यों का जीवन-दर्शन उनकी धार्मिक भावनाओं से प्रभावित होता है। क्योंकि धार्मिक प्रवृत्तियाँ हमारे जीवन-दर्शन को एक आधार एवं सुदृढ़ता देती हैं और परिवार के वातावरण को पवित्र बनाती हैं। इसलिए परिवार में समय-समय पर धार्मिक प्रवृत्तियों का आयोजन भी जरूर होना चाहिए जिससे सदस्यों को नैतिक दृढ़ता प्राप्त होती रहे।

(iv) मनोरंजनात्मक प्रवृत्तियाँ—प्रत्येक मनुष्य को अपनी शारीरिक थकावट मिटाने के लिए आराम की आवश्यकता होती है। मानसिक थकावट को दूर करने के लिए मनोरंजन की आवश्यकता होती है। हमारे द्वारा प्रयुक्त मनोरंजन के साधन हमारे विचारों को प्रभावित करते हैं इसलिए मनोरंजन के रूप में पढ़े जाने वाले साहित्य और चलचित्र का चुनाव उसके स्तर को देखते हुए करना चाहिए।

(v) सांस्कृतिक प्रवृत्तियाँ—सभी परिवारों का यह कर्त्तव्य बनता है कि वह अपने सदस्यों को अपनी जाति, धर्म, संस्कृति एवं महत्त्व से परिचित कराये। क्योंकि सभी मनुष्य का जीवन-दर्शन, अप्रत्यक्ष रूप से उसके समाज की संस्कृति और सभ्यता से प्रभावित होता है। संस्कृति का ज्ञान, मनुष्य के जीवन-दर्शन के निर्माण में बहुत ही अधिक मददगार सिद्ध होता है। इसलिए समाज में होने वाले सांस्कृतिक समारोहों में सदस्यों को भाग लेने के लिए सदैव प्रेरित करना चाहिए जिससे उन्हें अपनी संस्कृति का अच्छी तरह से जानकारी प्राप्त हो सके।

इस तरह उपर्युक्त पाँचों प्रवृत्तियाँ मनुष्य की मददगार होती हैं। इन प्रवृत्तियों की सहायता से मनुष्य अपने जीवन में नये-नये अनुभव प्राप्त करता है जिससे उसके जीवन के आदर्श अथवा दर्शन को दृढ़ता प्राप्त होती है और उनमें आवश्यकता के आधार पर बदलाव भी करने में वह सफल होता है। परिवार के सदस्यों में जीवन-दर्शन के निर्माण के लिए माता-पिता को चाहिए कि वे सदैव अपने आचरण के द्वारा उनमें अच्छे गुणों का विकास करें।

(3) समर्पण की भावना का विकास—समाज का निर्माण परिवार से ही होता है, फलस्वरूप परिवार के समाज के प्रति कुछ मुख्य जिम्मेदारी होती है चूँकि आज के वैज्ञानिक युग में घर के वातावरण, पड़ोस, गाँव, नगर, राज्य, राष्ट्र तथा कभी-कभी विश्व के अन्य देशों तक अपना प्रभाव डालते हैं। अतः परिवार के बालकों में परिवार

के मुखिया को सक्रिय भूमिका निभानी चाहिए। कोई भी परिवार अपने समाज की सेवा का कार्य सफलतापूर्वक तभी कर सकता है। परिवार के सदस्यों में समाज के कार्यों को समझने की प्रवृत्ति, पसंद तथा समर्पण की भावना वाले व्यक्ति ही समाज में सबसे प्रमुख सामाजिक मूल्यों तथा न्याय की स्थापना करते हैं जिस पर परिवार ही नहीं पूरा देश गर्व करता है।

सामाजिक मूल्यों की प्रतिष्ठा परिवार से ही शुरू होती है। इस शिक्षा का आरम्भ व्यक्तिगत सम्बन्धों की प्रकृति से होती है जो माता-पिता के मध्य, माता-पिता तथा बच्चों के मध्य सम्बन्धों तथा परिवार के सदस्यों, खासकर माता-पिता द्वारा अभिव्यक्त, अभिवृत्तियों से स्पष्ट होता है । माता के कार्य के प्रति पिता की अभिवृत्ति, उसका सामाजिक समस्याओं के प्रति बुद्धिमत्तापूर्ण तथा मूर्खतापूर्ण अथवा न्यायपूर्ण एवं अन्यायपूर्ण समाधान, नागरिक के रूप में अपने कार्य एवं महत्त्व के विषय में अपनी अभिवृत्ति, बच्चों के प्रति माता-पिता दोनों का व्यवहार तथा समूह एवं समाज के कार्यों में उनका भाग लेना बच्चों की अभिवृत्ति के स्वरूप का निर्धारण करता है। किसी भी परिवार के सामाजिक मूल्य बच्चों के विकास पर अनुकूल व प्रतिकूल प्रभाव डालते हैं। जब हम समाज सेवा के काम आते हैं तो हमें आत्म-सन्तुष्टि प्राप्त होती है। इसके अतिरिक्त सामाजिक इज्जत भी मिलती है। इस प्रकार जब समाज को विकास परिवारों का मदद मिलता है तो समाज समृद्धि के पथ पर आगे बढ़ता है। राष्ट्र की प्रगति समाज की प्रगति पर निर्भर है। इसलिए किसी भी राष्ट्र के विकास के लिए उस राष्ट्र के हर परिवार को एक ऐसा वातावरण तैयार करना चाहिए जो कि पारिवारिक सदस्यों को प्रेम, त्याग एवं समर्पण की भावना प्रदान करे जिससे वे समाज और राष्ट्र की समस्याओं को समझकर उनका निदान खोजने में समर्थ हो सके।

(4) परिवार के सदस्यों की बुद्धि का विकास करना—परिवार का दूसरा प्रमुख दायित्व परिवार के सभी सदस्यों के व्यक्तिगत का संपूर्ण विकास करना होता है इस सर्वांगीण विकास के लिए परिवार के सदस्यों में एक-दूसरे को समझने की योग्यता पैदा करना, मानवीय गुणों को पैदा करना जिससे वे जीवन में आने वाली समस्याओं को समझ सकें, उनके समाधान के लिए जरूर निर्णय ले सकें एवं परिवार के साथ समायोजित जीवन बिता सकें। परिवार के सदस्यों की सभी लिंग तथा रुचि में अन्तर होने के कारण हर सदस्य के व्यक्तिगत उद्देश्य पृथक्-पृथक् होते हैं एवं इनके अलावा परिवार के सामूहिक लक्ष्य भी होते हैं।

इन सभी लक्ष्यों की प्राप्ति के लिए परिवार के सदस्यों में आपसी समायोजन

होना काफी जरूरी होता है। परिवार अपने सदस्यों का संपूर्ण विकास करके समाज को एक आदर्श नागरिक देता है। परिवार के सदस्यों के विकास की प्रक्रिया उनके जन्म से शुरू होकर मरण तक चलती रहती है। इस पूरी आयु में बच्चे की बाल्यावस्था का विशेष महत्त्व होता है चूँकि इस अवस्था के विकास पर ही बच्चे का भविष्य आश्रित होता है। परिवार में व्याप्त सुविधाओं को प्राप्त करने के लिए परिवार के सदस्यों के बीच प्रतियोगिता होती है।

जिस सदस्य को कम सुविधा प्राप्त होती है वह ज्यादा सुविधा प्राप्त करने वाले सदस्य को ईर्ष्या, घृणा एवं आक्रोश की भावना से देखता है। इसलिए परिवार के मुखिया का यह उत्तरदायित्व होता है कि सदस्यों के संपूर्ण विकास के लिए परिवार के सभी सदस्यों के साथ समानता का व्यवहार करे।

(5) गृह-निर्माण का कार्य करना—हर परिवार को रहने के लिए एक घर की जरूरत होती है। इस बात पर किसी घर के निर्माण की सफलता आश्रित रहती है कि कम से कम धन, समय एवं शक्ति का प्रयोग कर बिना शारीरिक थकावट महसूस किए बिना यह कार्य सम्पन्न किया जाय। इसके लिए यह जरूरी है कि गृह-निर्माण से पूर्व जरूरी योजना एवं योजना को क्रियान्वित करने में पयुक्त होने वाले साधनों का अध्ययन लिया जाय। यदि परिवार के सदस्य इन क्रियाओं में रुचि लेते हैं एवं उनमें पारस्परिक सहयोग होता है तो गृह-निर्माण का काम सफलतापूर्वक पूर्ण हो जाता है।

(6) गृह-प्रबन्ध का उत्तरदायित्व वहन करना—गृह-प्रबन्ध पारिवारिक जीवन का एक महत्त्वपूर्ण जिम्मेदारी है क्योंकि पति-पत्नी विवाह के उपरांत जो घर बसाते हैं उस घर की सुख समृद्धि के लिए वे स्वयं दोनों और उनसे भविष्य में पैदा होने वाले बच्चे मिलकर कोशिश करते हैं। व्यक्ति की आवश्यकताओं की पूर्ति के लिए विभिन्न प्रकार के भौतिक तथा मानवीय संसाधनों का प्रबंधन करना होता है। अतः साधनों के उचित उपयोग के लिए योजना बनाकर उसके क्रियान्वयन पर नियन्त्रण रखना ही गृह-प्रबन्ध कहलाता है। आवश्यकताएं तभी पूरी होती हैं जब प्रबन्धन अच्छा होता है। गृह-प्रबन्ध का अर्थ सिर्फ घर की सजावट एवं देखभाल से ही नहीं है अपितु इन कार्यों के अलावा परिवार के हर सदस्य में ऐसे मानवीय गुणों का विकास करना भी होता है जिससे कि पारिवारिक वातावरण में हर सदस्य में प्रेम, दया, स्नेह और त्याग आदि गुणों का सदैव संचार होता रहे। कुशल गृह प्रबंधन के लिए निम्नवत् तथ्यों पर विशेष ध्यान देने की अनिवार्यता होती है—

(1) परिवार की जरूरतों के अनुसार योजना बनाकर सुविधा प्रदान करने की व्यवस्था करना।

(2) इस प्रकार का गृह-प्रबन्ध करना जिससे परिवार के सदस्यों को आवश्यक जीवन-रक्षक-वस्तुओं की यथासमय पूर्ति की जा सके।

(3) परिवार के सदस्यों की समुचित स्वास्थ्य व्यवस्था।

(4) इस प्रकार के प्रबन्ध की योजना कर कार्यान्वित करना जिससे कि प्रत्येक सदस्य का शैक्षणिक और सामाजिक विकास हो।

(5) स्वस्थ तथा सन्तोषप्रद व्यक्ति सम्बन्धों की स्थापना करना।

(6) परिवार में उपलब्ध सीमित धन, समय और शक्ति के साधनों का इस तरह से समायोजन करना कि परिवार की ज्यादातर जरूरतें हमेशा पूरी होती रहें।

(7) पारिवारिक सदस्यों के आर्थिक उत्थान और विकास के लिए जरूरी मार्गदर्शन एवं आयोजन करना।

(8) गृह परिसज्जा तथा निर्माण कुशलतापूर्वक करना चाहिए ताकि परिवार के प्रत्येक सदस्य की आवश्यकताओं को पूरा किया जा सके।

परिवार के सदस्यों का पारस्परिक संबंध

परिवार में मुख्य रूप से पति-पत्नी, बच्चे तथा अभिभावक शामिल होते हैं। पारिवारिक व्यवस्था मूल रूप से इनके आपसी संबंधों पर ही आधारित होती है। ये सम्बन्ध अधिक मधुर होते हैं। परिवार का स्थायित्व उतना ही ज्यादा मधुर होता है। इस तरह यहाँ पर हम सम्बन्धों पर विस्तारपूर्वक अध्ययन करेंगे।

दाम्पत्य पर आधारित सम्बन्ध

किसी भी परिवार का शुभारम्भ विवाह के साथ होता है। विवाह नवदम्पत्ति को परिणय-सूत्र में बाँध कर एक नये परिवार के सृजन का आधार प्रस्तुत करता है। विवाह एक ऐसा प्रबन्ध है जो पुरुष और स्त्री को यौन सम्बन्ध स्थापित करने की सामाजिक और वैधानिक अनुमति प्रदान करता है। अतः जीवनसाथी का चयन जितना ज्यादा विवेकपूर्ण ढंग से किया जाएगा उतना ही अधिक दोनों का वैवाहिक जीवन सुखद, शान्तिमय और सन्तोष प्रदान करने वाला होता है। प्रत्येक परिवार की सफलता का आधार सफल दाम्पत्य जीवन ही है। यदि पत्नी-पति में सही समायोजन नहीं है तो परिवार का टूटना प्रारम्भ हो जाता है। कई बार अलग-अलग परिस्थितियों के कारण परिवार प्रत्यक्ष रूप से टूटते तो नहीं हैं, किन्तु दाम्पत्य समायोजन न होने के कारण ऐसे परिवारों का जीवन धीमी गति से रेंगता हुआ आगे बढ़ता है।

परिवार में शान्ति भंग हो जाती है, आए दिन लड़ाई-झगड़े होते हैं। सदस्यों के पारस्परिक स्वार्थ टकराते हैं जिससे सभी सदस्यों का रास्ता अलग-अलग हो जाता है। भारतीय समाज में वर-वधू चुनाव से पहले दोनों परिवारों की आर्थिक तथा सामाजिक समानता को ध्यान में रखा जाता है किन्तु फिर भी विवाह के बाद इन वर-वधू की रुचियों, विचारधाराओं व इच्छाओं में कुछ न कुछ अन्तर रहता ही है। इस विषमता को दूर करना ही सबसे सुन्दर दाम्पत्य समायोजन कहलाता है। विवाह के बाद जैसे-जैसे वर-वधू एक-दूसरे के नजदीक आते हैं, वे दूसरे की विशेषताओं तथा कमजोरियों से अवगत होते जाते हैं।

जब कमजोरियों और वैचारिक मतभेदों की जानकारी दी जाती है तब दोनों में ही नफरत की भावना उत्पन्न होने लगती है तथा दोनों में ही एक-दूसरे को नीचा दिखाने की प्रवृत्ति में वृद्धि होने लगती है। ऐसे वक्त में पति-पत्नी दोनों को एक-दूसरे की भावनाओं को समझकर बुद्धिमानी, सहानुभूति और त्याग की भावना से एक-दूसरे की विचारधारा का सम्मान करते हुए पारस्परिक अन्तर को जल्दी से जल्दी दूर करने का प्रयास करना चाहिए, तभी एक सुखी परिवार का निर्माण किया जा सकता है। पारस्परिक समायोजन के लिए दृढ़ इच्छा-शक्ति की आवश्यकता होती है। इसलिए सुखी परिवार के निर्माण के लिए हमारी इच्छा-शक्ति जितनी मजबूत होगी आपसी मतभेद भी उतनी ही आसानी से दूर हो जाते हैं, क्योंकि तब हम बड़े त्याग के लिए तैयार रहते हैं। यदि हमारी इच्छा-शक्ति दृढ़ नहीं है तो छोटे-छोटे मतभेद भी आपसी दूरी को बढ़ा देते हैं।

विचारों में समन्वय स्थापित करना दाम्पत्य जीवन की कुशलता का आधार है। यदि वर-वधू आपस में समझौता करने को तैयार है, तो उनके वैवाहिक जीवन में समायोजन न हो, इसका सवाल ही उत्पन्न नहीं होता है। लेकिन यदि पति-पत्नी अपनी 'मैं' अथवा 'अहम्' की भावना में डूबे रहेंगे और कोई भी झुकने के लिए तैयार नहीं होता तो ऐसी परिस्थिति में दोनों में समायोजन होना बहुत कठिन हो जाता है एवं परिवार में अशान्ति का माहौल उत्पन्न हो जायेगा।

प्रसिद्ध मनोवैज्ञानिक ने लिखा है कि जब दाम्पत्य जीवन तभी सुखी हो सकता है—

जब पत्नी कार्य में सुव्यवस्था पसन्द करने वाली होनी चाहिए तथा सुव्यवस्था लाने के लिए हर तरह की मेहनत करने के लिए तैयार रहने वाली हो, परिवार की जरूरतों और धन में समायोजन स्थापना के लिए धन के बारे में विशेष सतर्क रहने

वाली हो, वह ईश्वर में विश्वास रखने वाली रखती हो तथा दया की भावना हो। इसके साथ-साथ उसमें सभी प्रकार के मानवीय गुण हो तथा कुशल गृह प्रबंधक हो।

हरमैन ने इसके लिए पुरुषों में निम्नवत् गुणों को अनिवार्य माना—

(1) पति सुव्यवस्था एवं नियमबद्धता का पालन करने वाला होना चाहिए और दूसरों से भी इन दोनों की आशा करने वाला होना चाहिए।
(2) पति धार्मिक प्रवृत्ति वाला और ईश्वर से डरने वाला होना चाहिए।
(3) पति रोजाना घटने वाली घटनाओं को महत्त्व देने वाला होना चाहिए।
(4) पति को आत्म केन्द्रित न होकर बहिर्मुखी होना चाहिए।
(5) पति के धन के मामले में मितव्ययी और संयमी होना चाहिए।
(6) पति जिम्मेदारी उठाने की भावना रखने वाला होना चाहिए।
(7) पति में भी स्त्री के समान दूसरों की मदद करने की भावना होनी चाहिए, क्योंकि बिना मदद के समायोजन सम्भव नहीं होता है।

टरमन के अनुसार में किसी भी परिवार में पति-पत्नी में उपर्युक्त विशेषताओं के अलावा सुखी दाम्पत्य समायोजन के लिए वर-वधू के परिवार की अवस्था, स्तर, इच्छाओं और अभिरुचियों का भी हाथ होता है। इसलिए किसी भी परिवार की प्रसन्नता एवं सम्पन्नता का अनुमान निम्न स्थितियों के आधार पर भी लगाया जा सकता है—

(1) वर-वधू का बाल्यावस्था कैसा बीता है?
(2) अभिभावक-बालक सम्बन्ध कैसे रहे हैं?
(3) विवाह से पूर्व यौन सम्बन्धों के प्रति स्वास्थ्य अभिरुचियों का निर्माण कैसे सम्भव हुआ?
(4) इस विवाह के प्रति माता-पिता की स्वीकृति और प्रसन्नता की प्रवृत्ति कैसी रही है?
(5) वर-वधू के परिवार का अनुशासन प्रबंध कैसी है?
(6) माता के साथ ज्यादा लगाव था या पिता के साथ?
(7) माता-पिता द्वारा बच्चों को यौन शिक्षा किस प्रकार दी गई है?

मानसिक रूप में समायोजन—सामान्य मान्यता यह है कि दाम्पत्य समायोजन शारीरिक सम्बन्धों के समायोजन पर निर्भर करता है, पर मनोवैज्ञानिक तथा समाजशास्त्रियों ने अपने खोज के आधार पर यह स्पष्ट कर दिया है कि दाम्पत्य समायोजन शारीरिक यौन सम्बन्धों पर निर्भर करता है। पति-पत्नी के मध्य सन्तुलित मानसिक समायोजन हो जाता है तो वहाँ शारीरिक आकृष्ट गौण हो जाता है।

मानसिक समायोजन पति-पत्नी में सहनशीलता को उत्पन्न करता है जिससे उनमें यौन-सम्बन्धों की कमी को सहने की शक्ति प्राप्त हो जाती है।

सुखमय दाम्पत्य जीवन के लिए पति-पत्नी में प्रेम होना चाहिए चूँकि ऐसा होने से दोनों में एक-दूसरे के लिए प्रेम के केन्द्र-बिन्दु बने रहते हैं एवं यह जगह और कोई नहीं ले सकता है। इसी प्रकार सफल दाम्पत्य के लिए समझौता की भावना और तत्परता भी जरूरी होती है। एक-दूसरे की भावनाओं का आदर करते हुए जीवन के मूल्यों का निर्माण करना मदद की भावना से परिवार में कार्य करना।

विवाह के पश्चात् पति-पत्नी एक-दूसरे की भावनाओं को समझकर उसके अनुसार आचरण करना, विवाह के पश्चात् पति-पत्नी एक-दूसरे की ओर से सुरक्षा तथा आत्मीयता की भावना प्राप्त करके एक-दूसरे पर अटूट विश्वास के साथ कार्य करें तभी सफल वैवाहिक समायोजन सम्भव है। इसके लिए पति-पत्नी के बीच स्वार्थ की भावना नहीं होनी चाहिए। कुछ लोग ऐसे भी होते हैं कि वे पारस्परिक जिम्मेदारियों को उठाने से कतराते हैं। ऐसे लोगों को वे किसी भी दशा में स्वयं को व्यवस्थित नहीं करना चाहती।

समायोजन यौन सम्बन्धों में—यौन संबंधों को सामंजस्यपूर्ण बनाये रखने के लिए पति-पत्नी को एक-दूसरे की भावनाओं को समझना अनिवार्य होता है। विवाह के पश्चात् यह एक विशेष समस्या होती है कि एक-दूसरे की रुचियों, अभिरुचियों को समझने के साथ-साथ यौन सम्बन्धों का समायोजन वे किस प्रकार स्थापित करें अतृप्त यौन-इच्छाओं के समायोजन में पुरुष की तुलना में स्त्री की ओर से बाधा आती है।

दोषपूर्ण यौन शिक्षा एक प्रमुख समस्या है, आज के समय में स्त्री-शिक्षा के कारण स्त्री के दृष्टिकोण में परिवर्तन आ रहा है। अब वह विवाह के पूर्व यौन-सम्बन्धी समस्याओं पर जानकारी प्राप्त कर लेती है। अभिभावकों की ओर से भी बालकों को सही यौन शिक्षा दी जानी चाहिए जिससे वे भावी जीवन में स्वस्थ यौन समायोजन स्थापित करने में सफल हो सकें। लड़कियों के दिमाग में भारतीय परिवेश में यह बात बैठा दी जाती है कि यौन-संबंध पाप होता है। इसका परिणाम यह होता है कि विवाह के पश्चात् भी काफी समय तक स्वस्थ यौन-सम्बन्ध स्थापित नहीं कर पाती है। फलस्वरूप जब पुरुष की यौन-इच्छाओं की पूर्ति पत्नी द्वारा नहीं होती है तो पुरुष का वेश्याओं से सम्पर्क हो जाता है इससे परिवार का विघटन हो जाता है।

शारीरिक समायोजन के साथ ही मानसिक व सामाजिक समायोजन भी अनिवार्य है। इस तरह इस कमी को उचित यौन शिक्षा के द्वारा ही दूर किया जा

सकता है। इसके अलावा यौन-सम्बन्धों के समायोजन में यह भी स्मरणीय है कि इनको इतना ज्यादा महत्त्व नहीं दिया जाए कि अन्य सम्बन्धों से ध्यान ही हट जाए इसलिए पति-पत्नी के सफल दाम्पत्य सम्बन्धों के लिए यह आवश्यक है कि उनका आपसी और परिवार के अन्य सदस्यों के साथ भी सम्बन्ध अच्छे रहने चाहिए।

ससुराल वालों के साथ समायोजन—विवाह के बाद वधू अपने माता-पिता का घर छोड़कर पति के घर आ जाती है जहाँ पर सभी व्यक्ति अपरिचित होते हैं। फलस्वरूप उस पर दोहरी उत्तरदायित्व आ जाती है क्योंकि अब वह दो परिवारों की सदस्य हो जाती है। जिससे उसका यह कर्त्तव्य हो जाता है कि वह अपनी गतिविधियों का इस प्रकार से संचालित करे जिससे दोनों परिवारों की मान-मर्यादाएँ कायम रह सकें। इसलिए यह इस बात पर निर्भर करता है कि जब वह अपने ससुराल आती है तब वह नये परिवार के सदस्यों की इच्छाओं, अभिरुचियों, आचार-व्यवहार के आधार पर अपने आपको किस सीमा तक ढाल सकने में सफल होती है। यदि वधू ससुराल के नये परिवेश के अनुकूल स्वयं को ढाल लेती है तो ससुराल में समायोजन यथाशीघ्र हो जाता है। वरना अनेक प्रकार की कठिनाइयाँ परिवार में पैदा हो जाती हैं। वधू को ससुराल में सबसे अधिक समायोजन की समस्या ससुराल की स्त्रियों के साथ होती है, जो कि सास, ननद, जेठानी के रूप में होती हैं।

परिवार के पुरुष वर्ग का अधिकतर समय घर के बाहर ही बीतता है तथा औरतें सारे दिन घर पर रहती हैं। इसलिए समायोजन की आवश्यकता स्त्रियों में ज्यादा होती है। इसके अलावा स्त्रियों में जाने-अनजाने में एक-दूसरे के रूप एवं गुण के प्रति घृणा की मनोवैज्ञानिक भावना रहती है जिससे कि समायोजन की समस्या और भी कठिन हो जाती है। इसके अलावा जहाँ पर वर अपने परिवार से बहुत अधिक जुड़ा रहता है, वह अपनी माँ और बहनों को ही आदर्श नारी का रूप समझता है, और जिन विशेषताओं के कारण वह अपनी माँ एवं बहनों को आदर्श नारी समझता है वही विशेषताएँ वह अपनी पत्नी में भी देखना चाहता है इस दशा में भी पत्नी का पारिवारिक सदस्यों के साथ समायोजन कठिन हो जाता है।

वधू का अपना व्यक्तित्त्व होता है और जब वर के द्वारा अपनी पत्नी के गुण-अवगुणों की परिवार की अन्य स्त्रियों से बहुत अधिक मात्रा में तुलना करता है तो उससे वधू के आत्मसम्मान को ठेस पहुँचती है। यदि वधू बहुत ही अधिक सहनशील है तब तो समायोजन हो जाता है। अन्यथा परिवार बिखरने लगते हैं। जिन परिवारों में घर के प्रत्येक काम में घर की बुजुर्ग औरतों का वर्चस्व होता है

तथा जहाँ पर औरतें अनावश्यक हस्तक्षेप करती हैं उस परिवार में नई वधू के लिए समायोजन मुश्किल काम हो जाता है।

एकल परिवारों में ससुराल वालों का हस्तक्षेप कम होने से समायोजन की समस्या काफी कम होती है। आपस में कभी-कभी मिलते हैं इसलिए वहाँ का वातावरण बहुत ही शांतिमय बना रहता है। संयुक्त परिवार में आर्थिक समस्याएं अधिक होती हैं। अतः आर्थिक निर्भरता न होने के कारण ये समस्याएँ अधिक होती हैं। यदि वर आर्थिक रूप से आत्मनिर्भर नहीं है अथवा वह आर्थिक रूप से अपने माता-पिता पर आश्रित होता है तो समायोजन की समस्या और भी ज्यादा गम्भीर हो जाती है। परिवारों में समायोजन की समस्या हमेशा मुश्किल नहीं होती है क्योंकि यदि संयुक्त परिवार के सदस्य शिक्षित और प्रगतिशील विचारों के होते हैं तो वे सामूहिक रूप से रहने के बावजूद भी एक-दूसरे के काम में हस्तक्षेप नहीं करते हैं। फलस्वरूप ऐसे संयुक्त परिवारों में वधू को समायोजन करने में आसानी रहती है। वस्तुतः समायोजन की प्रक्रिया तभी प्रभावी होती है जब इसमें लोगों का हस्तक्षेप कम होता है।

बाल विवाह कानून तथा शिक्षा के प्रचार-प्रसार के कारण स्त्रियाँ अपने अधिकारों के प्रति अधिक सजग रहने लगी हैं। ऐसी स्थिति में सफल दाम्पत्य सम्बन्धों का समायोजन निम्नवत् बातों पर आधारित होता है—

(1) वास्तविक परिप्रेक्ष्य में मतभेदों को समझना—पति-पत्नी में जो समस्याएँ बिना सुलझाई हुई रह जाती हैं, और जिनका समाधान नहीं खोजा जाता है, परिवार में हमेशा लड़ाई-झगड़े का कारण बनी रहती हैं तथा कभी भी इनके विकराल रूप को लेकर कलह की सम्भावना पैदा होती है। भारत में ज्यादातर पति-पत्नी विवाह से पहले एक-दूसरे से निकट सम्पर्क स्थापित नहीं कर पाते हैं इस प्रकार विवाह के कुछ समय बाद ही उनमें लड़ाई-झगड़े होने की सम्भावना रहती है। हनीमून की समयावधि में पति-पत्नी एक-दूसरे के ज्यादा निकट सम्पर्क में आते हैं जिससे वे एक-दूसरे के गुण तथा अवगुणों से अच्छी तरह से परिचित हो जाते हैं, लेकिन उस समय यौवन के मद में दोनों ही एक-दूसरे के दोषों को अनदेखा कर देते हैं। लेकिन जैसे ही दोनों में शारीरिक आकर्षण अल्प होता जाता है और जिन्दगी की वास्तविकता सामने आती जाती है, परिवार का उत्तरदायित्व बढ़ता है तब इन्हें एक-दूसरे की कमजोरियाँ दिखने लगती हैं। परिणामस्वरूप वे एक-दूसरे पर दोषारोपण करने लगते हैं जिससे कठिनाइयाँ सुलझने की बजाय और ज्यादा उलझ जाती हैं एवं परिवार कलह का अखाड़ा बन जाता है। यहाँ पर यह आशय नहीं है कि पति-पत्नी के बीच

कभी लड़ाई-झगड़े हों ही नहीं। जीवन की नीरसता को दूर करने के लिए समय-समय पर ये लड़ाई-झगड़े लाभदायक सिद्ध होते हैं क्योंकि इन लड़ाई-झगड़ों के बाद जो पारिवारिक वातावरण पैदा होता है वह दाम्पत्य जीवन को और सुदृढ़ बनाता है। चूँकि लड़ाई-झगड़े में एक-दूसरे के प्रति दोनों के मन में जो गुबार होते हैं, उन्हें बोलकर निकाल देते हैं। इस तरह लड़ाई-झगड़ा पति-पत्नी की समानता का प्रतीक है। समानता की अवस्था में ही मतभेद सम्भव है। जिन समस्याओं के सम्बन्ध में पति-पत्नी का झगड़ा होता है, हकीकत में वे ही समस्याएँ ऐसी होती हैं जिनके सम्बन्ध में दोनों में समायोजन स्थापित करना जरूरी होता है। यदि विस्फोटक स्थिति समाप्त हो जाने के बाद पति-पत्नी दोनों ही समस्याओं पर विचार-विमर्श करते हैं, उनका समाधान ढूँढ़ने का प्रयास करते हैं तो उनका यह प्रयास समायोजन की प्रथम कड़ी सिद्ध होता है, यदि दोनों ही समझौते की नीति अपनाएँगे।

पति-पत्नी में होने वाले लड़ाई-झगड़े उनके अहम् अथवा 'में' को समाप्त करने में भी बड़े मददगार सिद्ध होते हैं। इस प्रकार अहम् की समाप्ति विचार-विमर्श के लिए उपयुक्त परिवेश का निर्माण करती है। इस प्रकार नियन्त्रित लड़ाई-झगड़े स्वस्थ सम्बन्धों को स्थापित करने के लिए मार्ग प्रशस्त करते हैं और दोनों के बीच सम्बन्धों में घनिष्ठता एवं दृढ़ता को बढ़ाते हैं। जो व्यक्ति झगड़ सकते हैं, वे गम्भीर मनोवैज्ञानिक समस्याओं के चंगुल में उतने अधिक नहीं फँसते जितने कि वे जो झगड़े से बचने या उसमें शान्त रहने का प्रयास करते हैं। सोचने एवं पलायन करने की तुलना में झगड़ना समायोजन स्थापित करने की अधिक अच्छी प्रविधि है।

(2) समझौतावादी होना—सामंजस्य की समस्या का एक प्रमुख कारण वैचारिक पृष्ठभूमि में विभिन्नता का होना है। दो पृथक्-पृथक् पारिवारिक पृष्ठभूमि से आये पति-पत्नी में धन, धर्म, नैतिकता के मापदण्डों, मनोरंजन तथा सम्बन्धियों आदि की धारणा में मतभेद होना एक बहुत जरूरी चीज है लेकिन इसके साथ ही जो दो व्यक्ति अपने भावी जीवन को विवाह-सूत्र में बाँधकर एक साथ चलने की शपथ लेते हैं उनमें एक-दूसरे के प्रति समर्पण एवं त्याग की भावना भी दृढ़ होती है। वे अपने अहम् को त्याग कर अपने जीवन साथी के लिए कुछ भी करने के लिए मन से हमेशा तत्पर रहते हैं। इस तरह जिस दम्पत्ति में त्याग की भावना एवं समर्पण की भावना प्रबल होती है वहाँ कैसे भी मतभेद क्यों न हों ऐसी स्थिति में समझौता करना बेहतर होता है।

(3) अधिकारों के स्वरूप की स्थापना—प्राचीनकाल की पुरुष प्रधान सामाजिक व्यवस्था इतनी जटिल है कि आपकी सभी पारिवारिक कार्यों का आखिरी

निर्णय पति के द्वारा ही लिया जाता है एवं जो भी फलाफल निर्णय होते हैं उसकी सम्पूर्ण जिम्मेवारी पति की मानी जाती है। चूँकि समाज पर पुरुष जाति का वर्चस्व है इसी कारण से समाज को पुरुष प्रधान समाज कहा जाता है। इधर कुछ वर्षों से वैवाहिक विषय में समानता को महत्व दिया जाने लगा है। नई व्यवस्था के अनुसार कोई भी व्यक्ति किसी पर भी अपना अधिकार स्थापित करने का प्रयत्न नहीं करेगा। अपने-अपने क्षेत्रों में दोनों को ही अन्तिम रूप से निर्णय लेने का अधिकार होगा। अधिकार भावना दाम्पत्य जीवन की सबसे बड़ी समस्या है। विवाहों में खासकर शुरुआती अवस्था में यह देखने में आया है कि पति-पत्नी दोनों में से एक तय रूप से अधिकार स्थापित करता है तथा दूसरा आज्ञाकारी हो जाता है। विभिन्न प्रकार के अनुसन्धानों से यह स्पष्ट हो चुका है कि समानता के सिद्धान्त पर आधारित दाम्पत्य सम्बन्ध अच्छे होते हैं। इसके पश्चात् दूसरे स्थान पर पुरुष द्वारा आधिपत्य स्थापित विवाह होते हैं एवं तीसरे स्थान पर पत्नी द्वारा अधिकार स्थापित किये गये विवाह होते हैं जो कि खुशी की दृष्टि से सबसे निम्न दर्जे के होते हैं। पुरुष में समायोजन क्षमता उतनी नहीं होती जितनी कि पत्नी में।

पति के नाम पर वंश-परम्परा का संचालित होना इस बात का प्रतीक है कि पुरुष की तुलना में स्त्री समायोजन स्थापित करने का कार्य करना है। परम्परागत ढंग से जब पुरुष अपनी पत्नी पर अधिकार स्थापित करने का इच्छुक हो लेकिन उसकी पत्नी उसे इस प्रकार सहन करने के लिए बिल्कुल भी तैयार नहीं हो तो ऐसी अवस्था में समायोजन की समस्या और भी कठिन हो जाती है। इसलिए किसी भी दम्पत्ति को अपने बीच सफल समायोजन के लिए दोनों को प्रजातान्त्रिक सिद्धान्तों के आधार पर अपने-अपने क्षेत्र में अधिकार स्थापित करके एवं सामान्य पारिवारिक मामलों में मिल-जुलकर काम करना चाहिए। ऐसा न करने से सभी कार्यों में अवरोध होगा और विकास पूरी तरह रुक जाएगा।

परिवार में पत्नी का मूल्यांकन—परिवार में पत्नी व स्त्री का स्थान केन्द्रीय व महत्वपूर्ण होता है। पत्नी से ही पुरुष को समाज में प्रतिष्ठा मिलती है। पत्नी से प्राप्त प्रशंसा, प्रेम, भक्ति तथा प्रोत्साहन आदि के कारण पति जीवन में कई प्रकार की सफलता प्राप्त करता है जिसका अप्रत्यक्ष रूप से श्रेय पत्नी को ही जाता है। पत्नी का मुख्य कार्य घर की और बच्चों की देखभाल करना है। उसके इस काम में पति ने कभी भी पत्नी के प्रति प्रतिद्वन्द्वात्मक रुख नहीं अपनाया है। लेकिन आज स्त्री शिक्षा के कारण और सभ्यता के विकास के कारण आधुनिक महिला अपने व्यक्तिगत अधिकारों और अहम् की सन्तुष्टि के लिए निरंतर संघर्षरत है जिसके परिणामस्वरूप

वर्तमान में पत्नी की 'पति की सहायिका' की भूमिका समाप्त होती जा रही है। आज पत्नी के द्वारा जीवन के प्रत्येक क्षेत्र में पति के साथ प्रतिद्वन्द्विता की जा रही है। सुखी दाम्पत्य जीवन के नजरिये से उसकी यह स्थिति उपयुक्त नहीं लगती है।

आज लगभग शत प्रतिशत घरों में पत्नी पति से प्रतियोगिता में लगी हुई हैं। आज की पत्नी पति के ऊपर अपना वर्चस्व करने के लिए जहाँ उसको हर समय नीचा दिखाने के प्रयत्न में लगी रहती है। परिवार के अन्य सदस्य तो दूर जाएँ अपने बच्चों के समक्ष भी पत्नी अपने पति को अपमानित करने को कोई मौका नहीं छोड़ना चाहती है। एक ओर तो स्त्रियाँ समानता का अधिकार माँगती हैं वहीं दूसरी ओर यही स्त्रियाँ पतियों एवं अन्य परिवार वालों को परेशान करके अपना अधिकार जमाने के लिए पराकाष्ठाओं की महत्ता को पाना चाहती हैं। विवाह तो घनिष्ठ सहयोग पर आधारित संस्था है। परिवार के कल्याण के लिए एक-दूसरे की मान्यताओं, विश्वासों, इच्छाओं का सम्मान करते हुए बराबरी के आधार पर सामूहिक फैसला लेकर भावी जीवन बिताना चाहिए। इस समायोजन में पत्नी जो कि अपने माता-पिता का घर छोड़कर नये परिवार में आती है, उसे सभी सदस्यों की भावनाओं की इज्जत करते हुए समर्पण और त्याग की भावनाओं से काम करना चाहिए। यदि कोई पत्नी इस तरह का कार्य करती है तो निश्चित ही उसका पूरे परिवार पर स्नेहमय आधिपत्य स्थापित हो जाता है और सभी उसके आदेश का पालन इज्जत के साथ करते हैं। इसके प्रतिकूल यदि कोई पत्नी पूर्वाग्रहों से प्रेरित होकर तथा अपने अहम् की भावना से प्रेरित होकर कार्य करती है तब अन्त में उसकी स्थिति बुरी ही होती है। क्योंकि पुरुष प्रधान समाज में पुरुष को प्रेम, त्याग एवं समर्पण की भावना से जीता जा सकता है न कि प्रतियोगिता करके और उसे नीचा दिखा कर।

इस तरह दाम्पत्य सम्बन्ध प्रमुख रूप से प्रेम, त्याग, समर्पण एवं समझौतावादी रुख पर ही आधारित होता है।

अभिभावक एवं बच्चों का आपसी संबंध

बच्चों के विकास पर माता-पिता के व्यवहारों का सीधा-प्रभाव पड़ता है। माँ जन्म देकर उसका पालन-पोषण करती है तथा उसे सामाजिक प्राणी बनाती है। बच्चा जन्म लेने के पश्चात् से ही परिवार की सदस्यता स्वीकार करने के लिए विवश होता है। वह अपने जीवन का निर्माण परिवार में ही करता है। पारिवारिक पृष्ठभूमि बालक के शारीरिक व मानसिक विकास में सक्रिय भूमिका का निर्वाह करती है। इस प्रकार परिवार प्रथम पाठशाला है। यदि बालक को जीवन के शुरु के वर्षों में उचित पारिवारिक वातावरण नहीं मिलता है तो वह आजीवन कमजोर, असुरक्षित व अपराधी

प्रवृत्ति का बन जाता है। परिवार से दूर या सभ्यता से दूर बालक का व्यक्तित्त्व अविकसित रहता है। माता-पिता व परिवार के अनुपम अनुभव ही उसके विकास में महत्त्वपूर्ण योगदान देते हैं। परिवार में बालक भाषा सीखता है।

जन्म के समय बालक का मस्तिष्क कोरी स्लेट की तरह होता है। वह धीरे-धीरे व्यक्तियों तथा परिस्थितियों के साथ अनुक्रिया करना सीखता है। बालक में महान आदर्शों और भावनाओं का जागरण भी परिवार में ही होता है। बालक का पालन और पोषण उसके माता-पिता द्वारा मानव-प्रकृति के तहत ही सही तरीके से किया जा सकता है। जो सहानुभूति प्यार, तथा उचित देख-रेख माता-पिता द्वारा बालक को मिलती है, वह संसार में किसी अन्य माध्यम से बालक को नहीं दी जा सकती है।

बालक के विकास के लिए परिवार निम्नवत् कार्य करता है–

1. भौतिक कार्य–स्वस्थ शरीर में स्वस्थ मन का निर्माण होता है। अतः बालक के शारीरिक विकास संबंधी कार्य परिवार का प्रमुख उत्तरदायित्व है। मनुष्य की सभी प्रारम्भिक भौतिक जरूरतों की पूर्ति परिवार में ही हो सकती है। परिवार का प्रमुख कार्य संतानोत्पत्ति करना होता है। परिवार का यह कार्य मानव-समाज के अस्तित्त्व के लिए जरूरी है। प्राणीशास्त्र के दृष्टिकोण से परिवार का एक महत्त्वपूर्ण कार्य यौन इच्छा की सन्तुष्टि करना भी है। परिवार में बालक जब असहाय परिस्थिति में पैदा लेता है तो उसके प्रारम्भिक पालन-पोषण की यहाँ पहले से ही व्यवस्था होती है। परिवार अपने सदस्यों की शारीरिक रक्षा की व्यवस्था करता है। उनके भोजन, वस्त्र एवं रहने की जगह का प्रबन्ध करता है। यहाँ पर गर्मी, सर्दी, बरसात, धूप आदि से रक्षा होती है। इन मूलभूत आवश्यकताओं (Basic Needs) की पूर्ति के बिना व्यक्ति का जीवित रहना असम्भव होता है। इस प्रकार परिवार मनुष्य की भौतिक जरूरतों की पूर्ति करता है।

2. सामाजिक कार्य–परिवार का प्रथम कार्य बच्चे को एक सामाजिक प्राणी बनाना है। परिवार बच्चों के लिए सामाजिक सन्तुष्टियों का पहला और सामान्य रूप में प्रधान केन्द्र है। परिवार में माता-पिता, भाई-बहिन आदि के प्रेम, सद्भावना, सहानुभूति आदि से बच्चों के समाजीकरण में बहुत ही सहायता मिलती है। परिवार बच्चे को सभी बातें सिखाता है जो उसके लिए जरूरी है। इसलिए परिवार ही उसकी प्रथम पाठशाला है जिसके तहत वह सभी ज्ञानवर्द्धक बातें सिखाता है। परिवार में ही बच्चा सामाजिक उत्तरदायित्व का अनुभव, क्षमा का महत्त्व और सहयोग की आवश्यकता के सम्बन्ध में पहला पाठ पढ़ता है। अपनी सामाजिक भावनाओं को व्यक्त करना सीखता है। परिवार के आधार पर ही यह तय किया जाता है कि व्यक्ति किनसे मिलेगा और किस प्रकार जीवनयापन करेगा।

3. मनोवैज्ञानिक कार्य—परिवार बालक की मनोवैज्ञानिक जरूरतों को पूरा करता है। यदि परिवार द्वारा यह कार्य न किया जाए तो परिवार एक निरर्थक संस्था बन जाए। परिवार के तहत व्यक्ति की सुरक्षा एवं प्रेम सम्बन्धी जरूरतों की पूर्ति होती है। सुरक्षा की भावना जीवन को सफल बनाने के लिए बहुत जरूरी है और परिवार सुरक्षा की भावना को बिना किसी शर्त के पूरी करता है। समय पर परिवार में मनुष्य को मानसिक, शारीरिक एवं आर्थिक सुरक्षा मिलती है। हम घर में रहकर अपने को सुरक्षित महसूस करते हैं। परिवार एक तरह का मनोवैज्ञानिक विश्राम स्थल है जहाँ पर व्यक्ति सुरक्षित रहकर विश्राम कर सकता है। असहनीय स्थिति में माँ का प्यार, दुलार व एक मुस्कान बच्चे के सभी दुखों को दूर कर देती है। यह सुरक्षा मानव के जीवन को सफल बनाने में बहुत सहायक साबित होती है।

प्रेम के तहत कई मनोवैज्ञानिक आवश्यकताएँ होती हैं, जैसे—सहानुभूति, अहम् की सन्तुष्टि, सुरक्षा की भावना, प्यार और प्रशंसा किया जाना, पारस्परिक आदर आदि। यदि ये भावनाएँ व्यक्ति को प्राप्त होती रहें तो उसे ज्यादा खुशी और आत्म-सन्तोष प्राप्त होता है। स्वाभाविक रूप से यह प्रत्येक परिवार में ही मिलता है। पारिवारिक स्नेह और विवाह परिवार का बहुत ही महत्त्वपूर्ण आधार बनता जा रहा है।

अभिभावक का उत्तरदायित्व

परिवार में संस्कारों तथा मानवीय गुणों का स्थानांतरण होता रहता है। सभी परिवारों की अपनी एक अलग व्यवस्था होती है। पिता घर की आर्थिक व्यवस्था की जिम्मेदारी का निर्वाह करता है तो माता घरेलू उतरदायित्वों को निभाने में जुटी रहती है। अन्य सदस्य भी अपनी-अपनी दशा में अपने दायित्वों को पूरा करते हैं। बालक में उच्च कोटि की परम्पराएँ, आदर्श, मैत्रीपूर्ण भाव और सहकारिता की प्रवृत्ति का विकास उसी स्तर पर होता है जिस स्तर पर परिवार के सदस्यों की शिक्षा व अन्य व्यवस्थाएँ होती हैं। बालक का सर्वांगीण विकास करना माता-पिता का कर्त्तव्य है। यदि माता-पिता के आपस में सम्बन्ध अच्छे होंगे तो बालक के भी उनसे अच्छे सम्बन्ध होंगे।

1. सामाजिक उत्तरदायित्व—समाज के कई कार्यों का परिचालन परिवार के आधार पर ही होता है। माता-पिता के सामाजिक जिम्मेदारी का आधार अग्रानुसार होता है—

(i) माता-पिता को बालकों पर नियन्त्रण रखना चाहिए और अनुशासन की शिक्षा

देनी चाहिए। परिवार में ही बालकों को नागरिकता का प्रथम पाठ पढ़ाया जाता है। परिवार में माता-पिता से बालकों को दूसरों के साथ अनुकूलन करने की शिक्षा, सहनशीलता, कर्त्तव्यपरायणता, आज्ञापालन, परोपकार, सहयोग आदि सद्गुण प्राप्त होते हैं, जो उन्हें समाज का एक कर्त्तव्यनिष्ठ नागरिक बनाने में सहायक साबित होते हैं।

(ii) परिवार की जाति एवं धर्म के तहत सामाजिक परिस्थिति का निर्धारण होता है। यह तय किया जाता है कि परिवार के सदस्य किनके साथ खाएँ-पिएँगे, किनके साथ विवाह-सम्बन्ध स्थापित करेंगे एवं किस प्रकार जीविका कमायेंगे।

(iii) माता-पिता का कर्त्तव्य है कि ऐसा वातावरण निर्मित करें कि बालक अपनी इच्छा तथा स्वभाव के अनुकूल सम्पूर्ण विकास कर सकें। परिवार में खेल, संगीत, पढ़ाई, मनोरंजन सभी पर समान रूप से जोर दिया जाना चाहिए जिससे बालक अपना उचित विकास कर सकें।

(iv) बालक के जीवन को बनाने-बिगाड़ने वाले प्रारंभिक अनुभव बालक को उसके माता-पिता से ही मिलते हैं। माता बालक की प्रथम अध्यापिका है जिसकी शिक्षा का बालक पर अमिट प्रभाव पड़ता है। माता के उपरांत पिता का स्थान आता है जो बालक को विभिन्न प्रकार के अनुभवों को प्राप्त करने में सहायता करता है। उसके बाद भाई-बहन और घर के अन्य सदस्यों से कोई न कोई सीख प्राप्त होती है।

(v) माता-पिता बालकों को जवान होने पर जीवनसाथी के चुनाव में सहायता प्रदान करते हैं। सभी परिवार में इस सम्बन्ध में कुछ आदर्श व प्रतिबन्ध होते हैं जिनके आधार पर यह निश्चित किया जाता है कि एक सदस्य को किस समूह में विवाह करना है और किन-किन प्रतिबन्धों का पालन करना है।

(vi) परिवार मनुष्य के अनुभवों की एक पीढ़ी से दूसरी पीढ़ी तक पहुँचाने का कार्य करता है। बालक अपने माता-पिता के अनुभवों को एक पीढ़ी से दूसरी पीढ़ी तक पहुँचाता है। बालक अपने माता-पिता के अनुभवों को प्राप्त करता है। माता-पिता कुछ ही वर्षों में अपने अनुभवों को बच्चों को सिखा देते हैं जिससे सभ्यता का विकास आसानी से हो जाता है।

(vii) माता-पिता को बालकों के खेलकूद पर विशेष ध्यान देना चाहिए। छोटे बालकों को उसकी पसंद के अनुरूप खिलौने देना जरूरी है। खेलने से बालकों का शारीरिक, मानसिक एवं सामाजिक विकास ठीक रहता है। समय निकालकर माता-पिता को बालकों के साथ खेलना भी चाहिए।

2. शारीरिक उत्तरदायित्व—यह माता-पिता की प्रथम जिम्मेदारी है कि वे बच्चों की शारीरिक देख-रेख का कार्य करें। इसके तहत उन्हें निम्नलिखित कार्य करने चाहिए—

(i) माता-पिता अपने परिवार के रहने के लिए घर की व्यवस्था करते हैं। जहाँ वे गर्मी, धूप, सर्दी तथा वर्षा आदि से अपनी रक्षा कर सकें एवं आराम से रह सकें। घर में पर्याप्त शुद्ध वायु और सूर्य का प्रकाश आना चाहिए। मकान के पास हरियाली तथा खेलने का स्थान हो। बच्चों के लिए मौसम के अनुसार कपड़े खरीदने चाहिएँ।

(ii) बालकों की शारीरिक सुरक्षा करना माता-पिता की जिम्मेवारी बनती है। शारीरिक चोट और बीमारी की अवस्था में सेवा-शुश्रूषा की व्यवस्था करें। जन्म के समय और जन्म के पश्चात् नवजात शिशु और माँ की देख-रेख करें।

(iii) बालकों की स्वच्छता पर माता-पिता को विशेष ध्यान देने की आवश्यकता होती है। बालक सोकर उठते ही शौचादि जाए, दाँत, मुँह साफ करे, स्नान करे, वस्त्रों की सफाई पर ध्यान दे।

3. मनोवैज्ञानिक उत्तरदायित्व—माता-पिता इस उत्तरदायित्व का निर्वाह निम्न तरीके से कर सकते हैं—

(i) बालकों में नैतिक गुणों का विकास भी परिवार में ही होता है। अगर प्रशंसा, प्यार, प्रेम, आदर, आदि भावनाएँ बालक को प्राप्त होती रहें तो उसको काफी खुशी तथा आत्म-सन्तोष प्राप्त होता है। यह सभी कुछ बालक को अपने परिवार में ही मिलता है।

(ii) माता-पिता के द्वारा बालक को वात्सल्य प्रदान किया जाता है जो कि उसके व्यक्तित्त्व के निर्माण में प्रमुख है। असहाय हालत में माँ का प्यार-दुलार तथा एक मुस्कान बालक के सभी दुःखों को दूर कर देती है। इस तरह माता-पिता बालक को मनोवैज्ञानिक सुरक्षा देते हैं एवं बालक के जीवन को सफल बनाने में सहायता करते हैं।

(iii) बालकों के बौद्धिक विकास के लिए उन्हें खेल का भी अवसर प्रदान किया जाना चाहिए। खिलौनों से बालकों का बौद्धिक विकास होता है। उसके पश्चात् पुस्तकों की बारी आती है। घर में अवस्था के अनुकूल शिशु तथा बाल-साहित्य की व्यवस्था होनी बहुत जरूरी है। शुरू में बालकों के लिए चित्रात्मक और रंगीन आकर्षक पुस्तकें लायी जाएँ तथा बाल कहानियों के माध्यम से उन्हें प्रेरित किया जाय।

(iv) बालक अपनी जिज्ञासा को प्रकट करते हैं। माता-पिता की जिम्मेदारी है कि

वे उनके प्रश्नों का सही उत्तर दें। बालक द्वारा प्रश्न पूछने पर डाँटने के बजाय उसे सवाल को समझाना चाहिए। बालक की जिज्ञासा उसकी जानकारी का प्रारंभ है। जिज्ञासा को कभी दबाने की कोशिश नहीं करनी चाहिए। उनकी शंकाओं का उचित समाधान करना चाहिए।

(v) बालकों की कल्पना-शक्ति को बढ़ाया जा सकता है। इसलिए माता-पिता को बच्चों को रोचक तथा शिक्षाप्रद कहानियाँ सुनानी चाहिए। पहेलियाँ भी कल्पना-शक्ति के विकास में मदद करती हैं। इनसे मानसिक व्यायाम और एकाग्रता (Concentration) का विकास होता है। बालकों से सही पहेलियाँ पूछते रहना चाहिए।

(vi) व्यावसायिक शिक्षा की व्यवस्था माता-पिता बालक की रुचि के अनुसार ही करें। इस बात पर वे निश्चित रूप से ध्यान दें कि हर व्यवसाय में अथवा हस्तकार्य में शारीरिक अवयवों के प्रशिक्षण की आवश्यकता होती है। उन्हें बालक के जरिए निश्चित रूप से सीख लिया जाए। किसी भी व्यावसायिक कार्य में रुचि और स्वावलम्बन की जरूरत होती है।

4. आर्थिक जिम्मेवारी—परिवार आर्थिक क्रियाओं के संचालन की एक प्रमुख कड़ी है। परिवार का इसी के आधार पर भरण-पोषण होता है। माता-पिता को आर्थिक काम करने के लिए निम्नलिखित तरीके अपनाने चाहिएँ—

(i) परिवार-व्यवस्था के अनुकूल यह तय होता है कि सम्पत्ति एवं आय का संभव स्थान नहीं है। इसके बिना बच्चों की आवश्यकताओं को पूरा करना प्रमुख है। माता-पिता अपनी आयु को सही ढंग से खर्च करने की व्यवस्था करते हैं। सम्पत्ति की देख-रेख करना और उसे नष्ट होने से बचाना परिवार का एक आर्थिक कार्य है।

(ii) प्रत्येक परिवार-व्यवस्था के अनुसार यह तय होता है कि सम्पत्ति का जिम्मेदार कौन होगा? पितृ-सत्तात्मक परिवार में सम्पत्ति का उत्तराधिकारी सबसे बड़ा लड़का तथा मातृ-सत्तात्मक परिवार में सबसे बड़ी लड़की उत्तराधिकारी माने जाते हैं।

(iii) सबसे पहले श्रम-विभाजन परिवार से ही शुरू होता है। परिवार के समस्त सदस्य अपने-अपने काम करते हैं। पिता घर से बाहर धन अर्जित करने जाता है। स्त्री घर की देख-रेख एवं बच्चों का पालन-पोषण करती है। हालाँकि शिक्षा के क्षेत्र में वृद्धि की वजह से स्त्रियाँ भी अब घर के बाहर धन अर्जित करने लगी हैं।

(iv) परिवार के लोग यदि गृह उद्योगों में रुचि लें तो उनकी वास्तविक आय में बढ़ोत्तरी संभव है। अब भी विभिन्न गृह उद्योग परिवार के आधार पर ही होते हैं। इनमें परिवार के सभी सदस्य मिलकर वंशानुगत व्यवसाय करते हैं। माता-पिता को बालकों को उद्योग-धंधों के प्रति प्रोत्साहित करना चाहिए। परिवार में मानवीय गुणों का विकास होता है। मनुष्य का जन्म, विकास और समाजीकरण परिवार में ही होता है और उसी परिवार के प्रसार से सभी समाज का सृजन होता है।

अभिभावक की प्रवृत्तियाँ

माता-पिता की अभिवृत्तियों का बालक पर गहरा प्रभाव पड़ता है। बालक और माता-पिता के सम्बन्धों का महत्त्वपूर्ण तथ्य घर का प्रेमपूर्वक माहौल है। यदि माता-पिता बालक के साथ अच्छा बर्ताव करते हैं तो बालक अपने माता-पिता के साथ अच्छा सम्बन्ध रखता है। माता-पिता की निम्नवत् प्रवृत्तियाँ बालकों के विकास को प्रभावित करती हैं–

1. निरंकुश दृष्टिकोण–निरंकुश अनुशासन वृत्ति बालकों के विकास में अवरोध उत्पन्न करती है। निरंकुश बर्ताव करने वाले माता-पिता अपने बालकों पर नियन्त्रण रखते हैं और अपने आदेश के अनुरूप उनसे कार्य करवाते हैं। बड़े होकर ऐसे बालक या तो बहुत सीधे बनते हैं या फिर बहुत तेज, दूसरों पर हुक्म चलाने वाले। इस प्रकार का आचरण करने वाले माता-पिता बालकों की कोई बात नहीं मानते और न ही बालकों का कोई कार्य करते हैं। वे उनकी इच्छाओं को भी नहीं समझते न ही बालकों का कोई कार्य करते हैं। इसका दूरगामी परिणाम यह होता है कि बालकों का आचरण असामाजिक हो जाता है। निरंकुश आचरण के कारण बालक में झूठ बोलना, चोरी करना, क्रूरता और आक्रामकता इत्यादि का विकास हो सकता है। इस प्रकार बालकों के सही विकास के लिए माता-पिता का ऐसा व्यवहार उचित नहीं रहता।

2. स्वीकृति देने वाला दृष्टिकोण–बालक के कार्य को माता-पिता द्वारा स्वीकृति दिये जाने से बालक को बढ़ावा मिलता है। ऐसा व्यवहार रखने वाले माता-पिता बालक से प्रेम करते हैं। वे बालक को स्वयं भी कार्य करने में उनकी मदद करते हैं। बालक को आवश्यकता के अनुसार स्वतन्त्रता दिये जाने पर वह कार्य को अपनी पूर्ण योग्यता व विश्वास से करता है। ऐसा बालक ज्यादा सामाजिक, सहयोगी, मित्रतापूर्ण और खुशमिज़ाज होता है। वह अपने आपको समाज में ज्यादा

समायोजित कर पाता है। स्वीकृति देने वाला दृष्टिकोण बालक के समुचित विकास के लिए अच्छा रहता है।

3. अनुशासनात्मक दृष्टिकोण—कई माता-पिता बालक का अत्यधिक ध्यान रखते हैं। उसे स्वतन्त्र रूप से किसी भी कार्य को नहीं करने देते जिस से ऐसे बालकों को कोई भी काम करने में घबराहट होती है। उनमें आत्मविश्वास की कमी आ जाती है। वे दूसरों पर ज्यादा निर्भर होते हैं। माता-पिता से अधिक सम्पर्क के कारण बाहरी समाज से उनका ज्यादा सम्पर्क नहीं रहता। इससे बालकों में बाहरी रुचियों का विकास नहीं हो पाता। उनमें आलोचना सहन करने की शक्ति नहीं रहती।

इस प्रकार माता-पिता का बालकों के साथ समुचित दृष्टिकोण होना जरूरी है जिससे उनका विकास अच्छा हो। उन्हें बालकों के साथ नम्र एवं प्रेमपूर्वक व्यवहार करना चाहिए लेकिन बालकों को ज्यादा स्वतन्त्रता न दें तथा न ही कठोर नियन्त्रण रखें। बालकों को अच्छी बातें सिखानी चाहिएँ।

माता-पिता की अभिवृत्तियों का प्रभाव

बालक के सामाजिक एवं व्यक्तित्त्व के विकास के लिए निम्नलिखित बातें जरूरी हैं जिनका माता-पिता को ध्यान रखना जरूरी है। माता-पिता की निम्नवत् अभिवृत्तियां बालक के व्यक्तिगत तथा सामाजिक प्रभाव पर प्रतिकूल व अनुकूल प्रभाव डालती हैं—

1. नैतिक गुण—माता-पिता के व्यवहार के समान बालक सहानुभूति, उदारता, न्यायप्रियता, सत्यता जैसे गुण धारण करता है। इसी प्रकार अनेक अवगुण जैसे झूठ बोलना, आलस्य, चोरी आदि गुण भी ग्रहण कर सकता है। वह अपने विचारों को व्यक्त करना परिवार में सीखता है। इस प्रकार यह जरूरी है कि उचित सामाजिक तथा व्यक्तित्त्व विकास के लिए माता-पिता बालक में उपयुक्त नैतिक गुण पैदा करें।

2. बालकों के साथ बराबर व्यवहार—बालक के व्यक्तित्त्व के विकास में माता-पिता का प्रमुख योगदान होता है। परिवार की परिस्थितियों के अनुसार बालक या तो बहुत लाड़-प्यार पाता है या इसके प्रतिकूल उपेक्षा पाता है। इसका परिणाम यह होता है कि बालकों में गलत प्रवृत्तियों का विकास होने लगता है। इस तरह माता-पिता का बालक के प्रति व्यवहार में तालमेल होना चाहिए। बालक की पसंद के अनुसार स्वाभाविक विकास का मौका मिले। अच्छे कार्य के लिए उसकी प्रशंसा हो तथा बुरे कार्य के लिए निन्दा हो। आवश्यकतानुसार कुशल निर्देशन भी किया जाना चाहिए।

3. बालकों को स्वयं कार्य करने का अवसर देना—बालकों में कार्यों के प्रति रुचि जागृत करनी चाहिए। इससे उसकी निर्णय शक्ति का विकास होगा। ज्यों-ज्यों बालक की आयु बढ़ती जाती है उसे अपने अस्तित्त्व तथा व्यक्तित्त्व की जानकारी होने लगती है। स्वयं कार्य करने से वह स्वावलम्बी बनेगा जो कि उसके व्यक्तित्त्व के लिए जरूरी है।

4. जिज्ञासा की शांति—माता-पिता को बालकों के सवालों का सन्तोषजनक उत्तर देना चाहिए इससे उनकी जिज्ञासा पूर्ण होती है तथा वे नया अनुभव प्राप्त करते हैं और समाज में दूसरों के साथ ठीक प्रकार समायोजन कर सकते हैं। माता-पिता को बालकों की अवहेलना नहीं करनी चाहिए, इससे उनमें असुरक्षा की भावना उत्पन्न होती है। उन्हें बालकों की सही देखभाल करनी चाहिए तथा उनकी समस्याओं को सकारात्मक तरीके से सुलझाना चाहिए।

5. माता-पिता का आचरण—बच्चे माता-पिता के व्यवहारों का अनुकूलन करते हैं। माता-पिता के व्यवहार पर बालक का व्यक्तित्त्व आधारित होता है एवं बालक का समाजीकरण भी माता-पिता के पास होता है। बालक के परिवार की परम्पराओं एवं रहन-सहन को देखकर ही समाज उससे किसी आचरण की तुलना करता है। जो बालक अच्छे परिवार में रहकर उच्च कोटि की परम्पराओं का पालन करता है। उससे समाज अच्छे आचरण की आशा करता है। लेकिन निकृष्ट परम्पराओं वाले परिवार के बालक से समाज अच्छे आचरण की तुलना नहीं करता है।

6. बालकों से प्रेम रखना—बालकों से स्नेह रखना उनकी संतुष्टि के लिए अनिवार्य है। परिवार के सभी सदस्य नैतिक भावना से जुड़े रहते हैं तथा एक-दूसरे के प्रति संवेगात्मक भावनाओं से संबद्ध रखते हैं। इन्हीं भावनाओं के कारण परिवार बालक के व्यक्तित्त्व का निर्माण करने में मददगार होते हैं। माता-पिता को बालकों से स्नेह रखना चाहिए। कोई मुश्किल उत्पन्न होने पर उसका निराकरण करना चाहिए। परिवार के प्रेमपूर्ण वातावरण में ही व्यक्तित्त्व रूपी बीज का अंकुरण एवं विकास होता है।

7. परिवार की संस्कृति—बालक ज्यादा समय तक अपने माता-पिता के सम्पर्क में रहता है उनकी संस्कृति के अनुसार स्वयं को सुसंस्कृति करता है। माता-पिता के अलावा घर के अन्य सदस्य भी बालक के व्यक्तित्त्व-निर्माण में योगदान करते हैं। इनके सम्पर्क में आकर बालक उनकी कई आदतें सीखता है

और उनके व्यवहार से प्रभावित होता है एवं परिवार की संस्कृति अपना लेता है। स्कूल में वह अपने परिवार की संस्कृति का प्रतिनिधित्व करता है। स्कूल में अलग-अलग परिवारों की संस्कृतियों का मेल होता है। बालक पर पड़ने वाला स्कूल का प्रभाव आंशिक होता है और परिवार का प्रभाव स्थायी एवं तुलनात्मक रूप से ज्यादा होता है। इस तरह यह स्पष्ट किया जा सकता है कि माता-पिता के व्यवहार के अनुरूप बालक का सामाजिक स्तर एवं आचरण तय होता है एवं बालक के व्यक्तित्त्व के विकास में भी माता-पिता की महत्त्वपूर्ण भूमिका होती है।

मार्गदर्शन

बालक स्वयं सब कुछ नहीं सीखता। उसे सफल व्यक्ति बनाने के लिए उसका मार्गदर्शन एवं निर्देशन जरूरी है। दूसरों के साथ रहने के लिए उसे कई अच्छे गुण अपनाने होते हैं, जैसे सहयोग, नम्रता, आदर आदि। बच्चे इन गुणों के साथ जन्म नहीं लेता ये बाद में सीखता है। अच्छे माता-पिता ही बच्चे को कुशल मार्गदर्शन प्रदान कर सकते हैं। मार्गदर्शन की सहायता से बालक का तो विकास होता ही है साथ ही वह समाज के कल्याण तथा प्रगति में भी योगदान दे पाता है। आज सामाजिक मूल्यों में तेजी से बदलाव आता जा रहा है। आज की परिस्थिति में पुराने मूल्यों में आस्था कम होती जा रही है और दूसरी तरफ नयी कीमत तय नहीं हो पा रही है। इसलिए ऐसी स्थिति में मार्गदर्शन आवश्यक है।

किशलोम के अनुसार, ''मार्गदर्शन सभी व्यक्ति की स्वयं के सम्बन्ध में विस्तारपूर्वक जानकारी प्राप्त करने में सहायता करता है।''

मार्गदर्शन के लाभ

बालक के विकास पर मार्गदर्शन का प्रभाव प्रेरणा की तरह ही होता है। मार्गदर्शन से निम्नवत् लाभ होते हैं–

1. व्यक्तित्व के विकास में सहायक–मार्गदर्शन करते समय बालक की मानसिक शान्ति का अनुमान लगाया जा सकता है। दोनों तरह के बालकों का अलग ढंग से निर्देशन करने पर उनके व्यक्तित्व का उचित विकास किया जा सकता है।

2. समाज का अच्छा सदस्य एवं मूल्यों का विकास–समाज के अपने प्रतिस्थापक व नैतिक मूल्य होते हैं। बालक को सामाजिक मूल्यों के बारे में बताना आवश्यक है कि कौन-सी बातें समाज में सही और कौन-सी गलत। जिस प्रकार

से बालक को बताया जा सकता है कि यद्यपि क्रोध एवं ईर्ष्या स्वाभाविक हैं लेकिन इन पर नियन्त्रण आवश्यक है। इस प्रकार सही मार्गदर्शन पाने पर बालक दूसरों को दुख नहीं पहुँचाएगा और समाज का सफल व्यक्ति बनेगा। दूसरों के साथ रहने के कई महत्त्व हैं। जैसे—दया, सहनशीलता, मदद आदि। माता-पिता के कुशल मार्ग-दर्शन, प्रेम एवं विश्वास द्वारा ये बालकों में पैदा किये जा सकते हैं। इन महत्त्वों द्वारा बालक में सुरक्षा एवं आत्मनिर्भरता पैदा होती है।

3. योग्यता विस्तार एवं व्यावसायिक दृष्टिकोण में सहायक—निर्देशन हर व्यक्ति को स्वयं की योग्यताओं, इच्छाओं को समझने तथा उनका सम्भावित विकास करने में मदद प्रदान करता है। मार्ग-दर्शन द्वारा बालकों को उनकी रुचि के अनुकूल कार्य की ओर प्रेरित किया जा सकता है एवं उन्हें अपने आप की रुचियों और योग्यताओं का ज्ञान अच्छी तरह करवाया जा सकता है। व्यावसायिक दृष्टिकोण से भी निर्देशन एवं मार्गदर्शन की परम आवश्यकता है। बालक को सही व्यवसाय के चुनाव में मार्गदर्शन की आवश्यकता होती है, तभी वह आगे सही तरीके से विकास कर सकता है।

4. नये वातावरण के साथ समायोजन—अभिभावक परिवेश के संदर्भ में ज्ञान पाकर बालक अपने वातावरण के साथ उचित समायोजन कर सकता है और अपना व्यक्तित्व भी अच्छा बना सकता है। अतः समायोजन भी तभी हो पाता है जब कुशल मार्गदर्शन होता है।

5. मान्य व्यवहार को समझने में सहायक—बालक के सामान्य व्यवहार को समझने में भी यह सहायक होता है। उसे तब तक मार्गदर्शन की जरूरत होती है जब तक कि वह स्वअनुशासन नहीं सीख लेता है। वर्तमान में चिन्तन में अनुशासन से अर्थ है निर्देशन। अनुशासन द्वारा बालक को अनुभव होता है कि उसका आचरण किस प्रकार का होना चाहिए। समाजीकरण की प्रक्रिया में बालक को सामाजिक मूल्यों के अनुकूल आचरण करने के लिए प्रेरित किया जाता है जैसे कि मिल-जुलकर रहना।

6. गतिविधियों का निर्देशन और मार्गदर्शन—बालक जब जन्म लेता है तो उसे यह मालूम नहीं होता है कि उसे कैसे रहना है? उसे क्या करना है? उसे ज्ञान प्राप्त करने के लिए सही निर्देशन की आवश्यकता होती है। माता-पिता का यह दायित्व है कि ये बालकों का उचित निर्देशन करें। बालकों के उचित निर्देशन के लिए निम्नांकित बातें आवश्यक हैं—

(1) साधारण ढ़ंग से बालक को समझाया जाए।

(2) कोई कार्य सीखने या करने के बाद उसकी प्रशंसा की जाए। इस तरह बालक जल्दी सीखता है।

(3) दण्ड का उपयोग कभी-कभी करें।

(4) वातावरण को खुशमिजाज बनाया जाए।

(5) नियमितता से उचित मार्गदर्शन किया जा सकता है।

(6) बालकों में अनुशासन आवश्यक है।

(7) सभी बालकों पर ध्यान देना चाहिए।

बालकों की रुचि मालूम करने के तरीके—अग्रांकित तरीके से बालक की रुचियाँ हम ज्ञात कर सकते हैं—

(1) बात करने के विषय।

(2) प्रश्न पूछकर।

(3) गतिविधियों का निरीक्षण करके।

(4) इच्छा द्वारा।

बालक में रुचियों का विकास—अलग-अलग वस्तुओं में बालकों की रुचि होती है किसी एक में नहीं लेकिन उनकी रुचि खेलों में ज्यादा होती है। रुचि एक भावात्मक अनुभव है जो कि रुचिकर वस्तु की ओर व्यक्ति का ध्यान फेर देता है। रुचियाँ बालकों में जन्मजात नहीं होतीं, बल्कि ये वातावरण में विकसित की जाती हैं।

बाल विकास की विभिन्न अवस्थाओं में बालक में भिन्न-भिन्न रुचियाँ दिखाई देती हैं। एक बालक खिलौने से खेलने में तो दूसरा साइकिल चलाने अथवा रेडियो सुनने या टेलीविजन देखने में रुचि रखता है। सही दिशा बालक की रुचियों को मोड़ने के लिए उसके समक्ष आदर्श उपस्थित करना चाहिए। बालक बड़ों को देखकर काफी कुछ सीखते हैं।

बालक के विकास के लिए उसकी रुचियों को विशेष महत्व देने की जरूरत होती है। बालक की रुचियों को उससे पूछकर भी जाना जा सकता है। इसके अतिरिक्त बालक की इच्छाओं से भी उसकी रुचियों का पता चलता है।

बालक की प्रमुख रुचियाँ—बालकों में मुख्यतः निम्नवत् क्षेत्रों में रुचियों का विकास होता है—

(1) कविता—कुछ बालकों की वैचारिक पृष्ठभूमि सरस होती है। वे कविताओं को बड़ी तल्लीनता से समझते हैं। अतः उन्हें कविता के द्वारा सिखाया जाना चाहिए। बालक शुद्ध भाषा में आसान एवं हाव-भाव के साथ सुनाई जाने वाली कविताएँ भी

ज्यादा पसन्द करते हैं। कविता के द्वारा देशभक्ति और समाज सेवा जैसे महत्त्वपूर्ण मानवीय गुण बालकों को सिखाये जा सकते हैं।

(2) संगीत—बालक को संगीत सुनना अच्छा लगता है अगर छोटी आयु से बालकों में संगीत के प्रति रुचि जागृत की जाए एवं सिखाया जाए तो वे काफी कुछ सीख सकते हैं। बालकों की प्रवृत्ति को संगीत के प्रति निम्नांकित तरीके से मोड़ा जा सकता है—

(3) चलचित्र—बालकों की मानसिक एवं तार्किक शक्ति के विकास के लिए वर्तमान समय में लगभग सभी देशों में बालक की रुचि के अनुसार विशिष्ट प्रकार की फिल्में तैयार की जाती हैं। साधारणतया बालक सुखान्त फिल्में पसन्द करते हैं। लड़के अपराध सम्बन्धी फिल्में अधिक पसन्द करते हैं जबकि लड़कियाँ घरेलू कथाओं पर आधारित फिल्में अधिक पसन्द करती हैं। बच्चों को गन्दी एवं डरावनी फिल्में नहीं दिखानी चाहिएँ। जानवरों की तथा शिक्षाप्रद फिल्में बालकों के लिए अच्छी रहती हैं तथा इनसे बालकों का मनोरंजन होता है।

(4) हस्तशिल्प—हस्तशिल्प एक हस्तकौशल है। बालकों की रुचि हस्त-कौशल की ओर प्रेरित करनी चाहिए। इससे खाली वक्त का सदुपयोग भी होता है तथा बुद्धि का विकास भी होता है। प्रशंसा पाने पर बालक में आत्मविश्वास भी आता है। बालक इसके द्वारा अपनी कल्पना शक्ति का उपयोग करते हैं उदाहरणार्थ—कागज मोड़कर नाव बनाना, झण्डा बनाना, पंखा बनाना, चित्रकारी करना, वस्तुएँ बनाना आदि। बालक जिस तरह के कार्य कर सके उनके अनुसार उसे प्रोत्साहित करें तथा सामग्री प्रदान करें।

(5) खेल—खेल में बालक को आनन्द आता है। वह उस समय अपने संवेगों को स्वतन्त्रतापूर्वक प्रकट करता है। उस वक्त वह अपने ऊपर किसी भी तरह के प्रतिबंध का अनुभव नहीं करता है। इसलिए विभिन्न प्रकार के खेलों में बालकों की स्वाभाविक रुचि होती है। खेलों के तरीकों में भी आयु के साथ-साथ अन्तर आता-जाता है। खेलों द्वारा बालकों का सामाजिक दायरा बढ़ता है। बालकों के जीवन में खेल की रुचि कभी भी खत्म नहीं होती है। बालकों को खेल-खेल में बहुत-सी बातें सिखाने के लिए उन्हें अलग-अलग प्रकार के खेल खेलना सिखाया जाता है।

(क) **नृत्य**—बालकों के पास ज्यादा ऊर्जा होती है। इस ज्यादा ऊर्जा के कारण वह सदैव गतिशील रहना चाहता है। उसकी इस गतिशीलता को उदाहरणार्थ—दौड़ना, चलना, कूदना आदि नृत्य की ओर मोड़ा जा सकता है। बालकों को इन सब गतिविधियों में लय उत्पन्न करके नृत्य करने का एहसास करवाया जा सकता है। हाँ, इतना अवश्यक स्मरण रखना चाहिए की बालकों को सिखाया जाने

वाला नृत्य स्टेप सरल हो। जबर्दस्ती बालकों को नाच नहीं सिखाया जाना चाहिए। जिन बालकों में ज्यादा रुचि हो उन्हें प्रोत्साहित करें एवं उचित निर्देशन दें।

(ग) **वाद्ययन्त्र**—बालकों को संगीत की तरफ मोड़ने के लिए आसान वाद्ययन्त्र जैसे बांसुरी, ड्रम आदि बजाना सिखाया जा सकता है। वाद्ययंत्रों को चुनाव उनकी रुचि को ध्यान में रखकर करना चाहिए। उम्र बढ़ने के साथ-साथ अन्य वाद्ययन्त्र जैसे हारमोनियम, ढोलक, तबला आदि सिखाए जा सकते हैं।

(ख) **गायन**—गायन के द्वारा भी बालकों को संगीत सिखाया जा सकता है। बालकों को लोकगीत तथा देशभक्ति के गीत सिखाए जा सकते हैं। फिर धीरे-धीरे राग के अनुसार गाना सिखाया जा सकता है।

(6) रेडियो तथा टेलीविजन—विद्यालय जाने वाले बालक-बालिकाएँ रेडियो और टेलीविजन के प्रोग्रामों को देखने-सुनने में काफी रुचि लेते हैं। अलग-अलग आयु और लिंग के बालक अलग-अलग प्रकार के प्रोग्रामों में रुचि लेते हैं। अनुभव से बालक उन प्रोग्रामों में भी रुचि लेने लगते हैं जिनमें बड़े लोग भी रुचि लेते हैं। शैक्षिक कार्यक्रमों के प्रति बालकों में रुचि का विकास किया जाना चाहिए।

(7) अध्ययन—भिन्न-भिन्न अवस्था में बालक के अध्ययन की रुचि में अन्तर देखा जा सकता है। पढ़ने-सीखने से पूर्व बालक कहानियों में रुचि लेता है। कहानी सुनाने वाले के हाव-भाव, स्वर आदि का बालक पर प्रभाव पड़ता है। तस्वीरें देखने से भी बालक की कहानी की किताबों में रुचि बढ़ती है और पढ़ना सीख लेने के पश्चात् वह इन किताबों को पढ़ने लगता है। बालक-बालिकाओं को अच्छी-अच्छी किताबें देकर उनकी रुचि को परिष्कृत कर सकते हैं। आधुनिक काल में समस्त देशों में स्वस्थ बाल-साहित्य के निर्माण की तरफ ध्यान दिया जा रहा है जिससे कि बालक-बालिकाओं की अध्ययन की रुचियों का फायदा उठाकर उनमें उच्च चरित्र का निर्माण किया जा सके। बालकों को छोटी एवं प्रेरणादायक कहानियाँ सुनानी चाहिएँ। इनकी पुस्तकों में भी चित्र अधिक होने चाहिएँ।

समन्वय की स्थापना

परिवार में बालक विभिन्न गुणों को सीखता है। बालक पर घर का बहुत ही ज्यादा प्रभाव पड़ता है बालक अपने माता-पिता एवं घर के अन्य सदस्यों का अनुसरण करता है। वह उनका व्यवहार सीखता है। वह समाज और परिवार में

सामंजस्य स्थापित करना भी सीखता है। दयनात्मक अनुशासन या स्वच्छंदता दोनों ही बालक के विकास के लिए अनुपयोगी होते हैं।

व्यक्ति का आचरण गत्यात्मक होता है, वह सदैव एक समान नहीं रहता, बदलता रहता है। इसका असर बच्चे के आचरण पर भी पड़ता है। जिस बच्चे को परिवार से प्रेम प्राप्त होता है उसका व्यवहार अच्छा होता है। जिन परिवारों में बालकों की समस्याओं को सुलझाने की कोशिश की जाती है वहाँ बालक सामंजस्य करना सीख लेते हैं। यदि परिवार में बालकों के विकास पर ठीक ध्यान दिया जाय तो उनकी समस्याएँ कम होती हैं।

बालक पर बुरे पारिवारिक सम्बन्ध का प्रभाव—पारिवारिक सम्बन्ध बढ़िया न होने पर बालक पर अग्रलिखित प्रभाव पड़ते हैं—

(1) उसके इच्छाओं की पूर्ति नहीं होने पर उसके स्वभाव में आक्रामकता भी आ सकती है।

(2) वह असामाजिक व्यवहार करना शुरू करता है।

(3) घर के सदस्यों से अलग रहता है और कभी-कभी घर से भागने का भी प्रयत्न करता है।

(4) बालक उदास रहता है।

(5) बालक में असुरक्षा का भाव पैदा हो जाता है।

(6) बालक में संवेगात्मक अस्थिरता की भावना पैदा हो जाती है।

(7) वह खुद को बेकार समझने लगता है।

सामंजस्य स्थापन में सन्तुलन बनाए रखने के हेतु आवश्यक शर्त

परिवार में सही सम्बन्ध बनाए रखने के लिए निम्नलिखित बातों को ध्यान में रखना चाहिए—

(1) बालकों को सहनशील एवं समझदार बनाने के लिए प्रयास करें।

(2) बालकों से कभी भी बड़ों के जैसे व्यवहार की अपेक्षा न करें।

(3) बालक को परिवार के प्रति उसके उत्तरदायित्व को समझाएँ।

(4) बालक यदि चंचल हो तब भी उसे प्यार और सुरक्षा प्रदान करें।

(5) परिवार के सभी सदस्यों के बीच प्रेम का वातावरण पैदा करें।

(6) परिवार के सभी सदस्य मिलकर कार्य करें व अपनी कठिनाइयों को बड़ों के सामने रखें।

(7) बालकों के सामने सही पारिवारिक सम्बन्धों का आदर्श उपस्थित करें।

(8) बालकों को उचित सामाजिक व्यवहार सिखाएँ कि किस तरह दूसरों के साथ रहना चाहिए।

(9) यदि बालक में कोई गलत आचरण नजर आने लगे तो उसी समय उसे दूर करने का कोशिश करें।

(10) बालक के लिए पूरे दिन के कार्य की उचित तालिका बनाएँ जिससे वह व्यस्त रह सके, क्योंकि खाली समय में उसमें किसी भी तरह का विकार पैदा हो सकता है।

रहन-सहन स्तर

किसी भी परिवार के रहन-सहन के स्तर पर उस परिवार की आर्थिक दशा का व्यापक प्रभाव पड़ता है। आर्थिक रूप से वह जितना संपन्न होगा उतना ही उसका जीवन-स्तर ऊँचा होगा। ज्यादा-से-ज्यादा जरूरतों की पूर्ति करने वाले व्यक्ति को ऊँचे रहन-सहन वाला व्यक्ति समझा जाता है। रहन-सहन का स्तर जो कुछ दिनों तक बना रह जाता है वह आदत का रूप ले लेता है जिसे आसानी से बदल नहीं जा सकता। व्यक्ति सदैव अच्छी जीवन शैली पसंद करता है। उदाहरण के लिए जब कोई व्यक्ति समाज में अपना कोई स्तर बना लेता है तब वह उसमें ह्रास नहीं होने देना चाहता और उसे बनाए रखने के लिए कोई न्यायसंगत त्याग स्वेच्छा से करने को तैयार रहता है। **सीजर** के अनुसार–"क्रिया की विधि एवं सुविधाओं का स्तर जिसे एक व्यक्ति अपनी प्रसन्नता के लिए अपरिहार्य समझता है तथा जिसे सुरक्षित बनाये रखने के लिए वह कोई न्यायसंगत त्याग; यथा-अधिक समय तक परिश्रम अथवा विवाह को स्थगित करने को स्वेच्छा से तत्पर रहता है।" अतः रहन-सहन का स्तर आदतों और आदतें रहन-सहन के स्तर के परिणाम होते हैं।

साधन व सुविधाओं की उपलब्धता उसके आदतों के निर्माण में सहायक होती है। किसी एक आवश्यकता की पूर्ति लगातार होने से आदत बदल जाती है जिसकी पूर्ति के लिए वह अभ्यास हो जाता है। सभी व्यक्तियों की यह हार्दिक इच्छा होती है कि उसका रहन-सहन का स्तर ऊँचा हो वह उन वस्तुओं एवं सेवाओं का लाभ उठाना चाहता है जो उसे पहले नहीं मिल पाती थी। यहाँ तक कि वह जिन सेवाओं और सुविधाओं से अभ्यस्त हो जाता है वह उससे दूर नहीं होना चाहता तथा उसमें कमी होने से सामाजिक प्रतिष्ठा बनाए रखने में सन्देह होता है। रहन-सहन के स्तर में गिरावट होने का भय बना रहता है। रहन-सहन का स्तर निम्न होने का तात्पर्य वह समाज में अपनी प्रतिष्ठा में कमी तथा आत्म-सम्मान में गिरावट समझता है

रहन-सहन के स्तर में गिरावट होने से मानसिक कष्ट उसे होता है तथा वह भौतिक आवश्यकताओं की पूर्ति से वंचित रह जाता है। यह ज्यादातर देखा जाता है कि अलग-अलग परिवारों का आर्थिक स्तर एक-सा रहने पर भी उनके रहन-सहन का स्तर एक-जैसा नहीं होता। रहन-सहन के स्तर को प्रभावित करने वाले विभिन्न तत्त्व होते है जो आर्थिक समानता रहते हुए भी दो परिवारों के रहन-सहन के स्तर में भिन्नता ला देते हैं।

जीवन स्तर के प्रभावकारी घटक

रहन-सहन के स्तर को कई तत्त्व प्रभावित करते हैं। रहन-सहन के स्तर को निर्धारण करने में किसी एक तत्त्व का हाथ नहीं रहता है। ये तत्त्व सम्मिलित रूप से किस व्यक्ति, परिवार, समाज या देश को प्रभावित करने वाले प्रमुख घटक निम्नलिखित हैं–

(1) जीवन-दर्शन एवं सामाजिक-धार्मिक परंपराएँ–व्यक्तियों की जरूरतें उनके जीवन-दर्शन से प्रभावित होती हैं। एक निराशावादी व्यक्ति जीवन की सुख-सुविधाओं का उपयोग नहीं कर पाता जब कि एक आशावादी व्यक्ति उत्साह और विश्वास के साथ सुख-सुविधाओं का उपयोग करता है, भौतिक वस्तुओं का ज्यादा उपयोग करता है और सांसारिक सुखों को भोगना चाहता है। वह ज्यादा परिश्रम करके यहाँ तक कि कर्ज लेकर भी अपनी जरूरतों की पूर्ति करता है। आध्यात्मिक दृष्टिकोण वाला एक व्यक्ति सांसारिक सुखों के मोह से अलग रहता है एवं धन रहते हुए भी सांसारिक सुखों को भोगना नहीं चाहता।

इस प्रकार के व्यक्तियों के रहन-सहन का स्तर अधिक आकर्षक नहीं होता और वे साधारण ढंग से जीवन व्यतीत करते हैं। हर समाज के कुछ सामाजिक एवं धार्मिक रीति-रिवाज होते हैं जिन्हें नहीं चाहते हुए भी करना पड़ता है। उन रीति-रिवाजों के ठीक उसी तरह पालन करने से आज के युग में रहन-सहन का स्तर प्रभावित होता है। समय और परिस्थितियों की जरूरतों को ध्यान में न रख कर जो व्यक्ति सामाजिक, धार्मिक मान्यताओं का पालन करते हैं उनका रहन-सहन का स्तर नीचे गिरता है और कर्ज के भार से लद जाना पड़ता है। ऐसे अनेक परिवार हैं जो ऐसी परम्पराओं को निभाने के लिए कर्ज तक ले लेते हैं और उसे वापस करने में अपनी आवश्यक जरूरतों की पूर्ति भी भविष्य में नहीं कर पाते। परिणामतः वे निर्धन होते जाते हैं और उनका रहन-सहन का स्तर गिरता जाता है। इस प्रकार के धार्मिक सामाजिक व्यय है-विवाह एवं मृत्यु पर भोज, जन्म संस्कार, नामकरण संस्कार, दहेज,

विवाह आदि में अनावश्यक दिखावे में खर्च आदि। बचपन से ही हम अपने माता-पिता के रहन-सहन के स्तर को ग्रहण करते हैं। माता-पिता हमें बचपन से जिस जीवन-स्तर के मध्य पालन पोषण करते हैं उसे ही हम अपना लेते हैं और उसी तरह जीवन व्यतीत करने के अभ्यस्त हो जाते हैं। इसका परिणाम यह होता है कि न तो उनमें किसी प्रकार की नवीन चेतना का विकास होता है और न ही सुधार।

(2) धन की क्रय-शक्ति—बढ़ती जनसंख्या के कारण लोगों की क्रय शक्ति कम हो गयी है। एक रुपये का सामान आज से 25-30 वर्ष पूर्व जितना मिलता था, वह आज नहीं मिलता। अबकि उस समय जितना वेतन मिलता था उससे ज्यादा वेतन मिल रहा है। उस समय जिस व्यक्ति की आमदनी 200 रुपये थी उसकी आमदनी आज 1500 रु. है पर आय की मात्रा अधिक होने के पश्चात् भी वह उतनी आवश्यकता की वस्तुओं, सेवाओं और सुविधाओं का उपभोग नहीं कर पाता जितना वह पहले करता था। जिस अनुपात में रुपये की क्रय-शक्ति में कमी आई है उस अनुपात में वेतन वृद्धि नहीं हुई है। यही कारण है कि जीवन-स्तर काफी बदल चुका है। आज महँगाई के कारण रुपये का मूल्य बहुत गिर गया है। वस्तुएँ जितनी महँगी होंगी एक निश्चित आय से रहन-सहन का स्तर निम्न होता जाएगा। वस्तुएँ जितनी सस्ती होंगी रहन-सहन का स्तर उतना ही ऊँचा होगा।

(3) व्यय करने का तरीका—कुछ परिवारों में लोगों के खर्च का तरीका भी गलत होता है। इसका परिणाम यह होता है कि काफी अव्यवस्था हो जाती है। यह जरूरी नहीं है कि अनिवार्य व्यय करने वाले व्यक्ति का रहन-सहन का स्तर ऊँचा हो तथा मितव्ययी व्यक्ति का निम्न हो। धन रहने पर अगर उसे आवश्यकताओं के अनुरूप व्यय नहीं किया गया तो आवश्यक आवश्यकताएँ पूर्ण नहीं हो पातीं और अनावश्यक कार्यों पर ही धन व्यय हो जाता है। दो परिवारों की आय समान रहने पर भी उनके खर्च करने के ढंग में असमानता रहने से दोनों परिवारों के रहन-सहन का स्तर अलग-अलग हो जाता है। विवेकपूर्ण तरीके से व्यय करने वाले परिवार की ज्यादा आवश्यकताओं की पूर्ति नहीं हो पाती। अतः खर्च का तरीका जीवन स्तर को प्रभावित करने वाला विशेष तत्व है।

(4) आर्थिक स्थिति—उच्च रहन-सहन के स्तर का अभिप्राय अधिक-से-अधिक आवश्यकताओं की पूर्ति से होता है, इसके विपरीत निम्न स्तर का व्यक्ति अपेक्षाकृत जरूरतों की पूर्ति कम कर पाता है। जीवन की जरूरतों की पूर्ति के लिए धन की जरूरत होती है। जिस परिवार की आय ज्यादा होगी वह अधिक-से-अधिक

आवश्यकताओं की पूर्ति कर पाएगा और परिवार के रहन-सहन के स्तर को ऊँचा उठा पाएगा। कम आय वाला परिवार ज्यादा आय वाले की अपेक्षा कम जरूरतों की पूर्ति कर पाता है। उसके रहन-सहन का स्तर नीचा होता है। परिवार की आवश्यकताओं की पूर्ति परिवार की आर्थिक दशा पर निर्भर करता है और रहन-सहन का स्तर जरूरतों की पूर्ति पर निर्भर करता है। इससे यह ज्ञात होता है कि रहन-सहन का स्तर परिवार की आर्थिक स्थिति पर निर्भर करता है।

(5) सदस्यों की संख्या-परिवार का स्तर परिवार के सदस्यों की संख्या से भी प्रभावित होता है। परिवार की समस्त आय परिवार के सदस्यों की आवश्यकताओं में बँटती है। परिवार में धन अर्जित करने वालों की संख्या कम रहने पर तथा उपभोग करने वालों की संख्या ज्यादा रहने से परिवार में सुख-सुविधा में कमी होगी। परिवार में सदस्यों की संख्या कम रहने से रहन-सहन का स्तर ऊँचा होगा। परिवार में सदस्यों की संख्या बढ़ने से स्तर गिरता जाएगा चूँकि प्रति व्यक्ति के ऊपर होने वाले धन की मात्रा कम होती जाएगी। धन की मात्रा जितनी कम होगी, उतनी ही मात्रा में आवश्यकता की पूर्ति में कमी होगी तथा जितनी जरूरतों कम पूरी होंगी, जीवन स्तर उतना ही नीचा गिरता जाएगा।

(6) शिक्षा—सामाजिक स्तर के महत्त्व को शिक्षित व्यक्ति समझ कर संपति का व्यय विवेकपूर्ण ढंग से करता है। वह सोच समझ कर व्यय करता है और किये गए खर्चों से ज्यादा संतोष प्राप्त करना चाहता है। वह कम पैसों में भी ज्यादा इच्छाओं की पूर्ति करता है। एक कार्यालय सहायक की आय एक दुकानदार से कम होती है फिर भी कार्यालय सहायक का स्तर दुकानदार परिवार से ऊँचा रहता है। इसका मुख्य कारण कार्यालय सहायक का पढ़ा-लिखा होना है। वह पैसे के मूल्य को जानता है तथा योजना बनाकर परिवार के खर्चे को चलाता है। खाद्य पदार्थों का पोषक मूल्य उसे मालूम रहता है इसलिए वह कम मूल्य में ज्यादा पौष्टिक भोजन परिवार को देता है। वह अपने साधनों के अंदर ही व्यय करता है, अनावश्यक वस्तुओं पर व्यय नहीं करता तथा उसका व्यय पूर्व-नियोजित एवं व्यवस्थित ढंग से होता है। वह दिखावे तथा बाहरी तड़क-भड़क पर पैसे खर्चे नहीं करता। जहाँ पर शिक्षा का प्रसार ज्यादा रहेगा वहाँ के लोगों का जीवन-स्तर उच्चश्रेणी का होगा।

(7) भौगोलिक परिस्थितियाँ—जिस प्रदेश की जमीन उपजाऊ होगी वहाँ के निवासियों को अन्न, फल, दूध, घी तथा अन्य आवश्यक वस्तुएँ कम मूल्य पर प्राप्त हो जाएँगी। ऐसी जगह की जलवायु का प्रभाव लोगों के स्वास्थ्य पर काफी अच्छा होता है। वहाँ के लोग अधिक मेहनती होंगे, वे ज्यादा परिश्रम करेंगे और अपनी आय

को बढ़ाएँगे जिसके फलस्वरूप उनका रहन-सहन ऊँचा होगा। ज्यादा गर्म, सर्द एवं नम प्रदेश के वासी अधिक मेहनत नहीं कर पाते, वहाँ उपज भी कम होती है, वहाँ उद्योग-धन्धे ज्यादा नहीं हो पाते, जिसके कारण जीवन स्तर पर काफी प्रतिकूल प्रभाव पड़ता है।

(8) आर्थिक विषमता—आर्थिक विषमता भी जीवन स्तर को प्रभावित करता है। समाज में धन के असमान वितरण के कारण जो लोग पूँजीपति हैं या ऊँचे पद पर हैं उनके रहन-सहन का स्तर दिनों-दिन ऊँचा होता जाता है तथा जनसाधारण का जीवन-स्तर निम्न होता जाता है। समाज में दो वर्ग के लोगों के रहने के कारण धन का वितरण सभी लोगों में बराबर नहीं होता। जीवन-स्तर को बनाए रखने के लिए प्रत्येक व्यक्ति को अपने जीवन की सुख-सुविधाओं एवं आवश्यकताओं की पूर्ति हेतु धन प्राप्त होना चाहिए।

(9) निवास स्थान—एक बड़े शहर में रहने वाले परिवार का स्तर एक कस्बे या गाँव में रहने वाले परिवार से नीचे स्तर का होता है। एक-सी आय होने एवं परिवार का रूप एक-सा होने पर भी स्थान में भिन्नता होने की वजह से दो परिवारों का स्तर भिन्न-भिन्न होता है। गाँव में मकान का किराया, दूध, राशन, सब्जी तथा अन्य सेवाएँ शहर की तुलना में सस्ती मिलती है; फलतः गाँव वालों का स्तर अपेक्षाकृत ऊँचा होता है परन्तु यह भी तभी संभव होता है जब कुशल गृह प्रबंधन हो।

(10) धन व्यय करने की इच्छा—बहुत से व्यक्ति ऐसे होते हैं जो धन-सम्पत्ति होते हुए भी अपने जीवन की सुख-सुविधाओं एवं जरूरतों की पूर्ति हेतु-उसे व्यय करने को तैयार नहीं होते। भारतवर्ष में ऐसे भी व्यक्ति हैं जिसके पास सम्पत्ति काफी है परन्तु उनके रहन-सहन का स्तर काफी निम्न है। क्योंकि वे विकास के लिए धन नहीं खर्च करना चाहते।

(11) देश में अशांति—व्यक्तियों की प्रगति में देश की अशांत व्यवस्था प्रमुख कारक है। अशांति एवं असुरक्षित स्थिति में उद्योग-धंधों का विकास नहीं होता, जनता सदैव बाह्य एवं आंतरिक लड़ाई-झगड़ा एवं असुरक्षा की भावना से ग्रसित रहती है परिणास्वरूप देशवासियों के रहन-सहन का स्तर गिर जाता है क्योंकि देश की आय आवश्यक वस्तुओं के उत्पादन पर व्यय नहीं होकर दाम सुरक्षात्मक वस्तुओं के उत्पादन पर होने लगती है। इससे जरूरी वस्तुओं के दाम बढ़ने लगते हैं और सीमित आय में जनता अपनी आवश्यक आवश्यकताओं की पूर्ति नहीं कर पाती। परिणामतः रहन-सहन का स्तर दिनों-दिन गिरता जाता है। वर्तमान युग भौतिकवादी युग है। हर नया आने वाला समय कुछ वैज्ञानिक आविष्कार लेकर आता है। यह आविष्कार

हमारी आवश्यकताओं में वृद्धि करते हैं। हर आवश्यकता की पूर्ति हमारे रहन-सहन के स्तर में वृद्धि करती है। वैज्ञानिक आविष्कारों ने ऐसे-ऐसे उपकरणों को दिया है जिनके उपयोग से समय, शक्ति एवं धन की बचत होती है। इस बचाए हुए समय, शक्ति, और धन को अन्य उत्पादन कार्य में लगाते हैं जिससे हमारी आय बढ़ती है, जिससे हम आवश्यक आवश्यकताओं की पूर्ति करते है और परिवार के रहन-सहन के स्तर को ऊँचा उठाते हैं।

परिवार के रहन-सहन के स्तर पर समाज का स्तर निर्भर करता है और सम्पूर्ण समाज के रहन-सहन के स्तर द्वारा देश का स्तर आँका जाता है। रहन-सहन के स्तर को ऊँचा उठाना समाज एवं मानव कल्याण की दृष्टि से बड़ा महत्वपूर्ण है। किसी भी राष्ट्र के नागरिकों के रहन-सहन का स्तर ऊँचा हो इसके लिए आवश्यक है कि देश के सभी प्राकृतिक साधनों यथा जल, वन, खनिज आदि का पूरा उपयोग वैज्ञानिक तरीकों से किया जाए, किसी भी देश के निवासियों का जीवन स्तर का तात्पर्य परिवार के सदस्यों को प्राप्त होने वाले उत्तम प्रकार का भोजन, सुंदर एवं उपयुक्त वस्त्र, स्वास्थ्यकर निवास, सदस्यों की उच्च शिक्षा, सदस्यों का उत्तम स्वास्थ्य एवं परिवार की आवश्यक आवश्यकताओं की पूर्ति में लगाया जाता है।

भारतीयों का जीवन स्तर

हमारे देश के निवासियों के रहन-सहन का स्तर साधारण से भी नीचा है। कुछ ही परिवार ऐसे हैं जिनका स्तर ऊँचा है। कुल जनसंख्या के 16% लोग उच्च स्तर के, 20% लोग मध्य स्तर के तथा 34% लोग अत्यन्त निम्न-स्तर के हैं जो मात्र जीवित रहने के लिए भी आवश्यक सामग्री जुटा नहीं पाते। मात्र 16% लोग जो ऊँचे स्तर के हैं उनसे ही साधारण लोगों का स्तर नहीं मापा जा सकता। शिक्षा की कमी, प्राचीन सामाजिक एवं धार्मिक मान्यताएँ, आर्थिक उन्नति में कमी, अधिक जनसंख्या, यातायात के साधनों की कमी, प्राकृतिक साधनों का न्यूनतम प्रयोग, एवं धन का असमान वितरण के कारण भारतीयों के जीवन स्तर में उन्नति नहीं हो पा रही है।

(1) धन का समान वितरण—धन का एक बराबर वितरण नहीं रहने के कारण कुछ ही लोगों के पास धन का अधिक भाग चला जाता है। पूँजीपतियों द्वारा गरीबों का शोषण होता है और गरीब का शोषण होता है और गरीब वर्ग और गरीब होता जाता है। इसके लिए यह जरूरी है कि जीवन की जरूरतों को देखते हुए मजदूरों की न्यूनतम दर निर्धारित कर देना चाहिए। पूँजीपतियों को होने वाले लाभ का कुछ अंश बोनस के रूप में मजदूरों को भी मिलना आवश्यक है।

(2) औद्योगिकीकरण—औद्योगिकीकरण नागरिकों की आर्थिक विकास के लिए नितांत जरूरी है। औद्योगिक विकास से आर्थिक स्थिति सुधरती है। नये-नये उद्योग-धंधों को शुरू करने से ज्यादा लोगों को रोजगार मिलती है, जिससे बेरोजगारी दूर होती है।

(3) वस्तुओं का मूल्य निर्धारण—जीवन रक्षक संबंधी आवश्यकताओं की पूर्ति के लिए मूल्य निर्धारण भी आवश्यक है ताकि निश्चित आय वाले व्यक्तियों को उचित मूल्य पर सामान उपलब्ध हो सके। इससे गरीब वर्ग भी अपनी जरूरतों को पूरा कर सकेंगे।

(4) प्रवास—भारतीय ज्यादा अपने जन्म-स्थल को छोड़ कर अन्य जगह रोजगार की तलाश में नहीं जाना चाहते। वे दीनहीन अवस्था में रह कर भी अपने जन्म-स्थल पर ही रहना चाहते हैं। उन्हें धंधे की खोज में बाहर जाने के लिए उत्साहित करना चाहिए। इससे बेरोजगारी समाप्त होगी और उनकी आर्थिक स्थिति में सुधार होगा जिससे उनका जीवन-स्तर बढ़िया होगा।

(5) परिवार-नियोजन—परिवार में सदस्यों की अधिक संख्या उनके स्तर को प्रभावित करती है। रहन-सहन का स्तर ऊँचा करने के लिए आबादी पर नियंत्रण करना जरूरी है। बढ़ती आबादी के कारण समाज में अशिक्षा, बेरोजगारी एवं अज्ञानता फैलती है और लोगों के रहन-सहन का स्तर नीचा होता है। जिस गति से जनसंख्या में वृद्धि हो रही है उस गति से आय के साधनों में वृद्धि नहीं होती, परिणाम बढ़ती जनसंख्या की आवश्यकताओं की पूर्ति नहीं हो पाती और लोगों के रहन-सहन का स्तर और भी नीचे गिरता जाता है।

(6) व्यावसायिक शिक्षा—व्यावसायिक शिक्षा की व्यवस्था सभी के लिए उपलब्ध होनी चाहिए। इसलिए सामान्य-शिक्षा के साथ-साथ व्यावसायिक शिक्षा का प्रबंध होना चाहिए ताकि छात्र नौकरी न मिलने पर भी अपना कुछ काम कर सकें।

(7) यातायात के साधनों का विकास—यातायात के साधनों के विकास का काफी ज्यादा प्रभाव पड़ता है। यातायात समुचित साधनों द्वारा आवश्यक सामग्री एक स्थान से दूसरे स्थान पर आसानी से उपलब्ध कराया जा सकता है। यातायात के साधनों में विकास होने से नागरिक को नौकरी के अच्छे अवसर मिलते हों एक जगह से दूसरी जगह जा सकते हैं। इससे समय एवं धन दोनों की बचत होती है। इसका जीवन स्तर पर काफी गहरा प्रभाव पड़ता है।

(8) नागरिकों के स्वास्थ्य में सुधार—कम संतान होने पर उनके भोजन,

स्वास्थ्य, शिक्षा, आवास आदि पर पूरा ध्यान दिया जा सकता है जिससे देश के नागरिकों के मानसिक एवं शारीरिक स्वास्थ्य में सुधार होगा।

(9) कुटीर एवं लघु उद्योग-धंधों का विकास—ग्रामीण जनता वर्ष में सिर्फ 6 माह ही कृषि में व्यस्त रहती है और शेष 6 माह बेकार बैठे रहती है। गाँवों में छोटे-छोटे उद्योग-धंधों को प्रोत्साहन देना चाहिए ताकि ग्रामीण उन्हें अपनाकर अपनी आय बढ़ा सकें। कुटीर तथा लघु उद्योग से बेरोजगारी दूर होगी। ग्रामीण महिलाएँ भी अपने अवकाश काल में इन धंधों से आमदनी कर सकती हैं जिससे परिवार की जरूरतों की पूर्ति हो सकती है और रहन-सहन का स्तर ऊँचा हो सकता है।

जनसंख्या वृद्धि के दुष्परिणाम

(1) बेरोजगारी—भारत में आबादी में वृद्धि होने के कारण निम्नवत् परिणाम सामने आ रहे हैं। जिस अनुपात में जनसंख्या में वृद्धि हो रही है, उस अनुपात में देश में उद्योग-धंधे नहीं खुल रहे हैं। लघु उद्योग-धंघों का भी अभाव है, इसलिए बेरोजगारी की समस्या बढ़ रही है।

(2) जनसंख्या का दबाव—जनसंख्या में वृद्धि होने से जनसंख्या का अधिक भार कृषि पर पड़ता है। परिवारों का बँटवारा होने से भूमि का विभाजन होता है। भूमि का टुकड़ा छोटा-छोटा होने से पैदावार में कमी हो जाती है।

(3) खाद्यों का अभाव—भारत एक कृषि प्रधान देश होते हुए भी अन्य देशों से खाद्य सामग्री आयात करता है चूँकि यहाँ की जनसंख्या में वृद्धि गुणात्मक होती है जब खाद्य-उत्पादन धनात्मक रूप से बढ़ता है। प्राकृतिक प्रकोप तथा अन्य कारणों के साथ-साथ जनसंख्या की वृद्धि इस दयनीय स्थिति को बढ़ावा देती है।

(4) स्वास्थ्य समस्या—जनसंख्या में वृद्धि होने के कारण सभी नागरिकों को पौष्टिक भोजन, शिक्षा-दीक्षा एवं अन्य सुविधाएँ उपलब्ध नहीं हो पातीं। इस प्रकार उनका शारीरिक, मानसिक, सामाजिक तथा आध्यात्मिक विकास नहीं हो पाता। ऐसे नागरिकों की संतान भी शारीरिक एवं मानसिक रूप से कमजोर होती है। इस प्रकार अस्वस्थ नागरिकों की वृद्धि दिनों-दिन होती है। उक्त दुष्परिणामों के कारण ही सरकार ने परिवार नियोजन को एक राष्ट्रीय नीति का अंग बना दिया है।

आबादी नियंत्रण से लाभ

यदि आबादी को नियंत्रित किया जाय तो उसमें निम्नवत् लाभ होते हैं—

परिवार नियोजन से जनसंख्या का भार राष्ट्र पर कम पड़ेगा जिससे देश की आर्थिक अवस्था सुधरेगी तथा खाद्य-समस्या में सुधार होगा। इससे बेरोजगारी समाप्त

हो जाएगी। राष्ट्र को अपनी आर्थिक उन्नति के लिए सबसे अधिक कृषि पर ध्यान देना चाहिए चूँकि भारत एक कृषि-प्रधान देश है। सरकार को चकबंदी, बीज, खाद, खेती के उपकरण और पानी की समुचित व्यवस्था आदि करके कृषि की विकास करना चाहिए।

किसानों को कृषि के नवीन साधनों की जानकारी एवं प्रयोग से होने वाले लाभ से परिचित कराना चाहिए। शिक्षित लोगों को कृषि-उद्योग अपनाने के लिए प्रोत्साहित करना चाहिए ताकि वे अशिक्षित किसानों के सामने एक आदर्श प्रस्तुत कर सकें। घर में कम सदस्यों के रहने से प्रति व्यक्ति व्यय की मात्रा बढ़ जाती है। इससे परिवार के सदस्यों की तुलनात्मक रूप से आवश्यकताओं की ज्यादा-से-ज्यादा पूर्ति होती है, फलस्वरूप उनका रहन-सहन का स्तर ऊँचा होता है। परिवार नियोजन कार्यक्रम को बढ़ाने सफल बनाने से बच्चों की संख्या कम होगी और रहन-सहन का स्तर ऊँचा होगा। इससे गर्भिणी तथा नवजात शिशु को भोजन एवं स्वास्थ्य आदि की समुचित सुविधाएँ मिल पाएँगी जिससे माँ-बच्चे दोनों स्वस्थ होंगे और उनकी मृत्यु दर में कमी आ जाएगी तथा एक स्वस्थ राष्ट्र का निर्माण हो सकेगा।

3
आर्थिक समस्याएँ

आर्थिक समस्याएँ पारिवारिक जीवन स्तर को विशेष रूप से प्रभावित करती हैं। इसका प्रमुख कारण यह है कि इसका प्रभाव विकास के लगभग सभी पक्षों पर किसी-न-किसी रूप में पड़ता है। उदाहरण के लिए यदि किसी परिवार की आय 2000 रुपये है और परिवार में सदस्यों की संख्या दस है तो वहाँ भोजन ही नहीं बल्कि शिक्षा की समस्याएँ भी जटिल होंगी। परन्तु यदि कुशल गृहिणी है तो वह इसे काफी सीमा तक व्यवस्थित कर सकती है। गृहिणी किस प्रकार अपनी सीमित आय से सर्वाधिक सन्तुलन की अवस्था प्राप्त कर सकती है, इस बात की जानकारी हमें अर्थशास्त्र देता है। एक गृहिणी किस तरह पारिवारिक बजट का निर्माण करे जिससे वह अपने परिवार की सभी जरूरतों तथा भावी खर्चों को सन्तुलित करते हुए जरूरी बचत भी कर सके, इसकी जानकारी भी अर्थशास्त्र के अध्ययन से मिलती है।

अर्थव्यवस्था की परिभाषाएँ

अर्थव्यवस्था को अर्थशास्त्रियों ने अलग-अलग तरीके से परिभाषित किया है। इनमें से कुछ परिभाषाओं का उल्लेख नीचे किया जा रहा है–

बंर्किघम के अनुसार–"उत्पादन के सभी साधनों पर पारस्परिक रूप से निर्भर नियंत्रणों के समूह को अर्थव्यवंस्था कहते हैं।"

हिक्स के मतानुसार–"किसी भी स्थिति में हम अर्थव्यवस्था की कल्पना उपभोक्ताओं की जरूरतों, सामूहिक आवश्यकताओं सहित संतुलन के लिए उत्पादकों के सहयोग के रूप में कर सकते हैं तथा करारोपण की बात छोड़कर हम इसकी कल्पना पारस्परिक विनिमय व्यवस्था के रूप में कर सकते हैं।" दूसरा नाम है क्योंकि उत्पादकों के सहयोग से ही उपभोक्ताओं की अपनी आवश्यकताओं की पूर्ति हो सकती है तथा वस्तुओं का निर्माण होता है। वस्तुओं का निर्माण तथा उपभोक्ताओं द्वारा अपनी आवश्यकताओं की पूर्ति सम्भव है। यहाँ उत्पादकों का आशय उन लोगों

से है जो किसी तरह से वस्तुओं के उत्पादन तथा उपभोक्ताओं तक पहुँचाने की क्रिया में सम्मिलित होते हैं।

लाउक्स एवं हिटन के मतानुसार–"अर्थव्यवस्था में किसी समाज या राष्ट्र के वे सभी प्रकार शामिल होते हैं, तथा जिन साधनों के उपयोग से मानवीय आवश्यकताओं की सन्तुष्टि पूर्ण होती है, जो मानवीय आवश्यकताओं की सन्तुष्टि के लिए इसके साधनों के उपयोग के सम्बन्ध में काम आते हैं, लेकिन ये तरीके मुख्य रूप से उस राष्ट्र के कानूनों के रूप में स्पष्ट होते हैं, लेकिन सहायक रूप में उस राष्ट्र के निवासियों की उन प्रथाओं, आदतों और रीति-नीतियों में पायी जाने वाली आवश्यकताओं की पूर्ति के लिए साधनों का उपयोग करते समय काम आते हैं।" अतः अर्थव्यवस्था में उन सभी तरीकों को शामिल कर सकते हैं जिनका उपयोग आवश्यकताओं की पूर्ति हेतु उत्पादन साधनों को प्रयुक्त करने में किया जाता है। देश के कानूनों, देशवासियों की प्रथाओं, आदतों, रीति-सम्बन्धी दृष्टिकोण आदि से उत्पादन साधनों के उपयोग पर लगातार प्रभाव पड़ता रहता है।

ब्राउन का कहना है–"अर्थव्यवस्था वह प्रणाली है जिसके द्वारा लोग अपना जीवनयापन करते हैं।" यहाँ जीवनयापन शब्द में पूरी अर्थव्यवस्था निहित है जिससे व्यक्ति उपभोक्ता, उत्पादक, विनियोजक, वितरक आदि विभिन्न पक्षों से गुजरते हुए अर्थव्यवस्था के इन पहलुओं को स्पष्ट करता है तथा अपना जीवनयापन करता है। ये विभिन्न पक्ष उन आर्थिक क्रियाओं के स्वरूप हैं जो अपनी नाना प्रकार की आर्थिक संस्थाओं के द्वारा सम्पूर्ण अर्थव्यवस्था का सृजन करती हैं।

उपरोक्त परिभाषाओं के आधार पर हम इस परिणाम पर पहुँचते हैं कि आर्थिक प्रणाली या अर्थव्यवस्था से हमारा अभिप्राय समाज की सम्पूर्ण उत्पादन और विनिमय प्रक्रिया से है। अर्थव्यवस्था वह वैज्ञानिक और संस्थात्मक ढाँचा है जिसमें आर्थिक क्रियाएँ संचालित होती हैं। आर्थिक क्रियाओं के तहत वस्तुओं तथा सेवाओं के उत्पादन, उपभोग, विनिमय, वितरण आदि से सम्बन्धित क्रियाएँ शामिल हैं। चूँकि हर देश में आर्थिक जीवन में राज्य का न्यूनाधिक हस्तक्षेप अवश्य पाया जाता है, इसलिए अर्थव्यवस्था का रूप राज्य के हस्तक्षेप की मात्रा तथा सीमा पर आश्रित होता है। सामाजिक परिस्थितियाँ एवं परम्पराएँ भी आर्थिक प्रणाली के स्वरूप को दर्शाती हैं। इस दृष्टि से अर्थव्यवस्था की एक सुन्दर परिभाषा इस प्रकार दी गई–"**अर्थव्यवस्था अथवा आर्थिक प्रणाली संस्थाओं का एक ढाँचा है, जिसके द्वारा उत्पादन के साधनों और उनके द्वारा उत्पादित वस्तुओं के उपयोग पर सामाजिक नियन्त्रण किया जाता है।**"

किसी भी क्षेत्र की अर्थव्यवस्था इस बात पर निर्भर करती है कि उस क्षेत्र में कितने औद्योगिक उपक्रम हैं और उनकी उत्पादन क्षमता कम है। क्षेत्र के आधार पर ही हम ग्रामीण अर्थव्यवस्था, जिला अर्थव्यवस्था, राष्ट्रीय अर्थव्यवस्था और विश्व अर्थव्यवस्था की बात करते हैं, लेकिन सामान्य रूप से राष्ट्रीय अर्थव्यवस्था के अर्थ में ही उपयोग किया जाता है। जनता अपनी आवश्यकताओं की पूर्ति करने के लिए जिस तरह से कार्य करेगी उसी प्रकार की अर्थव्यवस्था का निर्माण होगा।

अतः अर्थव्यवस्था का क्षेत्र बड़ा एवं छोटा दोनों तरह से हो सकता है। भारतीय अर्थव्यवस्था का अभिप्राय उन भारतीय लोगों की आर्थिक क्रियाओं से है जो एक सुनिश्चित भौगोलिक प्रदेश में रहते हैं, और किसी-न-किसी रूप में देश में सक्रिय भागीदारी का निर्वाह करते हैं।

अर्थव्यवस्था के तत्त्व

अर्थव्यवस्था को प्रभावित करने वाले कई प्रभावकारी घटक होते हैं। इन तत्त्वों के समुचित रूप से कार्य करने पर ही कोई अर्थव्यवस्था कार्यकुशल और सफल बन सकती है। इन तत्त्वों के तहत हम उपभोग, उत्पादन, विनिमय, वितरण, विनियोग इत्यादि प्रमुख आर्थिक क्रियाओं को ले सकते हैं। ये सभी तत्त्व जितनी दृढ़ता से काम करेंगे अर्थव्यवस्था उतनी ही अधिक स्वस्थ तथा विकसित होगी। ए.जे. ब्राउन ने इन्हें अर्थव्यवस्था का प्रमुख प्रक्रम माना है। इन प्रक्रमों एवं जीवन प्रक्रियाओं का सदैव चलते रहना जरूरी है। इनमें से यदि एक प्रक्रिया कार्य करना बन्द कर दे तो शेष प्रक्रियाएँ बहुत कुछ उसी अनुरूप रुक तथा धीमी पड़ सकती हैं। इस प्रकार सम्पूर्ण अर्थव्यवस्था की स्थिति खराब हो जाएगी। इन जीवन्त प्रक्रियाओं एवं प्रक्रमों को हम अर्थशास्त्र की क्रियाओं का प्रमुख अंग भी कहते हैं। अर्थव्यवस्था में उत्पादन, उपभोग एवं वितरण में काफी विषमता पाई जाती है। कुछ अर्थव्यवस्थाओं में ये प्रक्रम किसी केन्द्रीय सत्ता के जरिए नियन्त्रित तथा निर्देशित होते हैं तो अन्य अर्थव्यवस्थाओं में ये व्यक्तिगत साहस एवं प्रयत्नों के द्वारा गठित होते हैं।

अर्थव्यवस्था के आवश्यक अवयव निम्न हैं—

(1) आर्थिक क्रियाएँ—अर्थव्यवस्था वह संस्थापक स्वरूप है जिसके आधार पर आर्थिक प्रक्रियाओं का संचालन होता है। इनमें उत्पादन पद्धति बहुत महत्त्वपूर्ण होती हैं। अर्थव्यवस्था के सभी स्वरूपों को अपने-अपने उद्देश्यों की पूर्ति के लिए उत्पादन की व्यवस्था करनी पड़ती है, चाहे वह पूँजीवादी, समाजवादी या मिश्रित हो। पूँजीवादी, समाजवादी या मिश्रित सभी को अपने-अपने उद्देश्यों की पूर्ति के लिए

उत्पादन की व्यवस्था करनी पड़ती है। वस्तुओं एवं सेवाओं के निर्माण में मशीनों, भूमि, श्रम, पूँजी, तकनीक आदि के लगातार प्रयोग से उपभोक्ता वस्तुएँ तथा पूँजीगत माल तैयार करना पड़ता है। जिससे विनिमय की प्रक्रिया अर्थव्यवस्था का आधार बनती है।

उत्पादित वस्तुओं तथा सेवाओं को विनिमय के द्वारा अन्तिम उपभोक्ताओं तक पहुँचाना पड़ता है। दूकानें, बाजार, विक्रय केन्द्र, आदि संस्थाएँ विनिमय को सुविधाजनक बनाती हैं। वित्त, गृह, मुद्रा बाजार, बैंकिंग, बीमा कम्पनियाँ आदि भी इसे सम्भव बनाती हैं। तीसरी प्रक्रिया का उपभोग ही सम्पूर्ण उत्पादन प्रक्रिया का सार है। **प्रो. हिक्स** के अनुसार–"उपभोक्ता वस्तु प्रक्रियाओं का अन्तिम लक्ष्य है तथा उत्पादक वस्तुएँ इसके मार्ग पर विभिन्न अवस्थाएँ हैं।" उपभोग प्रक्रिया में वर्तमान एवं दीर्घकालीन दोनों तरह की आवश्यकताओं की सन्तुष्टिपूर्ण बातों पर विचार किया जाता है। परन्तु उपभोग में आने वाली वस्तुओं को उपभोग के लिए एकत्रित किया जाता है। उत्पादक वस्तुओं का संग्रह समाज या राष्ट्र की उत्पांदन क्षमता का सूचक होता है।

(2) विनियोग–वर्तमान एवं दीर्घकालीन उपभोग की व्यवस्था के विचार में विनियोग या निवेश आवश्यक है। उत्पादन शृंखला कहीं बीच में टूट न जाए– इसके लिए उत्पादक वस्तुओं का उपयोग हमेशा रहता है तथा यह कार्य विनियोग के अलावा असम्भव है। नई साज-सज्जा, पुरानी मशीन आदि की प्रतिस्थापना, अचल पूँजी की रक्षा आदि भी पूँजी के विनियोग की माँग करते हैं। विनियोग की उपेक्षा करने पर अर्थव्यवस्था का सम्भावित विकास रुक सकता है तथा राष्ट्र का विकास भी रुक जाता है।

(3) मुद्रा का योग–अर्थव्यवस्था के लिए मुद्रा का योग आवश्यक है, मुद्रा की सभी आर्थिक प्रक्रियाओं में उपभोक्ता मुद्रा या उसी के एवज में अन्य साधनों को अपनी जरूरतों को पूरा करने के लिए कमाता है जिसे वह उत्पादकों और विनियोगकर्ताओं को देता है तथा वे लोग उस आय को उत्पादन में लगे साधनों में विभाजित कर देते हैं। वस्तुतः विनिमय प्रक्रिया में ही मुद्रा का लेन-देन होता है।

अर्थव्यवस्था के प्रभावकारी तत्वों में पारस्परिक संबंध होता है। इन अन्तर्सम्बन्धों की पद्धति की अपेक्षा हम मानव शरीर से कर सकते हैं। जिस प्रकार हमारे शरीर के भिन्न-भिन्न अंग एक-दूसरे पर निर्भर हैं, उसी प्रकार अर्थव्यवस्था के विभिन्न अवयव भी एक-दूसरे पर निर्भर हैं। जिस प्रकार शरीर के विभिन्न अंग विभिन्न कार्य करने में कुशलता रखते हैं। इसके सभी कारणों का प्रभाव विकास के विभिन्न पक्षों पर असमान रूप से पड़ता है।

आर्थिक समस्याओं का स्वरूप

अर्थव्यवस्था का स्वरूप चाहे जो हो परन्तु उसके बनाए रखने में विसंगतियों का आना स्वाभाविक है। ये समस्याएँ मानवीय आवश्यकताओं की उनकी पूर्ति के साधनों की अल्पता एवं उनके वैकल्पिक प्रयोगों के कारण असीमिता एवं सामाजिक संतुलन के लिए उनके कम उपयोगिता से सम्बन्धित हैं। आर्थिक समस्याओं के उत्पन्न होने तथा किसी-न-किसी रूप से सदैव बने रहने के कुछ निश्चित कारण होते हैं। आर्थिक समस्याएँ मुख्यतः निम्नवत् तीन रूपों में होती हैं–

(1) साधनों की कमी–मानवीय जरूरतें तो असीमित हैं लेकिन इनकी संतुष्टि करने वाले साधन कम हैं, सीमित हैं। मानवीय आवश्यकताओं की पूर्ति के मुख्यतः दो तरह के साधन हैं–(क) मानवीय साधन जिसमें हम मानवीय श्रम को लेते हैं, तथा (ख) मानवेतर साधन जिसके अन्तर्गत मानव मेहनत को छोड़कर हम विभिन्न साधनों को लेते हैं, जैसे–भूमि, पूँजी, खनिज, प्रकृति प्रदत्त पदार्थ आदि। ये दोनों ही प्रकार के साधन हमारी असीमित आवश्यकताओं की अपेक्षा में बहुत सीमित हैं एवं इसी कारण से आर्थिक समस्याएँ बनी रहती हैं। अगर आवश्यक पूर्ति के साधन कम नहीं होते तो हमारे समक्ष आर्थिक समस्याएँ उत्पन्न नहीं होतीं। क्योंकि इससे सभी विकास कार्य क्रमिक रूप से गतिशील रहते हैं।

(2) चुनाव करना तथा निर्णय लेना–असीमित मानवीय जरूरतों के मुकाबले साधनों के सीमित होने से हमारे सामने चयन करने तथा निर्णय लेने की समस्या बनी रहती है। साधन सीमित होते हैं और साथ ही उनके अनेक वैकल्पिक प्रयोग भी हैं अतः हम सीमित साधनों के विभिन्न वैकल्पिक प्रयोग का इस तरह चुनाव करते और फैसला लेते हैं कि साधनों का पूरा कार्य करें उपयोग कर अधिक से अधिक आवश्यकताओं को पूरा करें। असीमित साधन स्रोत होने पर यह समस्या ही उत्पन्न नहीं होती कि किन वस्तुओं का उत्पादन कर तथा किनका नहीं और साधन स्रोतों को किस प्रकार वर्गीकृत करना है। तब हमारे समक्ष तकनीक चयन की समस्या उत्पन्न नहीं होती है। 'उत्पादन कैसे किया जाए' यह समस्या तब उत्पन्न होगी जब हम सीमित या कम साधन स्रोतों को असीमित आवश्यकताओं को पूरा करने में करेंगे।

(3) मानवीय जरूरतों की असीमितता–मानवीय आवश्यकताओं की असीमितता को पूरा करना हमारी शक्ति के बाहर है। जैसे एक जरूरत पूरी होती है तो दूसरी स्वतः ही तैयार हो जाती है। इसीलिए यह कहा जाता है कि मनुष्य तो

इच्छाओं का पुतला है। दूसरे शब्दों में मानवीय आवश्यकता अर्थव्यवस्था की चालक शक्ति एवं प्रेरणादायक शक्ति है।

इस तरह स्पष्ट होता है कि उत्पादन के साधन न्यून होने से अर्थव्यवस्था से सम्बन्धित अनेक समस्याएँ उत्पन्न होती हैं। यदि किसी वस्तु के उत्पादन के साधन कम हैं तो हमारे सामने यह प्रश्न उठता है कि कौन-सी वस्तु कितनी मात्रा में उत्पादित की जाए। हमारा यही प्रयास होता है कि अधिकता से उपलब्ध तत्त्वों का अधिक उपयोग हो और सीमित या अल्प तत्त्वों का कम तथा इस प्रकार उत्पादन लागत को अनुपाततः कम रखा जाए।

चयन की समस्या

उपभोक्ता की क्रयशक्ति अर्थव्यवस्था का एक प्रभावकारी घटक है। वह अपने व्यापक अर्थ में मनुष्य की जरूरतों की सन्तुष्टि के लिए आर्थिक वस्तुओं एवं व्यक्तिगत सेवाओं का उपयोग करता है। अनेक दृष्टिकोणों से उपभोग अर्थशास्त्र में विशेष स्थान रखता है। समस्त आर्थिक कार्य उपभोग से आरम्भ होकर उपभोग पर ही खत्म हो जाती है। उपभोग के प्रकार और परिमाण से राष्ट्रीय आर्थिक विकास को मापा जा सकता है। विनिमय से जुड़ी हुई क्रियाएँ उपभोग पर आधारित होती हैं। उपभोग को वितरण की प्रेरक शक्ति के रूप में प्रमुख माना जाता है। आमदनी एवं रोजगार के सिद्धान्तों के लिए भी उपभोग पूर्ण तथा प्रमुख होता है। कुछ उपभोक्ता पूँजी, श्रम तथा कच्चे माल आदि का अप्रत्यक्ष उपभोग करते हैं वे अप्रत्यक्ष उपभोक्ता कहलाते हैं। उपभोक्ता के पास सीमित साधन तथा नाना तरह की वस्तुएँ हैं, फलस्वरूप चयन की समस्या उत्पन्न होती है। इस प्रकार उपभोक्ता की चयन शक्ति, चयन की स्वतन्त्रता, उपभोक्ता की सम्प्रभुता और सम्प्रभुता की सीमाओं का अर्थशास्त्र में बहुत अधिक महत्त्व है। उपभोक्ताओं के चयन में निम्नलिखित बातों पर ध्यान देने की जरूरत होती है–

1. उपभोक्ता की सम्प्रभुता–उपभोक्ता को चयन करने की स्वतन्त्रता प्रदान की जाती है। **बेनहम** के अनुसार "पूँजीवादी व्यवस्था में उपभोक्ता सम्राट होता है।" उपभोक्ता के आदेश इच्छा, रुचि और पसन्द के आधार पर ही समस्त पूँजीवादी उत्पादन तत्त्व संचालित होता है। जब उत्पादक उत्पादन के विषय में फैसला लेता है तो वह उपभोक्ता की माँग एवं रुचि के अनुसार ऐसा करती है। उपभोक्ता की माँग उपयुक्त है या अनुपयुक्त इस सन्दर्भ उपभोक्ता का विचार ही केन्द्रीय है। यदि उत्पादक उपभोक्ता के चयन को अस्वीकार करता है तो उसे हानि उठाने के लिए

तैयार रहना चाहिए। उपभोक्ता की रुचि, इच्छा और भावना में बदलाव होते ही उत्पादक के आधार पर उत्पादन में बदलाव करना पड़ता है। उपभोक्ता की रुचि और माँग के संकेत मात्र से समस्त अर्थव्यवस्था संचालित होती है। अतः अर्थव्यवस्था की सुदृढ़ता उपभोक्ता पर निर्भर करती है।

उत्पादक अधिकांश वस्तुओं का उत्पादन भविष्य की माँग का अन्दाजा लगा कर करता है। लेकिन इससे उपभोक्ता की शक्ति में कोई बुनियादी बदलाव नहीं आया है। चूँकि उत्पादकों के भावी अन्दाज भी उपभोक्ता के चुनाव, पसन्द या रुचि पर ही निर्भर होते हैं। यदि ये अनुमान ठीक निकले तो उत्पादकों को ज्यादा लाभ होता है। वरना कम लाभ तथा हानि होती है। इसका परिणाम यह होता है कि कार्य योजना में परिवर्तन करना होता है जिससे वह उपभोक्ताओं की इच्छा के आधार पर उत्पादन कर सके अतः स्वतन्त्र पूँजीवादी अर्थव्यवस्था में जो कि प्रतियोगिता युक्त है उपभोक्ताओं की इच्छा क्रय शक्ति और खर्च का ढंग ही आर्थिक क्रियाकलापों का निर्देशन करती है। की खोफर को उपभोक्ता की अपेक्षा एक मतदाता से करते हुए लिखा है कि "व्यापक उपभोग व्यापक मतगणाना के समान है, जो नियन्त्रण का एक जनतान्त्रिक साधन है। उपभोक्ता के लिए जरूरी एकमात्र योग्यता उसकी क्रय शक्ति एक प्रकार की आवश्यक योग्यता का आधार है। आर्थिक चुनावों में एक उपभोक्ता उतने ही वोट डाल सकता है जितना धन उसके पास है। यदि आर्थिक मतदाता अपना धन अच्छी, उपयोगी एवं सुन्दर वस्तुओं के बजाय भोग की खराब और कृत्रिम वस्तुओं पर व्यय करता है तो फिर ऐसी ही वस्तुएँ उत्पन्न की जाएँगी।" उपभोक्ता का चुनाव ही चाहे उचित हो या अनुचित हमारी औद्योगिक प्रणाली के क्रियाकलापों का निर्धारण करेगा यह एक ऐसे इलेक्ट्रिक सर्किट में गलत विद्युत धारा के जैसा है जिसको चालू करने पर उत्पादन रूपी मिकेनिज्म पहिये सक्रिय हो जाते हैं।

2. उपभोक्ता की चुनाव शक्ति—व्यक्ति का मुख्य उद्देश्य होता है अपनी अधिक से अधिक जरूरतों को पूरा करना। व्यक्ति की जरूरतें असीम होती हैं एवं उत्पादन शक्ति की सीमाओं और सीमित आय के कारण वह इन सभी जरूरतों को पूरा नहीं कर पाता है। ऐसी स्थिति में चुनाव करना होता है। **प्रो. रोबिन्स** के अनुसार –"जब उद्देश्य की प्राप्ति के लिए समय और सामान दोनों सीमित होते हैं तो मानव व्यवहार निश्चय ही चुनाव का रूप धारण कर लेता है।" उपभोक्ता को हर समय चयन करना होता है। वह हर समय इस बात की जानकारी के लिए तत्पर रहता है कि अपने सीमित साधनों से किस तरह वह ज्यादा से ज्यादा सन्तुष्टि प्राप्त

कर सके। सिनेमा देखने की तुलना में पुस्तक खरीदी जाए एवं सर्कस देखने की तुलना में एक पेन खरीदा जाए, उसे इस बात का निर्णय लेना होता है।

3. चुनाव की स्वतन्त्रता—उपभोक्ता को उपभोग के कारण ज्यादा से ज्यादा सन्तुष्टि मिल सके इसके लिए उसे चयन करने की आजादी होनी चाहिए। चयन करने की स्वतन्त्रता का अर्थ है कि व्यक्ति अपनी आय को बिना किसी बाह्य हस्तक्षेप के काम में ला सके। इस प्रकार पूर्ण स्वतन्त्रता असली व्यवहार में असम्भव है। अर्थशास्त्रियों के मतानुसार यह सैद्धान्तिक मान्यता है कि वस्तु के प्रकार तथा नतीजा का चुनाव करने की उपभोक्ता को स्वतन्त्रता रहती है यह एक आर्थिक कल्पना है। प्रजातन्त्रात्मक अर्थव्यवस्था में भी अगर कोई व्यक्ति नींद की गोली खरीदना चाहता है तो उसके लिए डॉक्टर के पर्चे का होना बहुत जरूरी है। उपभोक्ता की आय भी उसकी चयन सम्बन्धी स्वतन्त्रता पर नियन्त्रण रखने के लिए एक अंकुश का कार्य करती है।

4. सम्प्रभुता की सीमाएँ—उपभोक्ता निर्णय लेते समय पूरी तरह से स्वतन्त्र नहीं होता। उस पर अनेक आन्तरिक और बाहरी परिस्थितियों का दबाव रहता है। सामाजिक रीति-रिवाज, रहन-सहन का तरीका, मित्रों के परामर्श आदि बातें उस पर दबाव डालती हैं। निर्णय लेते समय उपभोक्ता पूरी तरह सावधानी नहीं बरत सकता है। उपभोक्ता में अनुकरण की प्रवृत्ति पाई जाती है। वह सामाजिक रीति-रिवाजों से प्रभावित होकर चयन के सम्बन्ध में फैसला लेता है। अलग-अलग तत्त्वों के असर से व्यक्ति अपने रहन-सहन का एक तरीका अपनाता है जिसे हम जीवन स्तर की संज्ञा प्रदान कर सकते हैं। जीवन स्तर के अनुकूल ही व्यक्ति उपयोग की वस्तुओं का चुनाव करता है। उपभोक्ता की प्रभुसत्ता पूर्ण रूप से असीमित नहीं होती; उसकी चयन सम्बन्धी स्वतन्त्रता पर अनेक सीमाएँ लगी रहती हैं।

उपभोक्ता प्रवृत्ति में परिवर्तन के कारण

(1) **आय की मात्रा**—उपभोक्ता वस्तुओं का क्रय अपनी आवश्यकता के अनुसार करता है। यदि अधिकांश उपभोक्ताओं की आय अधिक है तो वे अपनी क्रय शक्ति के माध्यम से वस्तुओं का उत्पादन बहुत ही ज्यादा प्रभावित करेंगे और यदि आय कम है तो वे कम ही प्रभावित कर सकेंगे।

(2) **आदतें व सामाजिक प्रथाएँ**—उपभोक्ता अपने चयन सम्बन्धी काम अपनी आदतों एवं सामाजिक प्रथाओं के अनुरूप करता है जैसे कि एक जैन धर्मावलम्बी उपभोक्ता प्रायः शाकाहारी भोजन करता है वह चाह कर भी

सरेआम मांस, अण्डे आदि का प्रयोग नहीं कर सकता है। ऐसी स्थिति में वह स्वतंत्र रूप से चयन नहीं कर सकता।

(3) **तकनीकी ज्ञान तथा वस्तु की उपलब्धता**—तकनीकी ज्ञान के अभाव में हरेक वस्तु का निर्माण संभव नहीं है। यदि उत्पादक को ऐसा ज्ञान नहीं है तो उन वस्तुओं का उत्पादन नहीं किया जा सकता है, चाहे उपभोक्ता कितनी भी कोशिश करें। उदाहरण के लिए यदि एक उपभोक्ता चाँद पाने की इच्छा करे तो निश्चय ही उसकी यह इच्छा कभी भी पूरी नहीं की जा सकती है। इससे उपभोक्ता की निर्णयन शक्ति सीमित नहीं रह जाती।

(4) **वातावरण एवं दिखावापन**—उपभोक्ता समाज में प्रचलित दिखावटी तथा वातावरण से प्रभावित होकर ऐसी अनेक वस्तुओं का प्रयोग करने लगते हैं जिनकी इतनी जरूरत महसूस नहीं होती है। जैसे कि अधिकतर भारत के विषय में नैक टाई। यह प्रवृत्ति अधिकांशतः अमीर लोगों में पाई जाती है। एक धनवान उपभोक्ता दूसरे धनवान उपभोक्ता की नकल करता है। कहने का अर्थ यह है कि वह ऐसी वस्तुएँ खरीदता है जिससे वह धन का दिखावा कर सके। उत्पादक वर्ग इनकी इस कमजोरी का फायदा उठाकर दिखावे की वस्तुओं के मूल्य में वृद्धि कर देते हैं। इस प्रकार उपभोक्ता की निर्णय शक्ति घट जाती है।

(5) **शिक्षा की कमी**—बाजार में अनेकों ऐसे अवसर आते हैं जब एक जरूरत को पूरी करने वाली कई तरह की वस्तुएँ होती हैं लेकिन अशिक्षा के कारण उपभोक्ता इनका भली प्रकार से चुनाव नहीं कर पाता है। वह ज्यादातर वस्तु के मूल्य को ही वस्तु की श्रेष्ठता का मानक मान लेता है। इस प्रकार अज्ञानतावश ये आर्थिक क्रियाएँ विपरीत हो जाती हैं। जबकि इसके वस्तु का गुण मूल्य को निर्धारित कर वस्तु की कीमत गुण को आँकने का आधार बन जाती है या कीमत वस्तु की उपयोगिता का निर्धारण करने लग जाती है। इस प्रकार उपभोक्ता की निर्णय की शक्ति सीमित हो जाती है।

(6) **एकाधिकार का प्रभाव**—कभी-कभी ऐसा होता है कि कुछ वस्तुओं के उत्पादकगण आपस में मिलकर एकाधिकार की स्थिति उत्पन्न कर देते हैं फिर ये लोग वस्तु विशेष को जितनी मात्रा में और जितनी कीमत पर चाहते हैं बेचते हैं। इससे उपभोक्ता को स्वतन्त्र रूप से निर्णय करने का मौका नहीं मिलता है।

(7) **फैशन**—ज्यादातर व्यक्ति उन वस्तुओं का ज्यादा उपयोग करता है जिनका

कि समाज में फैशन है। उत्पादकगण वस्तुओं की डिजाइन, रूप, आकार आदि में लगातार बदलाव करके नये-नये फैशन की खोज करते रहते हैं जिससे उनकी वस्तुओं की माँग बढ़े जैसे कि वर्तमान में युवकों में चौड़ी मोहरी वाली पेंटों का प्रचलन है इसलिए आज हर युवक चौड़ी मोहरी वाले पेंट ही बनाने लग गया है। अगर उसके पास सकड़ी मोहरी की पेंट है फिर भी वह उसे नहीं पहनेगा। इस तरह फैशन के माध्यम से भी उपभोक्ता की निर्णय शक्ति सीमित हो जाती है।

(8) **मानक वस्तुओं का निर्माण**—वर्तमान समय मशीनों का युग है। आज अनेकानेक वस्तुओं का निर्माण मशीनों के द्वारा किया जाता है जिसके फलस्वरूप मानक वस्तुओं का ही निर्माण होता है। इनके निर्माण के समय उपभोक्ता की इच्छा एवं चुनाव का ध्यान नहीं रखा जाता है और उत्पादकगण साधारण इच्छा की वस्तुओं का मानक तय करके उनको अधिक मात्रा में बनाते हैं तथा बिक्री में वृद्धि के लिए कीमत को नीचे गिरा देते हैं। हालाँकि इससे उपभोक्ता को लाभ होता है परन्तु अर्थ जगत पर प्रतिकूल प्रभाव पड़ता है। जैसे कि छात्रावास में दिया जाने वाला खाना कैसा भी हो, किसी को अच्छा लगे या न लगे, हर छात्र को वह खाना ही खाना होता है। इस तरह मानक वस्तुओं के निर्माण से भी उपभोक्ता की चयन शक्ति सीमित हो जाती है।

(9) **विज्ञापन**—विज्ञापनों के कारण उत्पादों की बिक्री में बढ़ोत्तरी होती है। उत्पादकों द्वारा बिक्री बढ़ाने एवं उपभोक्ता की इच्छा को प्रभावित करने के लिए भिन्न-भिन्न तरीके अपनाए जाते हैं जैसे कि अखबार, सिनेमा, रेडियो आदि के द्वारा विज्ञापन करना, सुन्दर एवं आकर्षक पैकिंग करना, उधार देना, किश्तों में भुगतान की सुविधा प्रदान करना आदि साधनों के उत्पादक अपनी वस्तु की श्रेष्ठता की छाप उपभोक्ता के दिमाग में बैठाने का कोशिश करता है और ऐसे प्रयोगों से उपभोक्ता की निर्णय शक्ति का ह्रास होता है बहुत से ऐसे उत्पाद हैं जिनकी गुणवत्ता अच्छी है परन्तु विज्ञापन के अभाव में उनके उपभोक्ताओं की कमी है। इस प्रकार के विज्ञापन द्वारा भी उपभोक्ता की निर्णय शक्ति सीमित हो जाती है।

(10) **उपभोग पर सरकारी नियन्त्रण**—नियन्त्रित अर्थव्यवस्था में ही नहीं वरन् स्वतन्त्र अर्थव्यवस्था में भी सरकारें उपभोग पर भाँति-भाँति के अंकुश प्रोत्साहित हैं तो कुछ पर भारी कर लगा कर निरुत्साहित करती हैं। इस तरह सरकारी नियन्त्रण से भी उपभोक्ता की निर्णय शक्ति सीमित हो जाती है।

(11) राशनिंग—मूल्य का निर्धारण माँग व पूर्ति पर आधारित होता है। देश में किसी वस्तु की कमी होने पर या उनकी मूल्य बढ़ने पर और युद्ध काल में माँग एवं पूर्ति के बीच सन्तुलन करने के लिए अनिवार्य वस्तुओं जैसे चीनी, मिट्टी का तेल, कपड़ा आदि का राशनिंग कर दिया जाता है। राशनिंग में हर नागरिक राशन कार्ड के द्वारा ही निश्चित मात्रा में सरकार द्वारा निश्चित में वस्तुएँ पा लेता है। इस तरह उपभोक्ता राशनिंग में अपनी रुचि के अनुरूप ज्यादा वस्तु नहीं खरीद सकता है। इतना ही नहीं एक उपभोक्ता को राशन की वस्तुएँ खरीदने के लिए एक लम्बी पंक्ति में घण्टों अपने नम्बर आने तक खड़ा भी रहना पड़ता है। जबकि उपभोक्ता की समस्याओं का समाधान बिना किसी समस्या के किया जाना चाहिए।

4

पारिवारिक आय एवं व्यय

परिवार एक ऐसी सामाजिक इकाई है जिसमें व्यक्ति की आवश्यकताओं की पूर्ति का ध्यान रखा जाता है। परन्तु इसकी पूर्ति तभी संभव है जब पारिवारिक, आर्थिक तथा मानवीय संसाधन व्यवस्थित हों और सभी सदस्य अपने उत्तरदायित्वों का भलीभाँति निर्वाह करते हैं। वस्तुतः पारिवारिक आय एक निश्चित अवधि में अर्जित वह धनराशि है जो आर्थिक प्रयासों के परिणामस्वरूप प्राप्त होती है तथा जिसमें अन्य सुविधाएँ भी सम्मिलित रहती हैं।" परिवार में प्रत्येक सदस्यों की आय आर्थिक व्यवस्था को सुदृढ़ बनाती है। परिवार को प्राप्त होने वाली सुविधाएँ भी इस आमदनी में सम्मिलित की जाती हैं।

प्रो. ग्रास तथा कैण्डल ने पारिवारिक आय को परिभाषित करते हुए लिखा है कि, पारिवारिक आय, मुद्रा, वस्तुओं, सेवाओं और सन्तोष का प्रवाह है, जो परिवार के अधिकार में उसकी जरूरतों एवं इच्छाओं को पूरा करने तथा कर्त्तव्यों के निर्वाह के लिए आता है।"

अतः पारिवारिक आय में परिवार के मौद्रिक आय के अलावा चल और अचल सम्पत्ति से प्राप्त आय को शामिल किया जाता है। इसमें प्राप्त सेवा एवं सुविधाओं को भी सम्मिलित किया जाता है। परिवार का मुखिया मूल रूप से जो धन प्राप्त करता है उसे ही पारिवारिक आमदनी माना जाता है, लेकिन यदि इसके अतिरिक्त परिवार के किसी अन्य सदस्य को भी किसी साधन से धन की प्राप्ति होती है तो उसे भी पारिवारिक आमदनी में शामिल कर लिया जाता है। इस व्यवस्था में मकान का किराया, जमा धन पर ब्याज आदि को भी समावेशित किया जाता है। पारिवारिक आय में मौद्रिक आय के परिवार को प्राप्त होने वाली सुविधाएँ भी इस आय में ही मानी जाती हैं।

विशिष्टताएँ एवं प्रभावकारी तत्त्व

पारिवारिक आय की प्रमुख विशिष्टताएँ निम्नवत् हैं–

1. पारिवारिक आय किसी देश की राष्ट्रीय आय पर आधारित होती है। समृद्धि काल में प्रतिव्यक्ति आय ज्यादा हो जाती है, और मन्दी के समय प्रतिव्यक्ति आय कम हो जाती है।
2. राष्ट्रीय आय सभी देशवासियों में एक समान रूप से विभाजित नहीं होती है। परिणामस्वरूप समाज भिन्न-भिन्न आय वर्गों में बँट जाता है। जैसे निम्न वर्ग, मध्यम वर्ग एवं उच्च वर्ग समाज में बन जाते हैं।
3. पारिवारिक आय में कुछ व्यवसाय करने से ज्यादा आय प्राप्त होती है और कुछ व्यवसाय से बहुत कम आय प्राप्त होती है। एक ही ढ़ंग के व्यवसाय में भी व्यक्ति की कुशलता एवं व्यक्तिगत गुणों पर भी आमदनी की मात्रा निर्भर होती है।
4. जिस वर्ग तथा संमुदाय का व्यक्ति सदस्य होता है उसके अनुकूल उसकी आमदनी निर्धारित होती है। कृषक वर्ग की आमदनी व्यापारी वर्ग से कम होती है और शिक्षक वर्ग की आय डॉक्टर, इंजीनियर वर्ग से कम होती है।
5. परिवार के कमाऊ सदस्यों की संख्या पर ही पारिवारिक आमदनी आश्रित करती है। जितने ज्यादा सदस्य होंगे उतनी ही आय ज्यादा इकट्ठी होगी।
6. परिवार के मुखिया की शिक्षा और योग्यता पर भी आय आश्रित करती है क्योंकि शिक्षित व्यक्तियों की आय अशिक्षित व्यक्तियों से सामान्यतया अधिक होती है।
7. परिवार के छोटे एवं बड़े होने पर भी आय पर प्रभाव पड़ता है, चूँकि आमदनी निश्चित रहने पर यदि परिवार की सदस्य संख्या बढ़ जाती है तो प्रति सदस्य आय कम हो जाती है।

एक परिवार के लिए कितनी आय पर्याप्त होती है इसकी कोई सीमा निर्धारित नहीं की जा सकती है। परिवार की आय सम्बन्धी आवश्यकता कई बातों पर आश्रित करती है जैसे कि जीवन-यापन का स्तर, परिवार के सदस्यों की संख्या, क्रय की शक्ति, समाज तथा पारिवारिक जीवन चक्र आदि। ये सभी अवस्थाएँ अलग-अलग परिवारों में भिन्न-भिन्न पाई जाती हैं। इसीलिए परिवारों के लिए पारिवारिक आमदनी का निर्धारण करना बहुत ही कठिन कार्य है। पारिवारिक आय के प्रमुख प्रभावकारी तत्त्व निम्नवत् हैं–

1. घर की कुल आय—पारिवारिक आय परिवार के प्रधान और अन्य सदस्य जो कि धन इकट्ठा करते हैं—चाहे वह वेतन के रूप में हो या व्यवसाय के रूप में सम्मिलित की जाती है।

2. परिवार का स्वरूप—एकल परिवार की तुलना में संयुक्त परिवार की आय ज्यादा होती है, क्योंकि इसमें परिवार के अन्य सदस्यों की आय, परिवार की स्थायी सम्पत्ति से प्राप्त होने वाले लाभ, ब्याज, उपज आदि भी शामिल होते हैं।

आय के प्रकार

आय मुख्यतः तीन प्रकार की होती है—मौद्रिक आय, वास्तविक आय तथा मानसिक आय।

1. मौद्रिक आय—वह आय है जो किसी परिवार की मुद्रा के रूप में एक निश्चित अवधि में प्राप्त होती है। इस संदर्भ में **प्रो. ग्रास** और **कैण्डल** ने लिखा है कि, "मौद्रिक आय से अर्थ मुद्रा की उस क्रय शक्ति से है जो कि मुद्रा के रूप में किसी परिवार को एक निश्चित अवधि में मिलती है।" यह आय आर्थिक प्रयासों के माध्यम से प्राप्त होती है। जो कार्य धन अर्जित करने के लिए किए जाते हैं और जिन कार्यो को करने से हमको आय मिलती है, आर्थिक कार्य कहलाते हैं फिर इस आय के खर्चे से हमें संतुष्टि मिलती है। कुछ स्थितियों में परिवार को बिना आर्थिक कोशिश किए भी मौद्रिक आय प्राप्त हो जाती है जैसे कि पैतृक सम्पत्ति से किराया, लगान आदि। मौद्रिक आय के प्रमुख स्रोत हैं, व्यवसाय, व्यापार, उद्योग तथा नौकरी आदि।

मौद्रिक आय परिवारों को मजदूरी, वेतन, ब्यांज, लाभ, उपहार, पेंशन, बीमारी दुर्घटना से प्राप्त बीमा लाभ, पुस्तकों की रायल्टी आदि से प्राप्त होती है। आय प्राप्त होने पर जरूरतों को सन्तुष्ट करने के लिए उपभोग सामग्री प्राप्त करने में खर्च कर दी जाती है।

2. वास्तविक आय—वह आय जो वस्तुओं तथा सेवाओं के प्रवाह से एक परिवार को किसी विशेष समय में प्राप्त होती है, वास्तविक आय कहलाती है। **प्रो. ग्रास** एवं **कैण्डल** के मतानुसार, "वास्तविक आय वस्तुओं तथा सेवाओं के उस प्रवाह को कहते हैं जो एक परिवार को एक निश्चित अवधि में उपभोग के लिए प्राप्त होती है।" वास्तविक आय को निम्नवत् वर्गों में वर्गीकरण किया जा सकता है—

(अ) प्रत्यक्ष आय—वह आय जो कि एक परिवार को बिना मुद्रा व्यय किए वस्तुओं एवं सेवाओं के उपयोग से प्राप्त होती है, प्रत्यक्ष आय कहलाती है। जैसे कि

मुफ्त मकान, घर के बगीचे से प्राप्त सब्जी, फूल, फल आदि, पारिवारिक सदस्यों द्वारा प्रदान की गई सेवाएँ और सरकार द्वारा दी गई जनोपयोगी सेवाएँ आदि परिवार की वास्तविक आय में सम्मिलित की जाती हैं।

(ब) अप्रत्यक्ष आय—वह आय जो कि एक परिवार को मुद्रा से क्रय की गई वस्तुओं तथा सेवाओं से प्राप्त होती है, अप्रत्यक्ष आय कहलाती है। यथा व्यक्ति द्वारा अपनी आय से क्रय किये गए वस्त्र, नौकर आदि से प्राप्त सुविधा एवं सेवा अप्रत्यक्ष आय कहलाती है।

3. मानसिक आय—मानसिक आय को परिभाषित करते हुए **ग्रास** एवं **कैण्डल** ने लिखा है कि—"एक निश्चित समय में एक परिवार को मौद्रिक और असली आय के उपभोग से प्राप्त सन्तोष को मानसिक आय कहते हैं।" मानसिक आय का सम्बन्ध मूल रूप से आत्मा के तृप्ति से होता है। इसी कारण आधुनिक समय में समान वस्तुओं के उपभोग से प्राप्त होने वाला सन्तोष भिन्न-भिन्न व्यक्तियों के लिए भिन्न-भिन्न होता है, जैसे—राधा को पुस्तक पढ़ने में ज्यादा सन्तोष की अनुभूति होती है। लेकिन सीता को पुस्तक पढ़ने से कम सन्तोष की अनुभूति होती है, ऐसा संभव है कि उसे उसी समय नृत्य देखने में अधिक संतुष्टि प्राप्त होती हो।

वास्तविक आय के निर्धारक घटक

पर्याप्त आय इनका कुशलतम उपयोग क्रय शक्ति, अतिरिक्त सुविधाएँ, जनोपयोगी सेवाएँ वास्तविक आय के प्रमुख निर्धारक घटक हैं। इनका उल्लेख नीचे किया जा रहा है—

1. वस्तुओं और सेवाओं का समुचित उपयोग—घर के प्रयोग में आने वाली वस्तुओं का उपयोग और संरक्षण यदि उचित रूप में किया जाता है तो उनकी उपयोगिता और जीवन काल में बढ़ोत्तरी हो सकती है। कई प्रकार की अनाशवान और टिकाऊ वस्तुएँ, यथा—घर, सिलाई तथा कपड़े धोने की मशीन, मोटर कार आदि होती है। जिनकी समुचित व्यवस्था सही उपयोग एवं उनके उचित संरक्षण के जरिए परिवार इनका उपयोग अधिकतम समय तक कर सकता है।

2. मौद्रिक आमदनी की मात्रा—विभिन्न परिवारों की मौद्रिक आय समान होते हुए भी उनकी वास्तविक आय भिन्न होती है। उदाहरण के तौर पर रंजन और पुनीत एक ही दफ्तर में काम करते हैं। उन दोनों को 1000 रुपया मासिक मिलता है, लेकिन रंजन अपने घर के मकान में रहता है। जिसका पानी और घर के टैक्स

के रूप में उसे 900 रुपया वार्षिक देना पड़ता है, पर पुनीत को दफ्तर की ओर से एक छोटा-सा कमरा रहने के लिए मिला है, किराए के अलावा उसको बिजली, पानी का भुगतान भी नहीं करना पड़ता, तो पुनीत की वास्तविक आमदनी का योग रंजन से ज्यादा होगा। जहाँ तक मौद्रिक आमदनी का सवाल है, यह सच है कि अधिक मौद्रिक आय प्राप्त व्यक्ति की असली आय अधिक होगी, क्योंकि वह अपनी मुद्रा से अधिक वस्तुओं का क्रय कर सकता है।

3. कुशल गृह प्रबन्ध—गृह प्रबंधक की कुशलता आय का एक प्रमुख निर्धारक तत्त्व या घटक है। कुशल गृह-प्रबन्ध में स्त्रियों का ज्यादा योगदान होता है। यदि गृहिणी गृह के हर क्रिया-कलाप में सोच-समझकर निर्णय लेती है तो पारिवारिक उद्देश्य की प्राप्ति में सफलता प्राप्त हो सकती है। कुशल गृहिणी अपने अतिरिक्त समय में सिलाई, कढ़ाई, बुनाई का कार्य करती है। इसके अतिरिक्त घर के बाहर खाली जमीन में सब्जियाँ उगा कर भी वास्तविक आमदनी में वृद्धि कर सकती है। खाना स्वयं बनाना, घर की सफाई एवं कपड़े स्वयं धोने तथा स्वयं अन्य सेवाओं से परिवार की वास्तविक आमदनी में वृद्धि हो जाती है। कपड़े प्रेस करने व ऐसे भी दूसरे कार्यों को वह स्वतः कर लेती है।

4. मौद्रिक आय के अतिरिक्त जीवन की अन्य सुविधाओं की उपलब्धि—अधिकांशतः ऐसा देखा जाता है कि एक ऊँची मौद्रिक आमदनी वाले परिवार से किसी कम मौद्रिक आमदनी वाले मौद्रिक आय के साथ-साथ अन्य वस्तुएँ और सेवाएँ जो कि 'वास्तविक आय' को निर्धारित करती हैं। जैसे कि जिन व्यवसायों में मौद्रिक आमदनी के साथ साथ अतिरिक्त सुविधाएँ भी कर्मचारियों को दी जाती हैं, उनकी वास्तविक आय केवल मौद्रिक आमदनी प्राप्त करने वाले कर्मचारियों की अपेक्षा अधिक होगी। उदाहरण के तौर पर रेलवे कर्मचारियों को सस्ता अनाज, कम किराए का मकान एवं यात्रा के लिए निःशुल्क पास मिलते हैं। इसी प्रकार कहीं-कहीं प्राइवेट कम्पनियों की ओर से अपने कर्मचारियों को उनके बच्चों की मुफ्त शिक्षा व्यवस्था एवं डॉक्टरी चिकित्सा की सुविधा होती है। अतः उनकी भी वास्तविक आमदनी में बढ़ोत्तरी हो जाती है।

5. मुद्रा की क्रय शक्ति—हर परिवार की मुद्रा की क्रय शक्ति समान हो यह अनिवार्य नहीं है क्योंकि उनकी आय के स्रोतों में भिन्नता होती है। जिस स्थान तथा देश में मुद्रा की क्रय शक्ति ज्यादा होती है उस स्थान में उतनी ही मुद्रा द्वारा अधिक वस्तुएँ क्रय जा सकती हैं। परिवार के स्वीकृत लक्ष्यों, गृह-प्रबन्धक की योग्यता और सूझ-बूझ एवं परिवार के सभी सदस्यों के आपसी सहयोग पर वास्तविक आय निर्भर

होती है एवं परिवार का रहन-सहन मूल रूप में वास्तविक आमदनी पर ही निर्भर रहते हैं। इसलिए यह आवश्यक है कि मुद्रा के अतिरिक्त परिवार की शक्ति, समय, योग्यता तथा सभी समाज-प्रदत्त साधनों का सर्वाधिक कुशलतापूर्वक उपयोग किया जाए। परिवार के समस्त सदस्यों की क्रियाओं का समुचित समन्वय तथा संचालन करने से प्रत्येक सदस्य की वास्तविक आय को कुछ हद तक बढ़ाया जा सकता है। मुद्रा की समान मात्रा होने पर भी वस्तुओं एवं सेवाओं की प्रयोग इकाइयाँ कम खरीदी जा सकती हैं। सबसे पहले स्थान की तुलना में मुद्रा की क्रय शक्ति कम होती है। स्पष्ट है कि जहाँ मुद्रा की क्रय शक्ति बढ़ी हुई होती है, परिवार को मौद्रिक आय की समान मात्रा से समुचित सामग्री प्राप्त हो सकती है।

6. जनोपयोगी सेवाएँ—शासन द्वारा प्रदत्त जनोपयोगी सेवाओं का अधिक से अधिक फायदा उठाकर भी परिवार की वास्तविक आमदनी में वृद्धि की जा सकती है। शासन समाज की भलाई के लिए विद्यालय, महाविद्यालय, विश्वविद्यालय, खेल के मैदान, उद्यान, पुस्तकालय, अस्पताल आदि कई प्रकार की व्यवस्था करता है, एवं इसके बदले में कुछ धनराशि कर के रूप में जनता से लेता है। अतः सरकारी निकायों द्वारा उपलब्ध कराई गयी जनोपयोगी सेवाओं से निश्चित रूप से लाभ प्राप्त किया जा सकता है।

7. परिवार के सदस्यों द्वारा उपभोग की जाने वाली वस्तुओं का उत्पादन—आय और व्यय के नियोजन, नियन्त्रण एवं मूल्यांकन, वस्तुओं के उचित चुनाव तथा क्रय-सम्बन्धी कुशलता ये सभी वास्तविक आय में वृद्धि करते हैं। परिवार के सभी सदस्यों को इनकी जानकारी होना अनिवार्य है कि कौन-कौन सी वस्तु कब, कहाँ और किस समय क्रय की जाए।

8. खर्च का स्वभाव—परिवार की उपभोग प्रवृत्ति कम होने से वास्तविक आय कम होती है एवं इसके विपरीत परिवार की उपभोग प्रवृत्ति ज्यादा होने से उसकी वास्तविक आय भी बढ़ सकती है। वस्तुतः परिवार का जीवन-यापन वास्तविक आय पर ही आधारित होता है। अतः यह जरूरी है कि मौद्रिक आय के अलावा पारिवारिक साधनों यानी समय शक्ति, योग्यता एवं समाज प्रदत्त साधनों का ज्यादा से ज्यादा कुशलतापूर्वक उपयोग किया जाए, पर हर सदस्य की वास्तविक आय में कुछ सीमा तक वृद्धि की जा सकती है।

पारिवारिक आय के प्रमुख स्रोत

पारिवारिक आय के प्रमुख स्रोत निम्नवत् हैं—

1. बीमारी तथा दुर्घटना में प्राप्त राहत—कार्मिक या परिवार के सदस्य के बीमार या दुर्घटनाग्रस्त होने पर उसे सुविधाएँ पहुँचाई जाती हैं। इसके अतिरिक्त स्वयं के बीमार होने पर भी पूरा वेतन भी प्रदान किया जाता है। इसके अलावा कर्मचारी पर निर्भर सदस्यों के भी बीमार होने पर निःशुल्क चिकित्सीय लाभ प्रदान किए जाते हैं। अतः चिकित्सीय लाभ भी परिवार के अप्रत्यक्ष आय के साधन होते हैं।

2. उपहार—भारतीय समाज में विभिन्न प्रकार के त्योहार व अन्य कार्यक्रम मनाये जाते हैं। जन्म दिन, विवाह आदि खुशी के मौका पर व्यक्तियों को अपने मित्रों एवं रिश्तेदारों में वस्तुएँ और मुद्रा ही उपहार के रूप में प्राप्त होती हैं जो कि पारिवारिक आमदनी में बढ़ोत्तरी करती हैं, लेकिन यह आमदनी हमेशा नहीं होती है। आजकल कुछ व्यक्ति आयकर सम्पत्ति कर से बचने के लिए भी अपने बच्चों तथा रिश्तेदारों को उपहार देते रहते हैं क्योंकि 20,000 रु. तक के उपहार पर आय कर नहीं देना होता है।

3. रायल्टी—रॉयल्टी वह धनराशि है जो प्रकाशक के द्वारा लेखक को किसी पुस्तक के लिखने के लिए दी जाती है। रायल्टी की मात्रा प्रकाशक तथा लेखक या कवि के बीच हुए समझौते पर निर्भर होती है। इसी प्रकार खदानों के उपयोग के लिए खदान के स्वामी को उपभोगकर्ता के माध्यम से भी रायल्टी प्रदान की जाती है।

4. ब्याज—पूँजी के विनियोग के बदले में जो प्राप्त होता है उसे ब्याज कहते हैं। यह पूँजी का संचय करने पर ही सम्भव हो सकता है। पारिवारिक आमदनी उसे कहा जाता है जो पारिवारिक आय में से खर्च घटाने पर बचता है। यदि इस बचत को किसी बैंक, डाकघर या उद्योग में विनियोग कर दिया जाए तो उसके प्रतिफल में मूल धन के जो कुछ प्रतिदान के रूप में मिलता है उसे ब्याज कहते हैं। यदि किसी उद्योगपति को धन की आवश्यकता होती है और यदि यह आवश्यकता उधार लेकर पूरी करता है तो वह इस उधार की राशि पर ब्याज देता है, जो कि आय का एक प्रमुख अव्यवस्थित कारक है। ब्याज के रूप में मिलने वाली धनराशि वेतन एवं मजदूरी से कम भी हो सकती है या ज्यादा भी हो सकती है। यह इस बात पर निर्भर करता है कि कितनी धनराशि कितने अवधि के लिए किस ब्याज की दर पर उधार दी गई है। निर्धारित जमा राशि पर दी जाने वाली ब्याज उसकी अवधि पर निर्धारित होती है।

5. लगान तथा किराया—धनोत्पादन के लिए भूमि की सेवाएँ प्राप्त करने के परिणाम स्वरूप जो प्रतिफल प्राप्त होता है उसे लगान या किराया कहते हैं। इसी प्रकार यदि किसी के पास अपना मकान है जिसमें वह किसी कारणवश नहीं रहता

है तो यह मकान किसी दूसरे व्यक्ति को रहने हेतु दिया जाता है तो वह व्यक्ति रहने के बदले में जो राशि मकान मालिक को देता है। वह उस मकान का किराया कहलाता है। इस प्रकार लगान और किराया आमदनी के साधन होते हैं।

6. लाभ तथा लाभांश—लाभ वह राशि है जो उत्पादक या साहसी के जोखिम उठाने पर निर्भर करता है। जैसे कि यदि कोई पूँजीपति अपनी पूँजी को विनियोग करके कोई व्यापार आरम्भ करता है तो उसमें यह निश्चित नहीं होता है कि उसको व्यापार में लाभ होगा या हानि, लेकिन वह नुकसान का भी जोखिम उठाकर अपनी पूँजी व्यापार में लगा देता है। अतः उत्पादन के अन्य साधनों को बाँटने के बाद उसके पास जो धनराशि शेष बचती है, वह लाभ कहलाता है। साहसी में उत्पादन कुशलता जितनी अधिक होगी उसे प्राप्त लाभ भी उतना ही अधिक होगा।

यदि पूँजीपति के पास अपनी पूँजी विनियोग करने के लिए नहीं होती है तो वह अपनी कम्पनी के हिस्से अन्य लोगों को बेचता है एवं लाभ का कुछ हिस्सा उनके शेयरों के अनुकूल शेयर खरीदने वालों में वितरण करता है, यह वितरित राशि लाभांश कहलाती है।

7. मजदूरी— मजदूरों को उनके आर्थिक कोशिशों के कारण जो धनराशि मिलती है, उसे मजदूरी कहते हैं। मजदूरी की दर श्रम विशेषताओं तथा देश की आन्तरिक परिस्थितियों पर आश्रित होती है। भारत में श्रम की दर सामान्य से काफी कम है जिसके कारण भारतीय श्रमिकों का जीवन स्तर काफी नीचे होता जा रहा है।

आम तौर पर मजदूरी श्रमिक को मुद्रा तथा वस्तु एवं सेवा के रूप में मिलती है लेकिन अधिकतर स्थिति में मजदूरी मुद्रा के रूप में मिलती है। मजदूरी की प्राप्ति प्रतिदिन, प्रति सप्ताह, अर्द्ध मासिक, मासिक हो सकती है। मजदूरी कार्य तथा समय के अनुरूप प्रदान की जाती है। जब मजदूर को काम के अनुसार मजदूरी दी जाती है तो वह कार्यानुसार मजदूरी कहलाती है, इसी तरह जब उनके कार्य करने के समय के अनुसार मजदूरी दी जाती है तो वह समयानुसार मजदूरी कहलाती है। मजदूरी श्रमिक की कुशलता और अकुशलता पर निर्भर होती है। कुशल श्रमिक को अकुशल श्रमिक की अपेक्षा में अधिक मजदूरी दिया जाता है।

8. वेतन—जिन कार्यों को पूरा करने में मानसिक श्रम लगता है उसके प्रतिफल में मिलने वाली आय को साधारणतया वेतन कहा जाता है। वेतन मजदूरी से कम या ज्यादा भी हो सकता है, लेकिन इसको प्राप्त करने के लिए मानसिक निपुणता का परिचय देना पड़ता है। वेतन परिश्रम, योग्यता, कुशलता, शिक्षा, ज्ञान और पद के जिम्मेदारी के अनुसार कम तथा ज्यादा हो सकता है। वेतन में अर्थ

वार्षिक अथवा वार्षिक बढ़ोत्तरी भी होती है। वेतन सामान्यतया मासिक प्रदान किए जाते हैं। वेतन में अनेक भत्ते सम्मिलित होते हैं। भत्ते की राशि पूर्व से ही सुनिश्चित होती है।

9. पेंशन तथा ग्रेच्युटी—सेवानिवृत्ति के समय कर्मचारी को एक निर्धारित राशि उस संस्थान के माध्यम से प्रदान की जाती है जहाँ पर कि वह कार्य करता रहा है, इस निर्धारित राशि को ग्रेच्युटी कहते हैं, इसकी मात्रा सेवाकाल के समय पर आश्रित करती है। 33 वर्ष से ज्यादा सेवा करने वाले को सर्वाधिक ग्रेच्युटी मिलती है।

सेवानिवृत्ति के बाद कर्मचारियों को प्रतिमाह मिलने वाली वह राशि जो कि वह संस्थान देती है जहाँ पर कि उसने कार्य किया था, पेंशन कहलाती है। यह पेंशन बिना काम किए प्रदान की जाती है। पेंशन में मिलने वाली राशि की मात्रा का निर्धारण कर्मचारी को सेवानिवृत्ति से पहले मिलने वाली वेतन की मात्रा तथा कुछ सेवा समय के आधार पर निर्धारित किया जाता है। इस प्रकार वृद्धावस्था में पेंशन और ग्रेच्युटी आय का एक अच्छा साधन है।

10. बोनस—बहुत-सी व्यावसायिक संस्थाओं और अब सरकारें भी अपने यहाँ कार्यरत कर्मचारियों को वर्ष में एक बार वेतन के अलावा अपने लाभ में से कुछ अंश इनको देती है, जिसको बोनस कहते हैं। यह कर्मचारी की अतिरिक्त आमदनी कहलाता है। बोनस की मात्रा और प्रतिशत का निर्धारण कर्मचारी जिस संस्थान में कार्य करता है उसको प्राप्त होने वाले लाभ पर निर्भर करता है। अधिकांशतः कर्मचारी को उसके कुल वार्षिक वेतन का 8.33% बोनस के रूप में प्रदान किया जाता है। लाभ ज्यादा होने पर यह 20% तक भी हो जाता है। बोनस का सीधा सम्बन्ध उत्पादकता से होता है क्योंकि ज्यादा उत्पादकता ज्यादा बोनस को दिलाती है। आजकल भारत सरकार, राज्य सरकारें भी अपने कर्मचारियों को बोनस देती हैं। यह बोनस अनु उत्पादकता पर आधारित है। अतः यह प्रतिशत पर आधारित नं होकर दिनों पर आधारित है जैसे कि 15 दिन अथवा 30 दिन के वेतन के बराबर बोनस।

11. लाटरी—लाटरी भी वर्तमान युग में आमदनी का एक अच्छा स्रोत हो गया है। लेकिन लाटरी की आय में अनिश्चितता सबसे ज्यादा होती है क्योंकि टिकिट क्रय करने वालों में से लगभग 3% लोगों को ही इनाम प्राप्त होता है जबकि 97% लोगों को कुछ भी नहीं मिलता है। फिर भी व्यक्ति अपने भाग्य को आजमाने के लिए लाटरी का टिकिट खरीदते हैं। लाटरी की आय अकस्मात् वाली आय कहलाती है।

12. वंशानुगत सम्पत्ति–किसी व्यक्ति की मृत्यु के बाद जब उसके उत्तराधिकारियों को उसकी सम्पत्ति प्राप्त होती है तो यह भी उसकी आय में वृद्धि करती है। पैतृक सम्पत्ति की मात्रा अनिश्चित एवं अकस्मात् होती है।

पारिवारिक आय में वृद्धि के साधन

पारिवारिक आय को निम्नवत् साधनों के विकास व उनके कुशलतम उपयोग से बढ़ाया जा सकता है–

1. श्रम एवं समय बचत के साधनों का प्रयोग–श्रम एवं बचत के साधनों का प्रबंधन इसके लिए विशेष महत्वपूर्ण होता है। आम भारतीय परिवारों में गृहिणी को घर के इतने ज्यादा कार्य होते हैं कि इनको समय ही नहीं मिल पाता है चूँकि आज भी स्त्रियाँ ज्यादातर कार्य परम्परागत तरीकों से ही करती हैं। अगर भारतीय स्त्री रसोई एवं अन्य घरेलू कार्यों को खत्म करने के लिए नवीन आधुनिक वैज्ञानिक उपकरणों का प्रयोग प्रारम्भ कर दे तो गृहिणी का समय तो बचेगा ही साथ ही साथ थकावट भी कम होगी इसके अतिरिक्त इन उपकरणों से कार्य करने से कार्य करने में आलस्य के स्थान पर आनन्द की अनुभूति होगी। ऐसे उपकरणों में मुख्यतः कुकर, मिक्सी, वाशिंग मशीन आदि आते हैं जो गृहिणी के श्रम एवं समय की बचत करते हैं। इसके प्रयोग से जो समय बचता है उसे वह धन उपार्जन हेतु प्रयुक्त कर सकती है।

2. खाद्य का संग्रहण व संरक्षण–मौसम परिवर्तन के कारण खाद्य पदार्थों का संग्रहण व संरक्षण करना अनिवार्य होता है। अन्यथा उसके खराब होने की संभावना बढ़ जाती है। एक कुशल गृहिणी मौसम के अनुसार खाद्य पदार्थों को क्रय करके उनका संरक्षण एवं भण्डारण कर लेती है। यह भी व्यय को कम करने में सहायता कर सकती है। इस प्रकार गृहिणी अप्रत्यक्ष रूप से पारिवारिक आमदनी में वृद्धि कर सकती है। जैसे कि अप्रैल-मई माह में पूरे वर्ष का गेहूँ खरीद लिया जाय तो उस समय यह सस्ते दर में मिल सकता है इसी प्रकार मौसम की सब्जी एवं फलों को संरक्षित करके रखा जा सकता है। उदाहरण के तौर पर घर में टमाटर सौस, चटनी या अन्य फलों के जैम जेली, अचार बनाकर रखने में सस्ती भी पड़ती है एवं उत्तम गुणवत्ता की होती है क्योंकि बाजार में बनी वस्तुएँ महँगी एवं खराब होती हैं।

3. धन की बचत–किसी भी परिवार की व्यवस्था इस बात पर निर्भर करती है कि किसी राशि को किस मद में तथा किस सीमा तक खर्च किया गया है। व्यय करना भी एक कला है। कई बार यह महसूस होता है कि 4000 रु. मासिक आय

प्राप्त करने वाले से 3000 रु. मासिक आय प्राप्त करने वाले का जीवन स्तर उत्तम होता है। इसका मूल कारण गृहिणी का नियोजित रूप से और समझदारी से खर्च करना होता है पारिवारिक खर्च को करते समय हमेशा यह ध्यान रखना चाहिए कि सर्वप्रथम अनिवार्य जरूरतें, बाद में सुविधात्मक जरूरतें तथा अन्त में विलासात्मक जरूरतों को सन्तुष्ट किया जाय। ऐसी दशा में सीमित आय में भी जीवन स्तर उत्तम होता है।

4. धन का समुचित विनियोग—हर गृहिणी का यह उत्तरदायित्व होता है कि वह भविष्य की सुरक्षा के लिए अपनी पारिवारिक आमदनी में से कुछ अंश को बचाये और इस बचाए हुए धन का ऐसे कार्यों में निवेश करे जिससे मूलधन की सुरक्षा के साथ-साथ कुछ धनराशि ब्याज और लाभांश के रूप में मिलती रहे जिससे कि उसकी आमदनी में अतिरिक्त वृद्धि भी हो सके। इसके लिए बचत किए हुए धन को बैंक, डाकघर, लिमिटेड कम्पनियों आदि में रखना चाहिए। घर में रखे हुए धन से एक तो ब्याज नहीं मिलता दूसरे चोरी होने का डर सदैव बना रहता है। इस तरह उचित साधनों में से किसी एक या अनेक साधनों को प्रयुक्त करके पारिवारिक आमदनी में वृद्धि की जा सकती है। कहने का तात्पर्य यह है कि छुट्टी के क्षणों को इस तरह से व्यतीत करना चाहिए जिससे मनोरंजन के साथ-साथ धनोपार्जन भी किया जा सके।

5. समय का उपयुक्त विभाजन—पारिवारिक आमदनी में वृद्धि करने के लिए यह जरूरी है कि घर के प्रत्येक सदस्य को समय का उपयोग करना आता हो। सुविधाओं की उपलब्धता बनी रहने से समय की जो बचत होती है उससे अतिरिक्त कार्य करके आय के स्रोत को बढ़ाया जा सकता है। गृहिणी रसोई के काम को पूरा करने के लिए आधुनिक उपकरणों का उपयोग करके ज्यादा से ज्यादा समय बचा सकती है एवं इस बचे समय में नौकरी आदि करके पारिवारिक आमदनी में वृद्धि कर सकती है।

6. घरेलू उद्योग-धन्धे—घरेलू उद्योग-धन्धों से बहुत हद तक आमदनी को बढ़ाया जा सकता है। ये ऐसे उद्योग हैं जिससे खाली समय का तो सदुपयोग हो ही जाता है और पारिवारिक आय में बढ़ोत्तरी भी हो जाती है। अपने समय को बेकार की गप्पों में बर्बाद करना अनार्थिक होता है यदि इस बेकार समय का किसी धन्धे में लगाकर क्रय शक्ति में बढ़ोत्तरी करने का प्रयास किया जाय तो यह पारिवारिक बजट को सन्तुलित करने में बहुत ही सहायक सिद्ध हो सकता है। आज जापान की उन्नति का कारण यही है कि वे समय का उचित सदुपयोग करते हैं एवं घरेलू

उद्योग-धन्धों से अपनी पारिवारिक आमदनी को बढ़ाने के प्रयास में लगे हैं। इसी कारण से जापान का प्रत्येक परिवार एक छोटा-मोटा उद्योग है।

भारतीय परिवार भी घरेलू उद्योग-धन्धों द्वारा आसानी से अपनी आमदनी में वृद्धि कर सकते हैं जरूरत मात्र संकल्प करने की है। मान लीतिए यदि दूध देने वाले जानवरों का पालन करना एक अच्छा मददगार व्यापार है। इस उद्योग से पारिवारिक आमदनी में बढ़ोत्तरी की जा सकती है। पालतू जानवर गाय, भैंस तथा बकरी आदि से जो दूध मिलता है, वह घरेलू दूध की आवश्यकता को तथा दूध से निर्मित वस्तुएँ जैसे घी, मक्खन, खोया, पनीर तथा क्रीम आदि बनाकर भी बेचा जा सकता है। मुर्गी पालन भी एक अच्छा घरेलू व्यवसाय है जिसे घर की स्त्रियाँ और बच्चे भी सरलता से कर सकते हैं। मुर्गी पालन में मुर्गी और अण्डे बेचकर आय प्राप्त की जा सकती है। इसी तरह यदि घर पर कोई खाली जमीन है तो बागवानी करके फल तथा सब्जियों का धन्धा किया जा सकता है। रेशम के कीड़े पालने का व्यवसाय, चटाई बनाने का व्यवसाय, बीड़ी व्यवसाय, चरखे से सूत कातने का व्यवसाय तथा अचार, चटनी आदि बनाने के व्यवसायों को घरेलू उद्योग के रूप में अपनाकर पारिवारिक आमदनी में वृद्धि की जा सकती है।

अतः पारिवारिक आय का गृह प्रबन्ध में महत्वपूर्ण स्थान है। यह पारिवारिक व्यवस्था के केन्द्र में होता हैं। यह ऐसा साधन है जिस पर परिवार का रहन-सहन व विकास निर्भर करता है। यही कारण है जिससे वर्तमान समय में हर परिवार पारिवारिक आय में वृद्धि के लिए सतत् प्रयासरत रहता है और परिवार के कार्य व्यवस्थित रूप से होते रहते हैं।

पारिवारिक व्यय

एक निर्धारित अवधि में अर्जित आय पारिवारिक आमदनी का वह भाग है जो विभिन्न प्रकार की पारिवारिक जरूरतों को पूरा करने में व्यय किया जाता है। उपभोग, व्यय तथा बचत पारिवारिक व्यय के प्रमुख भाग हैं–

(1) उपभोग व्यय–उपभोग व्यय वह व्यय है जो परिवार के अनिवार्य साधन जुटाने के लिए प्रयोग में लाया जाता है। परिवार की आमदनी का अधिकतर भाग उपभोग की वस्तुओं को प्राप्त करने के लिए भी खर्च किया जाता है।

(2) बचत–बचत उसे कहते हैं जो पारिवारिक आय में से उपभोग व्यय घटाने के बाद जो शेष रकम बचती है एवं इस बचत को मनुष्य अपनी भविष्य की आवश्यकतों को पूरा करने के लिए सुरक्षित रखता है।

उपभोग व्यय को हम चार वर्गों में विभाजित करते हैं–

(1) निश्चित खर्च–परिवार को अपनी आवश्यकताओं की पूर्ति के लिए खर्च करने पड़ते हैं, ये खर्च हर परिवार के लिए आवश्यक होते हैं तथा इनके मद भी लगभग एक समान होते हैं, निर्धारित खर्च की श्रेणी में आते हैं। उदाहरण के तौर पर मकान किराया, भोजन, वस्त्र, नौकर, दान आदि निश्चित खर्च हैं। ये ऐसे खर्च हैं जो बहुत हद तक स्थिर होते हैं, इसमें गत्यात्मकता का अभाव पाया जाता है। आय के कम एवं ज्यादा होने पर भी व्यय की प्रतिशत मात्रा में अधिकता तथा कमी हो जाती है, लेकिन मदों पर सभी परिवारों को जरूर ही कुछ न कुछ रखना पड़ता है।

(2) अनिश्चित खर्च–यह वे व्यय होते हैं जिन्हें पूरा किए बिना परिवार का कार्य नहीं चलता है परन्तु परिवार अपनी सुविधा के अनुकूल इन खर्चों में कमी तथा बढ़ोत्तरी कर सकता है जैसे कि विशेष पर्व पर अच्छा भोजन, वस्त्र, विवाह, जन्म मृत्यु और सामाजिक व्यवहार पर किया जाने वाला व्यय आदि।

(3) आकस्मिक खर्च–ये वे खर्चे हैं जिनके बारे में परिवार के मुखिया को पता तो होता है। लेकिन ये खर्चे कब तथा कितनी मात्रा में करने होंगे यह पता नहीं होता है, जैसे परिवार के किसी सदस्य का अचानक बीमार हो जाना, परिवार में श्रम का आ जाना, अचानक किसी काम से शहर से बाहर जाना, आदि पर होने वाला व्यय इसमें आता है।

(4) अन्य खर्च–ये खर्च प्रत्येक परिवार की आर्थिक स्थिति पर आधारित रहता है। यदि इनके लिए जरूरी धन की व्यवस्था नहीं हो पाती है तो इन खर्चों को बन्द भी किया जा सकता है। इन व्यय के तहत मनोरंजनात्मक क्रियाओं, भोगपूर्ण जरूरतों पर होने वाले खर्चों आदि को लिया जाता है। हकीकत में समाज में अपनी प्रतिष्ठा में वृद्धि के लिए ही इन खर्चों को लिया जाता है।

पारिवारिक व्यय पर प्रभाव डालने वाले तत्व

पारिवारिक व्यय के संतुलन व असंतुलन के लिए निम्नलिखित तत्व प्रभावी होते हैं–

(1) रहने का स्थान–ग्रामीण परिवार की मदें निश्चित होती हैं। यही कारण है कि शहरी परिवार की तुलना में यहाँ पर व्यय कम होता है। जैसे कि सिनेमा, मनोरंजन के अन्य साधन, आधुनिकतम साधन सुविधाओं का उपयोग की प्रेरणा एवं इनका उपलब्ध होना बल्कि ग्रामीण क्षेत्रों मे इन सुविधाओं की कमी होती है।

(2) बच्चों का खर्च—पारिवारिक खर्च बच्चों की संख्या से ज्यादा प्रभावित होता है। चूँकि वर्तमान समय में बच्चों की शिक्षा, स्वास्थ्य आदि पर होने वाला खर्च बहुत महँगा हो गया है। परिवार में सदस्यों की संख्या की संख्या अधिक होने पर उन पर खर्च भी अधिक आता है।

(3) व्यवसाय का प्रकार—परिवार के खर्च से परिवार की आय अर्जित व्यक्तियों के व्यवसाय द्वारा अर्जित करने वाली आय के तरीकों का प्रभाव पड़ता है। उदाहरणस्वरूप एक वकील को अपनी आमदनी का कुछ भाग कानूनी पुस्तकों को खरीदने में व्यय करना होता है।

(4) गृहिणी की कुशलता तथा दक्षता—कुशल गृहिणी परिवार के बजट को काफी सीमा तक नियंत्रित रखती है क्योंकि गृहिणी यदि पढ़ी-लिखी, कुशल एवं प्रवीण है तो कब और कितना खर्च करना है इसका निर्धारण वह स्वयं करती है एवं आय और व्यय में उपयुक्त सामंजस्य बनाए रखती है।

उपरोक्त तत्वों के अतिरिक्त पारिवारिक आय में परिवार के मुख्य सदस्यों का वेतन तथा अन्य आमदनी भी शामिल होती है। परिवार के मुखिया का वेतन तथा अन्य सदस्यों द्वारा उपार्जित धन मिलाकर घर की कुल आय का निर्धारण करता है एवं इस आय के अनुसार ही व्यय किया जाता है। परिवार का आकार भी परिवार के माध्यम से किए जाने वाले खर्च को निर्धारित करता है। संयुक्त परिवार में आमदनी ज्यादा होती है और खर्च कम होता है, चूँकि संयुक्त परिवार में बहुत से अनावश्यक खर्चें और दुहरापन लिए हुए खर्चें बच जाते हैं, बल्कि इसके विपरीत एक ही परिवार के आय के साधन तो सीमित होते हैं लेकिन खर्चें तुलनात्मक रूप से ज्यादा होते हैं।

अतः पारिवारिक जीवन स्तर ऊँचा रखने के लिए आय-व्यय का संतुलन विशेष अनिवार्य होता है।

5

बचत तथा विनियोग निवेश

बचत ऐसा साधन हैं जो परिवार को आर्थिक सुरक्षा प्रदान करता है। सही मायने में बचत आदमी की आमदनी का वह भाग है जो आवश्यकताओं के उपभोग के लिए उत्पादक रूप में रखा जाता है। प्रायः देखा जाता है कि व्यक्ति किसी-न-किसी प्रकार से अपनी दैनिक जरूरतों की पूर्ति तो कर लेता है परन्तु आकस्मिक आने वाली समस्याओं को वह किसी भी तरह झेल पाने में स्वयं को असमर्थ पाता है। इसका प्रमुख कारण उसकी आय में बचत का न हो पाना है। बचत को परिभाषित करते हुए **निकिल एवं डॉसी** ने लिखा है कि–''किसी भी परिवार के लिए बचत तभी अर्थ रखती है जब उसका उद्देश्य अच्छी तरह योजनाबद्ध हो और सभी व्यक्तियों द्वारा समझा गया हो।'' **वर्मा एवं देशपाण्डे** का मानना है कि–''बचत मनुष्य की आमदनी का वह भाग है जो वर्तमान जरूरतों की पूर्ति में उपयोग नहीं किया जाता बल्कि भविष्य के उपभोग के लिए समझ-बूझकर अलग उत्पादक रूप में रखा जाता है तथा सम्पत्ति को पूँजी का स्वरूप दिया जाता है।'' जबकि **प्रो. केन्स** ने बचत को ''वर्तमान आय का वर्तमान उपभोग व्यय का आधिक्य कहा है।''

उनका यह भी कहना है कि "व्यक्ति के लिए बचत एक अच्छाई है लेकिन समाज के लिए एक बुराई है" उन्होंने व्यक्तिगत बचत का विरोध किया। उन्होंने कहा कि यदि कोई व्यक्ति बचत करने का प्रयास करता है तो वह ऐसा दूसरों की बचत में बढ़ोत्तरी नहीं होती। एक व्यक्ति की बचत दूसरों की बचत क्षमता में कमी कर देती है। उदाहरण हेतु, यदि एक व्यक्ति 178 रु. प्रतिमास बचाता है और अब 298 रु. प्रतिमास बचाने लगता है तो इसका अर्थ यह हुआ कि वह व्यक्ति अपने उपभोग पर पूर्वापेक्षा 199 रु. कम खर्च करता है अर्थात् उसकी प्रभावपूर्ण माँग 196 रु. की सीमा तक घट जाती है। अन्य शब्दों में वह व्यक्ति अब 199 रु. मूल्य को वस्तुओं और सेवाओं का खरीदना कम कर देता है। स्पष्ट है कि खर्च में इस कमी

का उन लोगों की आमदनी पर गलत असर पड़ेगा जिनसे वह वस्तुएँ एवं सेवाएँ खरीदता है। इसका तात्पर्य यह हुआ कि विक्रेताओं की आय भी उसी अनुपात में कम हो जाती है जिससे उनकी बचत क्षमता का भी ह्रास होता है। कम शब्दों में यह कहा जा सकता है कि एक बचतकर्ता की बढ़ी हुई बचत दूसरों की बचत को कम कर देती है एवं इस प्रकार सामूहिक बचत में कोई वृद्धि नहीं होती, वह यथास्थिर रहती है। दूसरे शब्दों में व्यक्तिगत बचतों में वृद्धि करने से कुल सामुदायिक बचत में वृद्धि नहीं हो सकती। अतः **केन्स** की मान्यता है कि व्यक्तियों को बचत करने की तुलना में धन खर्च करने का उद्देश्य रखना चाहिए। व्यय के माध्यम से हम दूसरों की आय में वृद्धि करते हैं और इस प्रकार समाज में सभी व्यक्तियों के लिए सम्पन्नता लाने में सहायक होते हैं। बचत की तुलना में खर्च करने से प्रभावपूर्ण माँग में वृद्धि होती है जिसके कारण उत्पादन, रोजगार एवं आय में समृद्धि आती है।

विनियोग

केन्स ने विनियोग को अलग अर्थों में परिभाषित किया। अनेक आधुनिक चालू स्टाक, शेयरों तथा बॉण्डों का क्रय विनियोग नहीं कहलाता। इस प्रकार की खरीद को वित्तीय विनियोग तो कहा जा सकता है, लेकिन वास्तविक विनियोग नहीं। केन्स के मतानुसार मूलभूत वास्तविक विनियोग से अभिप्राय नवस्थापित कम्पनियों के स्टाक, शेयरों, प्रतिभूतियों, बॉण्डों आदि के क्रय से है। दूसरे शब्दों में वास्तविक विनियोग का अर्थ वर्तमान में पूँजी परिसम्पत्ति की मात्रा में बढ़ोत्तरी करने से है। पर इसमें एक जरूरी शर्त यह है कि विनियोग की नवीन पूँजी परिसम्पत्ति की रचना में योग देना चाहिए जिससे रोजगार में वृद्धि हो सके। इस प्रकार यदि कोई व्यक्ति किसी नवीन फर्म की स्थापना में दो लाख रु. लगाता है एवं मजदूरों के लिए रोजगार और कच्चे माल की माँग उत्पन्न करता है तो केन्स के मतानुसार ऐसे विनियोग एवं निवेश को वास्तविक विनियोग कहा जाएगा। व्यापक अर्थों में हम विनियोग को पूँजी निर्माण की प्रक्रिया मान सकते हैं।

विनियोग का उद्देश्य केवल वास्तविक पूँजी परिसम्पत्ति की वृद्धि करना ही नहीं होता बल्कि वर्तमान माल के स्टाक में वृद्धि करना भी होता है। उदाहरणार्थ यदि किसी व्यापारी के पास औसतन दो लाख रु. के मूल्य का स्टाक है एवं वह अपने स्टाक को 4 लाख रु. तक बढ़ा देता है तो ऐसा कहा जाएगा कि उसने अपने विनियोग को दुगुना कर दिया है। इस प्रकार का विनियोग ही वास्तविक विनियोग

कहा जाएगा क्योंकि व्यापारी ने अपने विनियोग को दुगुना करके माल की नई माँग पैदा कर ली है। यह नवीन माँग श्रम तथा अन्य संसाधनों को अधिक रोजगार देकर पूरी की जाएगी। दूसरी ओर अगर व्यापारी अपना स्टाक घटा देता है तो इसे विनिवेश कहा जाएगा जिसके फलस्वरूप श्रम तथा अन्य संसाधनों की माँग कम हो जाएगी। **प्रो. केन्स** के अनुसार विनियोग का तात्पर्य सदैव वास्तविक विनियोग से ही है जिससे रोजगार में वृद्धि होती है।

विनियोग निजी भी होता है और सभी जगह भी। निजी विनियोग का अर्थ उन विनियोग से होता है जो एक अर्थव्यवस्था में निजी विनियोगकर्ताओं एवं निवेशकर्ताओं द्वारा किया जाता है। निजी विनियोग मुख्य रूप से दो तत्त्वों पर आश्रित होता है–पूँजी की सीमान्त उत्पादकता और ब्याज की प्रचलित दर। सार्वजनिक विनियोग वह विनियोग है जो राज्य एवं स्थानीय निकायों द्वारा किया जाता है। राज्य निर्मित सड़कें, पार्क, चिकित्सालय आदि सार्वजनिक विनियोग के प्रमुख उदाहरण हैं।

विनियोग की मात्रा बचत, ब्याज दर, पूँजी की सीमान्त कुशलता तथा राजकीय नीति पर आश्रित करती है। किसी भी अर्थव्यवस्था में बचत, विनियोग और आय परस्पर घनिष्ठ रूप में सम्बद्ध होते हैं।

बचत और संचय में अंतर

बचत और संचय एक दूसरे के विपरीत होते हैं, क्योंकि बचत हमेशा उत्पादक होती है तथा यह मनुष्य की आय का वह भाग होती है जो कि भविष्य में किए जाने वाले उपभोग के लिए उत्पादक रूप में सुरक्षित रखी जाती है। इसके विपरीत संचय अथवा संग्रह आय का वह भाग होता है जो कि भविष्य की जरूरतों को पूरा करने के लिए अनुत्पादक के रूप में रखा जाता है। जैसे कि यदि कोई व्यक्ति अपनी 500 रु. की बचत को बैंक में रखकर ब्याज प्राप्त करता है तो यह बचत उत्पादक कहलाती है क्योंकि उसने 500 रु. में ब्याज के रूप में कुछ धनराशि प्राप्त की है। अगर इन्हीं रुपयों को अलमारी या सन्दूक में रख देता है तो उसे इस पर कोई ब्याज प्राप्त नहीं होगा। अतः ऐसी बचत अनुत्पादक कहलाएगी और इसे बचत न कहकर संग्रह अथवा संचय कहा जाएगा।

व्यक्ति विनियोग की स्थिति में तभी आ पाता है जब उसकी बचत होती है। इसके विपरीत संचय से उद्योग व्यवसाय का विकास सम्भव नहीं है क्योंकि वह अलमारी में बन्द पड़ा रहता है।

बचत का महत्त्व

विभिन्न स्रोतों से होने वाली आय के साथ-साथ पर्याप्त बचत करना अनिवार्य होता है क्योंकि यह निम्नवत् दृष्टिकोणों से विशेष महत्त्वपूर्ण होता है–

(1) अनावश्यक खर्च में कमी–किसी भी वस्तु को उसकी गुणवत्ता के आधार पर खरीदना चाहिए। जिस कारण से वह अनेक तरह के अनावश्यक खर्चे जैसे कि बीड़ी, सिगरेट, शराब, जुआ आदि पर प्रतिबन्ध लगा देता है। उसे ये व्यय बेकार को महसूस होने लगते हैं। इस तरह बचत अनावश्यक व्ययों पर प्रतिबन्ध ही नहीं लगाती अपितु व्यक्ति को एक चरित्रवान बनाने में भी सहायता करती है। इस प्रकार बचत की प्रवृत्ति व्यक्ति को नैतिक कर्त्तव्य को निर्वाह करने के लायक बनाती है।

(2) उच्च जीवन स्तर–जब व्यक्ति बचत करने लग जाता है तो उसके पास कुछ वर्षों बाद ही बहुत ही बड़ी मात्रा में धनराशि इकट्ठी हो जाती है जिसके द्वारा वह अपने लिए मकान, व्यवसाय तथा अन्य सुविधात्मक तथा भोगपूर्ण वस्तुओं की खरीद में अपना जीवन स्तर ऊँचा उठा सकता है।

(3) राष्ट्र की प्रगति–कोई भी राष्ट्र तब तक विकसित नहीं हो सकता है जब तक कि उस देश में पूँजी निर्माण न होता हो। पूँजी का निर्माण होता है बचत से इसलिए बचत ही देश के विकास की कुँजी है।

(4) बचत से सम्पन्नता–बचत से परिवार के सदस्यों में मितव्ययिता की आदत पड़ती है। जिस देश के लोगों में बचत की आदत नहीं पायी जाती है वह देश कभी भी विकसित नहीं हो सकता है। कोई भी परिवार जिसका खर्च उसकी आमदनी से अधिक है तो वह सदैव कर्ज के भार से दबा रहेगा जिससे परिवार का मुखिया हमेशा मानसिक सन्ताप में रहेगा। व्यय करने की कोई सीमा नहीं होती है अतः हर व्यक्ति को अपनी आमदनी के अनुरूप खर्च को नियन्त्रित रखना चाहिए क्योंकि व्यक्ति का समृद्ध होना इस बात पर निर्भर करता है कि वह अपनी आमदनी में से जरूरत खर्च करने के उपरांत कितनी मात्रा में बचत करता है।

(5) साहूकार से मुक्ति–गरीब व्यक्तियों को धनी व्यक्तियों की अपेक्षा बचत ज्यादा करनी चाहिए क्योंकि बचत ही गरीब व्यक्तियों को बुरे समय में मददगार सिद्ध होती है। यदि गरीब व्यक्ति वर्तमान में कुछ नहीं बचाता है तो आवश्यकता पड़ने पर उसे साहूकार से ऋण लेना पड़ता है वैसे तो साहूकार सरलता से इन्हें ऋण देता ही नहीं है और अगर देता भी है तो बड़ी मुश्किल शर्तों तथा ऊँची ब्याज की दर पर कर्ज देता है। फलस्वरूप यह ऋण बहुत ही महँगा पड़ता है और इस ऋण का भुगतान करने के लिए उसे बहुत ही अधिक मात्रा से बचत करनी होती

है नहीं तो समय पर ऋण का भुगतान नहीं हो सकता है। यदि हर व्यक्ति अपनी सामर्थ्य के अनुरूप आमदनी का कुछ भाग बचत के रूप में रखने की आदत डाल ले तो वह साहूकारों के चंगुल से बच सकता है।

(6) दीर्घकालीन आवश्यकताओं की पूर्ति—बचत से दीर्घकालीन जरूरतों को पूरा करना भी सरल हो जाता है। बच्चों की शादी, उच्च शिक्षा, आकस्मिक बीमारी और दुर्घटना आदि के लिए काफी मात्रा में धन की जरूरत होती है। इसलिए यदि पहले से ही नियमित रूप से बचत की जाती रही है तो उपर्युक्त सभी आवश्यकताओं को इनके निर्धारित अवधि के अन्दर पूरा किया जा सकता है अन्यथा इनको पूरा करने के लिए बहुत कठिनाइयों का सामना करना पड़ सकता है। इसके अलावा नियमित रूप से बचंत करने से वृद्धावस्था में बहुत मदद मिलती है। क्योंकि इस अवस्था में मानव कमजोर हो चुका होता है और सेवानिवृत्त हो चुका होता है। वह अन्य कोई कार्य करने योग्य नहीं होता है। इस तरह बचत भविष्य की सुरक्षा की गारन्टी प्रदान करती है।

(7) आय में वृद्धि—बचत करने से व्यक्ति की आमदनी में भी वृद्धि हो जाती है क्योंकि बचत की गयी धनराशि को हर व्यक्ति कहीं न कहीं निवेश करेगा, निवेश के फलस्वरूप उसे नियमित रूप से लाभांश और ब्याज के रूप में जो धनराशि प्राप्त होगी वह उसकी आय को निश्चित रूप से ही बढ़ाएगी। इसके अतिरिक्त निवेशित बचत से पूँजी निर्माण होगा जो देश में औद्योगिक विकास को बढ़ावा देगा।

इससे यह निष्कर्ष निकलता है कि बचत व्यक्ति, परिवार और राष्ट्र सबके उन्नयन के लिए जरूरी है। बचत ही सबको एक साथ विकास के रास्ते पर अग्रसर करता है।

बचत के प्रभावकारी घटक

बचत को प्रभावित करने वाले प्रमुख घटक निम्नवत् हैं—

(1) बचत की इच्छा—व्यक्ति जिज्ञासु प्रवृत्ति का होता है। अगर मनुष्य इच्छाओं को अनुभव न करे तो वह किसी तरह की भी आर्थिक क्रियाओं को करने की इच्छा पैदा होती है तभी वह बचत के लिए प्रेरित होता है अन्यथा बचत करने की योग्यता होते हुए भी वह बचत नहीं करेगा औरं अनावश्यक उपभोग में ही अपनी सम्पूर्ण आमदनी को खत्म कर देगा। इसीलिए ज्यादातर यह देखा जाता है कि समर्थ व्यक्ति भी योग्य होते हुए बचत नहीं कर पाते हैं। बचत करने की इच्छा पारिवारिक स्नेह, दूरदर्शिता, समाज की प्रतिष्ठा, स्वभाव, एवं परोपकार आदि पर निर्भर करती है।

ज्यादातर व्यक्ति परिवार के मोह से वशीभूत होकर ही बचत करते हैं। वे अपने बच्चों, पत्नी तथा अन्य स्वजनों को सुखी देखना चाहते हैं और उन्हें सम्पन्न बनाने के लिए बचत करते हैं।

जो व्यक्ति दूरदर्शी होते हैं वे भविष्य में भी होने वाली आकस्मिक घटनाओं के लिए एवं परिवार के दीर्घकालीन उद्देश्यों को पूरा करने के लिए बचत को भी खर्च के समान ही महत्त्व देकर बचत करते हैं। ये लोग भविष्य में पैदा होने वाली कठिनाइयों का विचार करके उनके लिए धन का प्रबन्ध कर लेते हैं।

कुछ व्यक्ति अपनी सामाजिक प्रतिष्ठा बनाए रखने के लिए भी बचत करते हैं क्योंकि बचत के द्वारा ही वे अपनी सम्पन्नता को कायम रख सकते हैं।

कुछ लोग स्वभाव से ही कंजूस होते हैं। ऐसे लोग अपने पेट काट करके भी बचत करते हैं। कहने का तात्पर्य यह है कि वे अपनी आवश्यक जरूरतों का भी त्याग करके बचत करते हैं। इन व्यक्तियों में धन संग्रह की प्रबल प्रवृत्ति होती है। ऐसे व्यक्ति बिना किन्हीं उद्देश्यों के भी बचत करते रहते हैं। लेकिन ऐसी प्रवृत्ति ज्यादा लाभप्रद नहीं होती है।

कुछ व्यक्ति समाज के दीन-दुखियों, गरीबों और अनाथों की मदद के लिए भी बचत करते हैं। ऐसे व्यक्ति अपनी आमदनी का एक निश्चित प्रतिशत सामाजिक काम के लिए बचाते हैं।

(2) बचत करने की योग्यता एवं शक्ति—बचत करने की योग्यता सभी में नहीं होती। कुछ लोग अधिक आय उपार्जित करके भी बचत नहीं कर पाते जबकि कुछ लोग कम कमाकर भी बचत करते हैं। अर्थात् आय उपभोग व्यय, ऐसी अवस्था में ही व्यक्ति बचत करने के लिए सक्षम हो सकता है। यदि आमदनी एवं खर्च आपस में बराबर होंगे तो व्यक्ति बचत करने में सक्षम नहीं हो सकता है। इसलिए अन्य बातें समान रहने पर धनी व्यक्तियों के जरिए की जाने वाली बचतें गरीबों की अपेक्षा अधिक होती हैं एवं आय में वृद्धि के साथ-साथ बचत में भी बढ़ोत्तरी होती जाती है। इसके विपरीत गरीब व्यक्ति की आमदनी का अधिकतर भाग उसकी जरूरी आवश्यकताओं पर ही खर्च हो जाता है। व्यक्तियों की आय मूल रूप से राष्ट्र के प्राकृतिक साधनों, आर्थिक विकास, देश की अर्थव्यवस्था के स्वरूप, धन के बाँटने की व्यवस्था, कर प्रणाली आदि बातों पर आधारित होती है। यदि देश प्राकृतिक साधनों से सम्पन्न है, उत्पादन वृद्धि के लिए तकनीकी कुशलता की जानकारी तथा उनका अनुप्रयोग अनिवार्य है।

(3) बचत करने की सुविधाएँ—जिस देश की अर्थव्यवस्था में बचत करने

हेतु पर्याप्त सुविधाएँ होती हैं वहाँ व्यक्ति इनसे प्रोत्साहित होकर बचत करने लग जाता है। यदि ये सुविधाएँ उपलब्ध नहीं होती हैं तो ये बचत अपेक्षाकृत कम होती है। देश में बचत के लिए ये सुविधाएँ उपलब्ध कराई जा सकती हैं–(क) देश में शान्ति और सुरक्षा का वातावरण, (ख) प्रबल विनियोजन के साधन, (ग) कुशल और योग्य साहसी, (घ) सुदृढ़ मुद्रा प्रणाली, (ङ) प्राकृतिक स्थिति आदि।

बचत के लिए देश में अनुकूल वातावरण का होना बहुत आवश्यक है। यदि देश में लड़ाई-झगड़े, चोरी-डकैती आदि होती रहती है तो उस देश के व्यक्ति बचत करने के लिए प्रोत्साहित नहीं होते हैं।

बचत करने के साधन

प्रत्येक व्यक्ति अपनी आमदनी में से की गई बचत को उत्पादक काम में लगाकर उसे लाभ प्राप्त करना चाहता है, साथ ही वह यह भी चाहता है उसे जब भी रुपयों की जरूरत हो तो उसे अपनी धनराशि वापस मिल जाए। वर्तमान समय में बचत को विनियोजित करने के लिए कई तरह के साधन उपलब्ध हो गए हैं उनमें से निवेशक अपनी आवश्यकता के अनुसार किसी का भी चयन करके अपनी बचत का निवेश करके लाभ प्राप्त कर सकता है। सबसे उत्तम उपयोग में आने वाला साधन बैंक है जिसमें धन सुरक्षित रहता है और ब्याज भी प्राप्त होता है इसके अलावा जब जरूरी होता है तब अपनी धनराशि जल्द ही वापस प्राप्त किया जा सकता है। वर्तमान में संचयी सावधि बचत योजना, डाकघर आवर्ती जमा योजना, राष्ट्रीय बचत पत्र, यूनिट, बीमा, सहाकारी ऋण संस्थाएँ, बैंक, डाकघर बचत बैंक, उपहार कूपन, प्रीमियम इनामी बॉण्ड, लॉटरी चिट फण्ड, अंश अथवा हिस्से, एवं ऋण पत्र विनियोग के प्रमुख साधन हैं। इनका उल्लेख नीचे किया जा रहा है–

1. संचयी सावधि जमा योजना–इस योजना के तहत एक तय राशि प्रतिमाह डाकघर में जमा करवानी पड़ती है। कोई भी व्यक्ति 5 रु. या इसके गुणक में खाता खोल सकता है। यह खाता एक या एक से अधिक व्यक्ति संयुक्त रूप से खोल सकते हैं। ब्याज की दर जमा की गयी राशि की अवधि पर निर्भर करती है। समय की सीमा पूरी होने पर ब्याज सहित पूर्ण राशि जमाकर्ता को प्रदान कर दी जाती है।

2. डाकघर आवर्ती जमा योजना–इसके तहत डाकघर में प्रतिमाह 5 रु. के गुणक में प्रतिमाह पाँच वर्ष तक धनराशि जमा करानी होती है। इस पर तय दर से ब्याज दिया जाता है। इस खाते का देश के किसी भी डाकघर से परिवर्तन कराया

जा सकता है। राशि जमा कराते समय पाँच बार गलती हो जाने पर कोई कार्यवाही नहीं की जाती।

3. राष्ट्रीय बचत पत्र—राष्ट्रीय बचत पत्र डाकघर की प्रमुख बचत योजना है। राष्ट्रीय बचत पत्र अलग-अलग अवधि तथा भिन्न-भिन्न राशियों में डाकघर द्वारा प्रदान किए जाते हैं। कोई भी व्यक्ति अपनी इच्छा एवं सामर्थ्य के अनुरूप इन बचत पत्रों को क्रय कर सकता है। समय पूरा होने पर बचत पत्र पर दी गयी राशि ब्याज सहित वापस की जाती है। यदि अधिक समय के बचत पत्र खरीदे हैं तो ब्याज अधिक दिया जाता है। बचत पत्र की तय अवधि समाप्त होने पर बचत पत्र के मूल्य की राशि ब्याज सहित वापस कर दी जाती है। यदि किसी व्यक्ति को निर्धारित समय से पहले ही रुपयों की आवश्यकता है तो कम ब्याज पर वह अपना धन वापस ले सकता है। ये बचत पत्र खरीदने की तिथि के एक वर्ष बाद ही भुनाए जा सकते हैं उसके पहले नहीं।

4. यूनिट्स—यह योजना यूनिट ट्रस्ट ऑफ इण्डिया ने धन के विनियोग के लिए शुरू की है। यूनिट ट्रस्ट ऑफ इण्डिया अपनी भिन्न-भिन्न तरह की योजनाओं में 10 रु. मूल्य के युनिट्स जारी करती है। और इन पर लाभांश प्रतिवर्ष जमाकर्ता को देती है। यूनिट्स को बाजार में विक्रय भी किया जा सकता है। यूनिट्स को देश के प्रमुख बैंकों, डाकघरों एवं इनके एजेन्टों से खरीदा जा सकता है। व्यक्ति को न्यूनतम दस यूनिट खरीदने होते हैं अथवा न्यूनतम 100 रु. का विनियोग करना होता है। यूनिट खरीदते समय आवेदन पत्र को भरना होता है। इसकी समय सीमा कम होती है।

5. बीमा—विभिन्न बीमा कम्पनियाँ वित्तीय निवेश में सहायक हैं। जिन व्यक्तियों को बचत करने की आदत नहीं होती है तथा बचत करना नहीं चाहते हैं एवं जो अपव्यय करते हैं उनके लिए बीमा बचत करने का एक उत्तम साधन है। बीमा का महत्त्व इसलिए भी ज्यादा है क्योंकि बीमा कम्पनी तथा बीमा कराने वाले व्यक्ति के बीच एक समझौता होता है जिसके तहत बीमाधारक को जोखिम की स्थिति में सहायता उपलब्ध कराई जाती है। यदि कोई दुर्भाग्यपूर्ण घटना घटित होती है जिससे कि बीमाधारी मारा जाता है तो बीमा कम्पनी समझौते के अनुरूप निर्धारित राशि उसके उत्तराधिकारी को देती है। इस प्रकार बीमा करवा कर व्यक्ति अपने परिवार के सदस्यों के प्रति निश्चिंत हो जाता है। बीमा करवाने के बाद बीमित व्यक्ति को कुल बीमा राशि कुल समय के आधार पर निर्धारित (किश्त) प्रति माह, त्रैमासिक, अर्द्धवार्षिक तथा वार्षिक रूप में बीमा कम्पनी में जमा करानी होती है।

मृत्यु होने के बाद बीमाधारक को कुल बीमित राशि के अतिरिक्त बोनस भी दिया जाता है। बीमाधारी, बीमा कम्पनी से आवश्यकता पड़ने पर अपनी कुल जमाराशि का एक निश्चित प्रतिशत तक ऋण भी प्राप्त कर सकता है एवं यह ऋण वह अपनी इच्छानुसार किश्तों में लौटा सकता है लेकिन इस ऋण पर उसको निर्धारित दर पर ब्याज देना होता है। सम्पूर्ण जीवन का बीमा, सीमित भुगतान आजीवन बीमा तथा आवधिक जीवन बीमा, धन वापसी योजना आदि। आजकल जीवन जिस प्रकार से अनिश्चित हो गया है, उसको ध्यान में रखते हुए परिवार के मुखिया को अपनी सामर्थ्य के अनुकूल थोड़ी-बहुत राशि का जीवन बीमा आवश्य करना चाहिए। अब जीवन बीमा निगम ने पॉलिरियों पर दिए जाने वाले बोनस की दरें भी काफी ज्यादा कर दी हैं। बीमाराशि पर दिया जाने वाला बोनस कम या अधिक होता रहता है।

6. सहकारी ऋण समितियाँ—सहकारी समितियाँ कुछ व्यक्ति मिलकर बनाते हैं जो कि एक जगह काम कर रहे होते हैं तथा एक स्थान पर निवास करते हैं। ऐसी समितियाँ व्यक्तियों में बचत करने की प्रेरणा तथा आपस में मिलकर जरूरतों की पूर्ति के लिए संगठित की जाती हैं। इसकी सदस्यता हिस्से को बेच कर प्रदान की जाती है। हिस्से को बेचकर जो धन प्राप्त होता है। उस धन को जिसे जल्दी चाहिए उस सदस्य को ऋण के रूप में प्रदान किया जाता है जिस पर वह निर्धारित ब्याज भी देता है एवं सम्पूर्ण कर्ज की राशि किश्तों में वापस जमा करता है। इस प्रकार सहकारी संस्था अपने पास इकट्ठे राशि को ऋण देकर तथा किसी उद्योग-धन्धों में निवेश करके लाभ प्राप्त करती है या इस लाभ की राशि पूरी या आंशिक रूप से सदस्यों में बाँट दी जाती है।

7. बैंक—बैंक एक ऐसी आर्थिक संस्था है जो रुपयों के आदान-प्रदान का कार्य करती है। बचत को उत्पादक रूप से सुरक्षित रखने का यह सबसे प्राचीन साधन है, इसी कारण से अन्य साधनों की अपेक्षा इसका विशेष महत्व है। जनता में अन्य साधनों की तुलना में इसका ज्यादा प्रचलन है क्योंकि इसकी साख सबसे ज्यादा है। बैंक में जमा धन की एक खास विशेषता यह है कि इनकी तरलता अन्य साधनों की अपेक्षा ज्यादा होती है। बैंक की योजनाओं में कम पढ़ा-लिखा व्यक्ति भी बैंक में रुपया जमा करा सकता है और आवश्यकता के अनुसार निकाल भी सकता है। राष्ट्रीयकृत एवं अराष्ट्रीयकृत सभी प्रकार के भिन्न-भिन्न व्यापारिक बैंकों में ब्याज की दर समान होती है लेकिन अलग-अलग तरह की योजनाओं तथा खातों में ब्याज की दर पृथक्-पृथक् होती है।

बैंक में बचत की गई धनराशि को निम्नलिखित खातों में जमा किया जा सकता है—

(i) **सावधिक जमा खाता**—इस बचत खाते में जमा की गई राशि को एक निश्चित अवधि तक रखना होता है एवं निर्धारित समय के अनुकूल बैंक उस पर ब्याज देता है। अतः यदि रुपया लम्बी अवधि के लिए बैंक में जमा किया जाता है तो ब्याज की दर भी ऊँची होती है। कम अवधि पर जमा राशि पर ब्याज की दर भी कम होती है। जमा राशि पर बैंक द्वारा ग्राहकों को दिए जाने वाली ब्याज की दर सरकार द्वारा समय-समय पर परिवर्तित की जाती है। यदि जरूरत पड़ने पर इस खाते से जमा राशि निकाली जाती है तो इसके लिए बैंक को लिखित में सूचना देनी होती है। ऐसी स्थिति में बैंक जितनी अवधि हेतु बैंक के पास धनराशि रहती है उस पर वह तय ब्याज कम दर से ब्याज देती है। इस तरह फिर भी मूल धन के अलावा बैंक कुछ न कुछ ब्याज अवश्य ही देता है। इन खातेदारों को बैंक ऋण की सुविधा भी देती है या बैंक में जितने रुपये की कराई गई है उसका 75 प्रतिशत तक वह खातेदार को ऋण प्रदान कर सकता है एवं उस पर लिया जाने वाला ब्याज दिए जाने वाले ब्याज से ज्यादा होता है। जमा राशि पर दी जाने वाले की तुलना ब्याज की तुलना में कर्ज दी गयी राशि पर अधिक ब्याज लेती है।

(ii) **गृह बचत खाता**—गृह बचत खाता घर पर बच्चों में बचत की आदत डालने के लिए खोला जाता है। इसके तहत बैंक एक गोलक देता है जिसमें ताला लगा होता है एवं एक छेद होता है। इस गोलक में रोज दिन कुछ न कुछ रुपये या रेजगारी डाली जाती है। महीने के अन्त में बैंक कर्मचारी आकर गोलक में जमा राशि निकाल कर आपके खाते में जमा कर देता है। इस पर दिया जाने वाला ब्याज समय की अवधि पर निर्भर करता है। अधिक समय पर उच्च दर पर ब्याज प्राप्त होता है कम समय होने पर कम ब्याज प्राप्त होता है। समय से पहले जमा राशि निकालने पर पूर्व में बैंक को सूचना देनी होती है एवं ऐसी अवस्था में निर्धारित ब्याज की दर से ब्याज कम से कम दिया जाता है।

(iii) **संचयी सावधिक बचत खाता**—यह वह खाता है जिसके तहत कम बचत करने वालों को भी सावधिक जमा के अनुकूल लाभ प्राप्त होता है। ऐसे व्यक्ति जो बचत को नियमित रूप से कर पाते हैं इस खाते का प्रयोग करते हैं। इस खाते में प्रतिमाह बचत करके निर्धारित धन राशि इस खाते में जमा कराई जाती है इसमें दिया जाने वाला ब्याज बचत खाते से ज्यादा होता है

उदाहरण के तौर पर कोई व्यक्ति नियमित रूप से 10 रु. प्रतिमाह इस खाते में जमा कराता है तो उसे पाँच वर्ष बाद जमा किए गए 600 रु. के बदले में 720 रु. बैंक देता है।

(iv) **चालू खाता**—यह वह बैंक खाता है जिसमें रोजाना रुपया जमा किया जा सकता है और निकाला जा सकता है। इस खाते से रुपया केवल चेक के जरिए ही निकाला जा सकता है। चालू खाते में बैंक जमा राशि पर ब्याज नहीं देते हैं चूँकि इसमें जमा राशि को जमा करने वाला कभी भी निकाल सकता है इसलिए बैंक इस राशि का कहीं पर भी विनियोग नहीं करता है। चालू खाते में यदि जमाकर्ता की साख अच्छी है तो बैंक उसको कर्ज की सुविधा भी प्रदान कर सकता है, ऋण की मात्रा उसके रोजमर्रा के आदान-प्रदान की प्रवृत्ति एवं व्यापार के आकार पर निर्भर करता है। इस खाते का उपयोग साधारणतया व्यापारी वर्ग तथा उद्योगपतियों के द्वारा किया जाता है।

(v) **बचत खाता**—यह वह खाता है जिसमें जमाकर्ता रुपये तो चाहे जितने जमा करा सकता है परन्तु रुपये निकालने के लिए कुछ नियमों का पालन करना पड़ता है जैसे कि सप्ताह में सिर्फ तीन बार या वर्ष में 150 बार ही रुपये निकाले जा सकते हैं। इस खाते में वर्तमान में प्रतिदिन का ब्याज दिया जाता है। ब्याज का भुगतान छमाही या वार्षिक हो सकता है। इस खातेदार को एक पास बुक भी दी जाती है। इसमें जमा धनराशि का उल्लेख होता है। इसमें खाते से रुपया चैक से या फिर रुपया निकासी प्रपत्र पास बुक के साथ देने पर निकाला जा सकता है। यह खाता व्यक्तिगत खाता होने के कारण खासतौर पर व्यक्तियों के माध्यम से ही प्रयुक्त किया जाता है। गृहिणी के लिए बचत का यह सबसे उपयुक्त माध्यम है।

8. डाकघर बचत बैंक—ग्रामीण क्षेत्रों में भी बचत को प्रोत्साहित करने के लिए हर डाकघर बैंक का भी कार्य करता है। डाकघर बचत बैंक माध्यम से गरीब जनता अपनी छोटी-छोटी बचतों का भी सही ढंग से विनियोग करके उसका लाभ उठा सकती है। भारत में सभी बैंकों की शाखाएँ गाँवों में नहीं हैं ऐसे जगहों पर मात्र डाकघर ही इन्हें सही रूप से बैंक का कार्य प्रदान करता है। डाक घर के बचत बैंक में 200 रु. से खाता खोला जा सकता है तथा ग्रामीण जनता को सबसे ज्यादा फायदा है। डाकघर बचत बैंक में ब्याज दर 6% है जो कि राष्ट्रीयकृत बैंक से 1% अधिक है। इसके अलावा जिस बचत खाते में 200 रु. या अधिक जमा होते हैं उन्हें एक इनामी योजना का निःशुल्क टिकिट का लाभ भी प्रदान किया जाता है।

9. उपहार कूपन—उपहार देने के लिए बैंकों ने उपहार चैक योजना चालू कर रखी है जिसके तहत भिन्न-भिन्न राशि के उपहार चैक आकर्षक रंगों में प्रदान किए जाते हैं। जिनको शादी, जन्म-उत्सव आदि अवसरों पर उपहार के रूप में दिए जा सकते हैं।

10. प्रीमियम इनामी बॉण्ड—विभिन्न सरकारी वित्तीय विभाग बॉण्ड रिजर्व बैंक ऑफ इण्डिया के कार्यालयों, स्टेट बैंकों तथा डाकघरों के माध्यम से जनता के लिए समय-समय पर जारी करती रहती है। इन बॉण्डों पर अलग-अलग क्रमांक होते हैं जिन पर कि इनाम निकलता है। यदि बॉण्ड खरीदने वाला भाग्यशाली होता है तो उसको अकस्मात् ही बहुत सी राशि प्राप्त हो जाती है जो कि विनियोजित राशि से कई गुना ज्यादा होती है।

11. लाटरी चिट व्यवस्था—लाटरी व्यवस्था एक जगह कार्य करने वाले एवं एक ही जगह रहने वाले आपस में परिचित व्यक्तियों के द्वारा आपस में मिलकर संचालित की जाती है। इसमें समय का निर्धारण व्यक्तियों की सदस्यता पर निर्भर करता है। इसमें सभी सदस्य आपस में सलाह करके सभी लोग एक समान राशि प्रतिमाह इकट्ठा करते हैं फिर सब सदस्य मिलकर लाटरी निकालते हैं। जिस व्यक्ति के नाम लाटरी निकलती है उसे एकत्रित की गयी धनराशि दे दी जाती है इस पर किसी प्रकार का ब्याज का भुगतान नहीं करना पड़ता है। जिस सदस्य के नाम लाटरी निकलती है उसका नाम आगे के माह की लाटरी में से निकाल देते हैं। इस तरह भाग्यशाली व्यक्ति को इस योजना के तहत थोड़ी सी राशि जमा कराने पर ही काफी धनराशि एक साथ मिल जाती है जिसका वह किसी अच्छे कार्य में उपयोग करके लाभ उठा सकता है। इस योजना के तहत लाटरी निकलने के उपरांत भी उस सदस्य को प्रतिमाह अपना अंशदान नियमित रूप से देना पड़ता है जब तक कि एक बार सबका लाटरी में नम्बर नहीं आ जाता है।

12. हिस्सा या अंशदान एवं शेयर—बड़े उद्योगों की स्थापना के लिए बड़ी मात्रा में पूँजी की जरूरत होती है। अतः किसी बड़े उद्योग की स्थापना करना किसी एक व्यक्ति के लिए बहुत ही मुश्किल कार्य है। इस कारण से उद्योग एवं व्यवसाय आरम्भ करने के लिए मिश्रित पूँजी वाली कम्पनी की स्थापना की जाती है। कम्पनियों की पूँजी के छोटे-छोटे हिस्से कर दिए जाते हैं जिनको शेयर कहते हैं तथा इन शेयरों को जनता को बेच दिया जाता है। शेयर खरीदने वाला उस कम्पनी का हिस्सेदार कहलाता है। कम्पनी को प्राप्त होने वाला लाभ हिस्सेदारों में उनके हिस्से के अनूकूल लाभांश के रूप में बाँट दिया जाता है। ये शेयर पूँजी लगाने वाले की

इच्छानुसार अलग-अलग होते हैं। कुछ शेयर पर लाभ की दर है, लेकिन यदि कम्पनी को बहुत अधिक लाभ होता है तो हिस्सेदार को उस लाभ का ज्यादा हिस्सा नहीं दिया जाता है। क्योंकि उसका लाभ पहले ही निर्धारित कर दिया जाता है। हर शेयर हस्तान्तरण योग्य होता है जिससे रुपयों की आवश्यकता होने पर इनको दूसरों को सरलता से बेचा जा सकता है। कुछ अंशों पर लाभ निर्धारित न होकर कम्पनी को होने वाले लाभ पर निर्भर होता है। इसमें कम्पनी को हानि होने पर हिस्सेदार को भी हानि होती है। कोई भी व्यक्ति अपनी बचत को इन हिस्सों में विनियोजित कर सकता है। किसी भी कम्पनी के शेयर खरीदने से पहले कम्पनी का नाम उसकी बाजार में साख एवं ख्याति तथा उसे संस्थापकों आदि के बारे में पूर्ण जानकारी प्राप्त कर लेनी चाहिए अन्यथा शेयर खरीदने पर कभी-कभी हानि भी उठानी पड़ती है।

13. ऋण-पत्र—कम्पनियों के माध्यम से शेयर के अलावा ऋण पत्र भी जनता से पूँजी प्राप्त करने के लिए जारी किए जाते हैं। इन ऋण पत्रों द्वारा कम्पनी अपने विकास तथा उत्थान के लिए जनता से ऋण प्राप्त करती है तथा जिसके बदले में जमाकर्ता को एक निश्चित दर से ब्याज दिया जाता है जिसका निर्धारण सरकार करती है आजकल यह 14% वार्षिक है। ऋण पत्र शेयरों की अपेक्षा अधिक विश्वसनीय एवं सुरक्षित होते हैं, क्योंकि कम्पनी को हानि होने पर भी जमाकर्ता को निर्धारित ब्याज की राशि का भुगतान निश्चित रूप से करना होता है। अतः पारिवारिक बचत में विनियोग विशेष महत्वपूर्ण होता है।

6

घरेलू बजट

गृह प्रबंधन में बजट निर्माण तथा उसे व्यावहारिक रूप देना तभी संभव होता है जब गृहिणी में पर्याप्त कुशलता है। अतः घरेलू बजट का निर्धारण घरेलू प्रबंधन का प्रथम सोपान है। अधिकांश गृहिणियों के मन में यह शंका हमेशा समाई रहती है। कि बजट द्वारा उन पर अंकुश लग जाता है और पारिवारिक खर्चों को निबटाने में वे स्वतन्त्र नहीं रही। बजट के प्रति ऐसी भावना रखना सही नहीं है। सच्चे अर्थों में बजट को माध्यम के रूप में स्वीकार करना चाहिए और इसके प्रति गृहिणी के मन में विश्वास होना जरूरी है। बजट गृहिणी को सीमाबद्ध नहीं करता, वरन् गृहिणी बजट के द्वारा धन-प्रबन्धन को सीमाबद्ध करती है। बजट में समयानुसार बदलाव भी किये जा सकते हैं।

बजट में विभिन्न मदों में खर्च की जाने वाली राशि का प्रतिशत असफल हो जाता है। जिस प्रकार, सिलाई के कुछ नियम होते हैं लेकिन कपड़े की कटाई और सिलाई, पहनने वाले के शरीर के आकार पर निर्भर करती हैं, उसी प्रकार बजट-योजना भी परिवार का निजी मामला है। जिस बजट द्वारा परिवार की आवश्यकताओं की पूर्ति हो, उसके सदस्यों की सन्तुष्टि हो, उसे ही उक्त बजट मानना चाहिए। बजट की अपनी सीमाएँ होती हैं। बजट घरेलू-आय द्वारा प्रभावित होता है। बजट आय को परिवर्तित नहीं कर सकता है, इसलिए बजट को आय के अनुरूप सीमाबद्ध किया जाता है। इसमें परिवार के सदस्यों को स्वयं ही सोचना पड़ता है कि कौन-सी चीजें उनके लिए जरूरी हैं और किन चीजों को छोड़ा जा सकता है। बजट की एक प्रमुख विशेषता यह है कि यह किसी भी चीज को खरीदने के लिए व्यय निर्धारित करता है, लेकिन बाजार से खरीददारी करने में कोई सहायता नहीं करता। यह गृहपति या गृहिणी के अनुभवों और कार्य-कुशलता पर निर्भर करता है, कि बजट द्वारा निर्धारित राशि से सामग्रियों का क्रय करें। उदाहरण के तौर, सब्जियों के लिए अगर बजट में दस रुपये प्रतिदिन के हिसाब

से निर्धारित है तो गृहिणी को अपनी सूझ-बूझ से उस राशि के अन्दर ही विभिन्न सब्जियों का चुनाव करना चाहिए।

घरेलू बजट निर्माण का महत्व

घर में प्रतिदिन विभिन्न प्रकार के खर्च होते हैं। इन्हें रेखांकित करना जरूरी होता है। घरेलू खर्च के किस मद में कितनी राशि तय की गई है, उसके अनुसार खर्च हुआ या नहीं। खर्च होने पर कितनी बचत अथवा कितना घाटा हुआ इन बातों का मूल्यांकन बजट बनाकर घर चलाने के पश्चात् ही किया जा सकता है। इसके परिणामस्वरूप घरेलू खर्चों में जरूरी परिवर्तन लाना सम्भव होता है। यह भी निर्णय लिया जा सकता है कि खर्च के किस मद को घटाना है अथवा बढ़ाना है। घरेलू आवश्यकताओं का पारस्परिक मूल्यांकन करने का मौका भी बजट द्वारा सहज हो जाता है। अनिवार्य जरूरतों को भी बजट निर्माण से ही समझा जा सकता है।

पारिवारिक बजट वित्तीय प्रबंध के अनुमान का प्रमुख आधार है। आर्थिक स्थिति में सन्तुलन अन्य स्रोतों द्वारा लगाया जा सकता है। आर्थिक स्थिति में सन्तुलन अन्य स्रोतों द्वारा लगाया जा सकता है, विशेषकर वास्तविक आय के साधनों द्वारा। लेकिन कई बार विपरीत निष्कर्ष गलत निर्णयों के कारण निकलने लगते हैं।

पारिवारिक बजट आय वृद्धि के आधार पर परिवर्तित होता है, क्योंकि हर बदलता पल अपने साथ नई समस्याएँ लेकर आता है। इस तरह वित-प्रबन्ध का महत्त्व कभी भी घटता नहीं है। नये बजट को बनाने में पुराना बजट अत्यन्त सहायक होता है और नये बजट में पुराने बजट के अनुभवों के आधार पर जरूरी बदलाव करना सरल होता है।

धन उपयोग की विधि

यह किसी भी परिवार के लिए अत्यंत महत्वपूर्ण होता है कि धन के खर्च के लिए एक ऐसी विधि का निर्धारण किया जाए जिससे परिवार के सभी सदस्य संतुष्ट हो जाएँ। इस चयन के लिए विचार और निर्णय की आवश्यकता होती है।

(1) समान वेतन विधि—पारिवारिक इस विधि में खर्चे कुल वेतन में से किये जाते हैं और बची हुई वेतन को पति और पत्नी में बराबर-बराबर विभाजित कर दिया जाता है जिन्हें वह अपने स्वयं के उपभोग में लाते हैं। यह विधि ज्यादातर उन परिवारों

में उपयोग में लाई जाती है जहाँ पत्नी स्वतन्त्रता चाहती हैं और वेतन में से अपना स्वयं का अधिकार चाहती है।

(2) हस्तमुक्त विधि—इस विधि के तहत एक व्यक्ति साधारणतया पति और कभी-कभी पत्नी आय पर अपना पूरा नियन्त्रण रखते हैं और जैसे-जैसे आवश्यकता सामने आती जाती है, वैसे-वैसे उस पर खर्च किया जाता है। यह विधि उन परिवारों के लिए सही होती है जिन्हें आय का ठीक अंदाजा नहीं होता।

(3) पारिवारिक आर्थिक योजना—इस विधि के तहत पारिवारिक आय की योजना पर विचार किया जाता है। स्वाभाविक रूप से इस प्रणाली का निर्देशन पति और पत्नी की आपसी योजना परिवार के द्वारा उपयोग में लाए गए जीवन के तरीके का एक भाग होता है और यह पति और पत्नी आपसी समझ पर आधारित होता है। थोड़े में, इस विधि में निर्णय द्वारा सबसे पहली माँग को पूरा करने के लिए जरूरतों और साधनों का विश्लेषण किया जाता है और फिर इस विश्लेषण के अनुरूप धन के उपयोग की योजना बनाई जाती है।

(4) बराबर-बराबर विधि—बराबर-बराबर विधि के अंतर्गत कुल आय और व्यय को दो समान भागों में बाँट दिया जाता है। आधी आय को पति द्वारा व्यय किया जाता है और आधी आय को पत्नी द्वारा व्यय किया जाता है। इस तरह की प्रणाली निश्चित आय तथा निर्धारित खर्चे वाले परिवारों में ही उपयोग में लाई जाती है। यह विधि उन परिवारों द्वारा उपयोग में लाई जाती है जहाँ पत्नी बराबर की स्वतन्त्रता चाहती है या पत्नी स्वयं कमाती है। अतः व्यवस्थित पारिवारिक जीवन के लिए यह अनिवार्य है कि किसी भी दशा में धन का उचित खर्च है। इसके लिए समूह के नेता द्वारा परिवार के सदस्यों को इस दिशा में प्रोत्साहित करना चाहिए। यह परिवार के आपसी सम्बन्धों पर विशेषकर पति और पत्नी के और माता-पिता और बच्चों के संबंधों पर अर्थ करता है कि योजना सफल होगी या कुण्ठा के कारण सफल होगी। यदि पति और पत्नी में कार्य के संबंध में विश्वास होगा और वे अपने पढ़ने वाले बच्चों की जरूरत का आदर करेंगे तो निश्चित ही वह धन की योजना बनाने में सफल होंगे।

(5) अनुमोदित योजना—पारिवारिक बजट निर्धारण के अनुमोदन विधि के अंतर्गत धन का कुछ भाग पारिवारिक खर्चे के सभी भागों के लिए निर्धारित कर दिया जाता है। साधारणतया पति अपनी पत्नी को एक निर्धारित मात्रा में धन दे देता है और वह अपने परिवार के खर्चे को निर्धारित करती है। बची हुई आय से पति अपनी उत्तरदायित्त्व द्वारा घर के अन्य विनियोग, भुगतान, कर बीमा, आदि चुकाता है। अनियमित आय वाले परिवारों में यह विधि उपयोगी होती है।

धन व्यवस्थापन की प्रक्रिया

धन प्रबंधन के संबंध में **निकेल** और **डॉर्सी** ने कहा कि "धन के व्यवस्थापन को सभी प्रकार की आय के उपयोग की योजना, नियन्त्रण और मूल्यांकन के रूप में पारिभाषित कर सकते हैं। इसका सामान्य उद्देश्य प्राप्त साधन से अधिकतम संतुष्टि प्राप्त होती है।"

अतः बजट बनाना पूर्ण धन व्यवस्थापन की योजना है।

बजट की प्रमुख परिभाषाएँ

बजट भविष्य में होने वाले व्यय की पूर्व योजना है। इस प्रकार इसे धन के उपयोग में योजना के चरण के लिए सम्मिलित किया जाता है। इसकी सफलता इसके वास्तविक होने पर, लोचमय होने पर, जिस समूह के लिए बनाया जा रहा है, उसकी आवश्यकता के आधार पर और नियन्त्रण व मूल्यांकन करने के गुण पर आधारित होते है।

(1) क्रेग एवं रश (Craig & Rush) का विचार—"बजट भूत के व्यय, भविष्य के अनुमानित व्यय और आधुनिक समय के मदों पर निश्चित व्यय का लेखा-जोखा है।"

(2) तोमर, गोयल व दर्शन का मत—"बजट सुनियोजित भविष्य की परिकल्पना है जो कि आय-व्यय का निश्चित अवधि के लिए लेखा-जोखा प्रस्तुत करता है तथा 'बजट' प्रत्येक संगठन की अर्थ-व्यस्थापनात्मक योजना है जिसकी सीमा आदर्श और समय है।"

(3) बेबर के शब्दों में—"पारिवारिक आय को व्यवस्थित रूप से ऐसी बातों के लिए व्यय करने का उपाय है जिससे कि ज्यादातर सदस्यों के सुख व कल्याण में वृद्धि हो सके। पारिवारिक बजट असावधानीपूर्वक अव्यवस्थित रूप से खर्चे करने के तरीके के स्थान पर योजनाबद्ध, विवेकपूर्ण व्यय को प्रतिस्थापित करने का तरीका है।"

(4) महिन्द्रा के. मान का विचार—"पारिवारिक बजट भूतकाल के खर्चों का एक विवरण है जिसमें भविष्य के खर्चों और विवरण का ब्यौरा रहता है जो अलग-अलग समयों में अलग-अलग कार्यों पर खर्च किया जाता है।"

बजट के प्रमुख सिद्धान्त (Principal of Buget)—**राजमल पी. देवदास** (Rajmal P.Devdas) के अनुसार बजट का आयोजन निम्न बिन्दुओं पर आधारित रहता है —

1. परिवार की वर्तमान आवश्यकताएँ,
2. परिवार की भविष्य की आवश्यकताएँ,
3. परिवारिक आय,
4. परिवार के निर्धारित लक्ष्य।

बजट के बारे में **एंजीला क्रीज** (Angela Creese) अग्रलिखित प्रस्तुत करते हैं।

1. कम खर्चे हों, इस बात पर सावधानीपूर्वक निगाह रखना ।
2. अपने धन को उपयोगी बनाने की कोशिश करना।
3. जितनी आय प्राप्त होती है, उससे ज्यादा खर्च नहीं करना चाहिए।
4. नियमित रूप से एक निश्चित मात्रा में धन बचाना।
5. सबसे अधिक जरूरी वस्तुओं पर सबसे पहले खर्च करना।

बजट से लाभ

घरेलू बजट निर्माण के प्रमुख लाभ निम्नलिखित हैं–

(1) अनावश्यक खर्च में कमी–बजट द्वारा यह देखा जा सकता है कि किस मद पर अनावश्यक खर्च हो रहा है। जब हमें अपने जरूरी व्यय का पता चल जाता है तो हम उसे रोक सकते हैं।

(2) धन व्यवस्थापन की शिक्षा–ज्यादातर व्यक्तियों को धन की व्यवस्था का बहुत कम अनुभव या प्रशिक्षण होता है। परिस्थिति में बदलाव होने पर स्थितियों में समायोजन की जरूरत होती है। यह अनुभव बजट द्वारा प्राप्त किया जा सकता है।

(3) आवश्यकता का निर्धारण जीवन–पैसे का संचय एक स्वस्थ प्रवृत्ति है। बजट हमें सोचने पर विवश करता है कि पैसे का सही उपयोग कैसे किया जाए। बजट इसी सोच को दिशा देता है। हमें अपनी वास्तविक आय का पता बजट के अनुसार चलता है जिससे हम सपने देखना बन्द कर देते हैं और यह निश्चित करते हैं कि हम वास्तव में क्या प्राप्त कर सकते हैं।

(4) लक्ष्य प्राप्ति में सहायक–मात्र आयोजन करने से और भविष्य की तरफ देखने से ही हम अपनी मूलभूत और अपने जीवन को सुखमय और अपना स्तर उन्नत कर सकते हैं।

(5) बचत–विकास के लिए सबसे पहले यह जरूरी है कि कम-से-कम सीमा से बहुत आगे न बढ़ा जाये। बजट द्वारा समय-समय पर निरीक्षण करके देखा जा सकता है कि हम अपनी आय की सीमा में ही रहें।

(6) पूर्वावलोकन—यदि हम अपना पिछला हिसाब देखना चाहते हैं तो बजट इस तरह का सन्दर्भ प्रदान करता है। इसके लिए यह जरूरी है कि सही रिकार्ड रखा जाये चूँकि यह अगली योजना के लिए आधार का भी कार्य करता है।

इसके अतिरिक्त बजट के कुछ अन्य लाभ भी हैं जो निम्नलिखित प्रकार से हैं—

(1) बजट द्वारा परिवार के संगठन की जानकारी प्राप्त हो सकती है, जैसे परिवार में सदस्यों की संख्या, लिंग, आयु आदि।

(2) आय का सही निर्धारण बजट द्वारा किया जा सकता है।

(3) बजट की आदत तथा साधनों का उत्तम उपयोग करने की आदत का विकास होता है। बजट के अनुसार व्यय करने से परिवार पर ऋण का भार नहीं होता।

बजट का महत्व (Importance of Budget)—बजट का काफी महत्व होता है इसका महत्व इस तरह है—

(1) परिवार के लिए महत्त्व (Importance for Family)—साधारणतया हर परिवार में धन एक सीमित साधन होता है जबकि आवश्यकताएँ असीमित होती हैं। इन असीमित आवश्यकताओं को सीमित धन से तभी पूरा किया जा सकता है जब कुशल योजना बनाई जाये। बजट द्वारा उचित क्रय किया जा सकता है। दीर्घकालीन लक्ष्यों के लिए व्यय की योजना बनाई जा सकती है और बजट के द्वारा भविष्य की सुरक्षा व भविष्य में होने वाले अन्य आवश्यक व्ययों के लिए भी कुछ पैसा बचाकर रखा जा सकता है।

(2) सरकार के लिए महत्व (Importace for Goverment)—सरकार को बजट के द्वारा देश के भिन्न-भिन्न वर्गों की आर्थिक स्थिति का पता चलता है। इससे सरकार आर्थिक नीतियों का निर्धारण करती है। इसी के अनुसार वह कर-प्रणाली विकसित करती है।

(3) समाजशास्त्रियों के लिए महत्व (Importance for Sociologist)—बजट के अध्ययन द्वारा समाजशास्त्री परिवार के संगठन और व्यय का तुलनात्मक अध्ययन कर सकते हैं। परिवार की आर्थिक स्थिति किस तरह पारिवारिक विघटन पर प्रभाव डालती है, यह भी समाजशास्त्रियों के अध्ययन का विषय है।

(4) राजनीतिज्ञों के लिए महत्व (Importace for Politicians)—राजनीतिज्ञ बजट के अध्ययन के अनुसार कर-प्रणाली का निर्धारण करते हैं। कर लगाने के पश्चात् जनता पर प्रभाव पड़ रहा है, इसका अध्ययन भी बजट द्वारा किया जाता है।

(5) अर्थशास्त्रियों के लिए महत्व (Importance for Economists)—अर्थशास्त्र के कई नियम इसी पर आधारित होते हैं। इससे देश के आर्थिक वितरण की स्थिति का भी पता चल जाता है। अर्थशास्त्री बजट का अध्ययन करके इसकी जानकारी सरकार को देते हैं व सरकार इसके अनुसार आर्थिक नीतियाँ निर्धारित करती हैं।

(6) समाज-सुधारकों के लिए महत्व (Importance for Social Workers)—बजट के द्वारा समाज-सुधारकों को यह पता चलता है कि जनता में किस प्रकार की वस्तुओं की आदतें पड़ रही हैं। अनावश्यक खर्चे तो नहीं हो रहा है। वे बजट के अध्ययन के पश्चात् सामाजिक दशाएँ सुधारने का प्रयत्न करते हैं।

घरेलू बजट में खर्च की मदें

घरेलू बजट में उन सभी मदों को शामिल किया जाता है जिन पर खर्च होता है। ये मदें निम्नलिखित हैं—

(1) भोजन (Food)—प्राथमिक आवश्यकता होने के कारण बजट में इसे प्रथम स्थान पर रखा जाता है। हर आर्थिक स्तर के परिवारों की आय का बड़ा प्रतिशत इसी पर खर्च होता है। पौष्टिक भोजन का सम्बन्ध स्वास्थ्य से रहता है। इसलिए गृहिणी को चाहिए कि बजट बनाते समय इस मद पर विवेकपूर्ण खर्च करे। सीमित आय से पारिवार के सदस्यों को पौष्टिक भोजन प्राप्त हो सके, ऐसी योजना बनानी चाहिए। इस मद के तहत दूध, मसाले, घी, अनाज, तेल, सब्जियों तथा फलों पर किया जाने वाला खर्च शामिल होता है। इसमें उस मद को भी शामिल किया जाता है जो कि बाहर खर्च किया जाता है।

(2) आवास (House)—हर परिवार को अपने बजट में आवास के लिए राशि रखनी पड़ती है या तो किराये के रूप में या जो व्यक्ति स्वयं के मकान में रहते हैं वे सम्पत्ति कर, सफाई कर, मरम्मत व्यय, रंग-रोगन आदि के खर्चे में खर्च करते हैं।

(3) वस्त्र (Cloth)—घरेलू बजट के इस मद के तहत परिवार के सदस्यों के पहनने के वस्त्र शामिल किये जाते हैं। इसके साथ परिसज्जा के वस्त्र व अन्य घरेलू क्रियाओं के लिए उपयोगी वस्त्र शामिल किये जाते हैं। इसके अतिरिक्त जूते, बरसाती छाते, वस्त्रों की सिलाई चप्पल, का खर्च भी शामिल किया जाता है। परिवार के जीवन स्तर पर यह निर्धारित करता है कि इस पर कितना खर्च किया जायेगा।

(4) शिक्षा (Education)—पेन्सिल, बच्चों की पेन, पुस्तकें, कापियाँ, वाहन व्यय, लेखन सामग्री, अखबार, शिक्षा शुल्क, पत्रिकाओं आदि पर किया गया व्यय इसके तहत आता है। इसके अलावा बच्चों की वर्दियों पर किया जाने वाला व्यय व होटल आदि में रहने का खर्च भी शामिल किया जाता है।

(5) अन्य घरेलू व्यय (Other Household Expenses)–इसके तहत नौकर, धोबी, ईंधन का व्यय, बिजली का बिल, घर की सजावट, पानी का बिल, फर्नीचर, बर्तन आदि क्रय करने में किया गया व्यय सम्मिलित होता है।

(6) स्वास्थ्य (Health)–इसमें परिवार के सदस्यों के लिए चिकित्सा पर किया गया खर्चा डॉक्टर की फीस, दवाई, अस्पताल शुल्क आदि सम्मिलित किये जाते हैं।

(7) बचत (Saving)–तभी बजट सफल कहलाता है जब पूर्ण व्यय के पश्चात् कुछ बचत की जा सके। आय का एक निश्चित भाग आवश्यक रूप में इस मद में डाला जाना चाहिए।

(8) यातायात एवं मनोरंजन–परिवार के हर सदस्य का आने-जाने का व्यय इसके तहत सम्मिलित होता है। व्यय निजी वाहन का पेट्रोल, मरम्मत खर्च भी इसमें सम्मिलित होता है। घर से बाहर आने-जाने का खर्च भी यातायात में सम्मिलित किया जाता है। मनोरंजन के तहत खेल सामग्री पर किया गया व्यय क्लब, पिकनिक, रेकार्ड प्लेयर, मनोरंजानात्मक भ्रमण, नाटक, टी.वी., पुस्तकें, रेडियो, सिनेमा आदि पर किया जाने वाला व्यय आदि शामिल हैं।

बजट निर्माण के प्रमुख सोपान

बजट निर्माण के केवल तीन चरण होते हैं–आय का अनुमान लगाना, व्यय का अनुमान लगाना और आय व व्यय में सन्तुलन स्थापित करना। किन्तु वास्तव में सिर्फ यह जानकारी अपर्याप्त रहती है। इस तरह बजट में कुछ और चरणों को भी सम्मिलित किया जाता है। बजट दो अंदाजों से बनाया जा सकता है–

1. आय के आधार पर, और
2. व्यय के आधार पर।

प्रथम विधि के तहत पहले संपूर्ण आय का अंदाजा लगाया जाता है, फिर व्यय का, इसके बाद दोनों में सन्तुलन स्थापित किया जाता है। जबकि द्वितीय विधि में पहले आवश्यकताओं की सूची बना ली जाती है, फिर आय का आंकलन कर लगाकर दोनों में सन्तुलन स्थापित किया जाता है। द्वितीय विधि ज्यादा आवश्यकताएँ हैं चूँकि इसमें व्यक्ति पहले अपने जीवन स्तर के अनुरूप आवश्यकताओं का निर्धारण करता है और फिर पाने के लिए बहुत करता है। हम व्यय के आधार पर बजट बनाने की प्रक्रिया की चर्चा करेंगे। बजट बनाने के अग्रलिखित पाँच चरण हैं–

(1) पारिवारिक सदस्यों के लिए आवश्यक वस्तुओं तथा सेवाओं का

सूचीयन—परिवार के इस सोपान में काफी ज्यादा सावधानी की व सचेत निर्णयों की आवश्यकता है। इस चरण में सबसे पहले बजट की समय विधि निश्चित की जाती है। सामान्यतया यह अवधि एक महीने की होती है। इस अवधि में परिवार के स्वीकृत मूल्यों और लक्ष्यों की आवश्यकताओं की सूची बनाई जाती है। सूची में आवश्यकताओं मात्रा का भी अनुमान लगाया जाता है। वस्तुओं और सेवाओं की सूची इस तरह से बनाई जाती है—

मदों का वर्गीकरण—वस्तुओं तथा सेवाओं में विभिन्नता के कारण वर्गीकरण अनिवार्य है। वर्गीकरण न करने की अवस्था में कुछ वस्तुओं के भूल जाने का भय होता है। बजट में पहले कुछ निश्चित मदों को निर्धारित कर लिया जाता है जैसे भोजन, स्वास्थ्य, वस्त्र, शिक्षा, आवास, मनोरंजन, यातायात, आदि। फिर जरूरत के अनुसार इनके उपशीर्षक बना लिए जाते हैं, जैसे भोजन के अतिरिक्त अनाज, मसाले, दूध व दूध से बने पदार्थ, सब्जी, फल आदि। अब सभी जरूरतों को इन शीर्षकों में व्यवस्थित करके लिखा जाता है। इस तरह की सूची पर एक बार पुनः अवलोकन किया जाता है कि कहीं कोई चीज भूल तो नहीं गये। सूचीयन की प्रक्रिया निम्नवत रूप से की जाती है—

भोजन इसमें	अनाज,	....
	मसाले,	....
	डेयरी के सामान,	....
	सब्जी,	....
	फल,	....
	घी, तेल,	....
	घर से बाहर किये जाने वाला भोजन	....
	खर्च आदि को शामिल किया जाता है	....
वस्त्र इसमें	परिधान (प्रत्येक के),	....
	परिसज्जा के लिए वस्त्र,	....
	शुष्क धुलाई और सुधार,	....
	मोजे, जूते, हेट, टाई,	....
	बरसाती छाता आदि।	....
आवास इसमें	किराया,	....
	सफाई कर सम्पत्ति कर,	....

	रंग-रोगन मरम्मत व्यय, आदि।	....
शिक्षा इसमें	स्कूल फीस,	....
	स्टेशनरी व लेखन-सामग्री,	....
	वाहन व्यय,	....
	वर्दी आदि को शामिल किया जाता है।	....
परिवहन इसमें	निजी वाहन पेट्रोल व्यय,	....
	निजी वाहन मरम्मत व्यय,	....
	लोक परिवहन जैसे बस,	....
	रिक्शा, टेम्पो,	....
	घर से बाहर का यात्रा व्यय आदि।	....
परिवार	पति,	....
के	पत्नी,	....
सदस्यों	पुत्र,	....
का जेब	पुत्री,	....
खर्च आदि को शामिल किया जाता है।		
चिकित्सा में	डॉक्टर की फीस,	....
	दवाइयाँ,	....
	अस्पताल का व्यय आदि।	....
मनोरंजन में	घर के अन्दर मनोरंजन,	....
	घर के बाहर मनोरंजन आदि।	....
गृह क्रिया	ईंधन	....
से	नौकर को दिया जाने वाला वेतन	....
सम्बन्धित	धोबी	....
मदें	पानी का बिल,	....
	बिजली का बिल	....
	गृह परिसज्जा	....
	फर्नीचर, बर्तन आदि।	...........।
भविष्य	बचत,	....
के लिए	बीमा,	....

	विनियोग,	....
	भविष्य निधि या,	....
	सेवा निवृत्ति हेतु	....
अन्य	व्यावसायिक खर्च,	....
	आय कर,	....
	उपहार आदि को शामिल किया जाता है।	....

उपरोक्त सूची में अपनी जरूरत के अनुसार परिवर्तन किया जा सकता है। किन्तु सूची बनाते वक्त परिवार के सभी सदस्यों की जरूरतों का, जीवन स्तर व्यवसाय आदि का ध्यान रखा जाना चाहिए।

सूची को व्यापक बनाना—शीर्षक तथा उपशीर्षक में वर्गीकृत करने के बाद सूची और अधिक विस्तृत किया जाता है। जैसे भोजन के उपशीर्षक अनाज के तहत दाल, चावल, गेहूँ आदि वस्तुएँ लिखी जाती हैं। इस सूची को सावधानीपूर्वक बनाया जाना चाहिए चूँकि एक भी वस्तु यदि जाएँ तो बजट सफल नहीं हो सकता है।

(2) आवश्यकता निर्धारण—मदों का निर्धारण वरीयता क्रम में किया जाना चाहिए ताकि जरूरी वस्तुओं के शीर्षकों को निश्चित आय के अंर्तगत व उपयोगी वस्तुओं को अनिश्चित आय के अंर्तगत रखा जा सकता है। तथा यदि किसी तरह का बोनस मिलने वाला है तो उसमें पारिवारिक यात्रा का आयोजन किया जा सकता है ताकि बोनस न मिलने पर भी बजट सफल होगा।

वांछित मदों की कीमतों का अनुमान लगाना, प्रत्येक वर्गीकरण को जोड़ना तथा पूर्ण बजट को जोड़ना—घरेलू बजट निर्माण का यह दूसरा सोपान है। यदि पहली बार परिवार का बजट बना रहा हो तो इस समय उसे शोध करने की आवश्यकता होगी। हर दिनों के तहत आने वाली सब मदों की मात्रा के अनुसार खर्चे का अनुमान लगाया जाता है और उसका योग किया जाता है। अन्त में सब शीर्षकों के खर्चे का योग करके पूरा बजट पर होने वाले कुल खर्चे का प्रतिशत निकाला जाता है। कुछ दिनों तक रोजाना कीमतों का हिसाब रखकर अनुभव प्राप्त किया जा सकता है। पुराने परिवार अपने हिसाब से या अनुभव से इस चरण को सफलतापूर्वक पूर्ण कर सकते हैं। यदि पर्याप्त समय हो तो सभी मदों की कीमतों को जानने का सबसे महत्वपूर्ण उपाय है—हर दुकान पर जाकर कीमतों की

जानकारी प्राप्त करना। कीमतों की जानकारी दुकानों से प्राप्त कीमत सूची द्वारा भी प्राप्त की जा सकती है।

(3) सम्भावित आय का अनुमान लगाना तथा जोड़ना—बजट के वास्तविक होने या न होने की सम्भावना आय के आकलन पर ही आधारित होती है। यदि आय का ज्यादा अंदाजा लगा लिया जाए तो बजट के असफल होने की सम्भावना रहती है। बजट निर्माण की जो समय-सीमा निश्चित की जाती है, उसी समयावधि के तहत आय का आकलन किया जाता है।

आय का आकलन निश्चित या नियमित आय, सम्भावित आय के आधार पर किया जाता है। परिवार के सभी सदस्यों की आय व सभी साधनों से प्राप्त आय का अंदाजा लगाया जाता है और दोनों शीर्षकों का पृथक्-पृथक् योग किया जाता है। आवश्यक आवश्यकताओं पर व्यय निश्चित आय से किया जाता है, जबकि उपयोगी व विलासितापूर्ण जरूरतों को सम्भावित आय द्वारा पूरा किया जाता है। इन आवश्यकताओं के महत्व के क्रम स्थापित कर लिये जाते हैं और जैसे-जैसे सम्भावित आय प्राप्त होती जाती है, इन्हें इनके महत्व के अनुरूप पूर्ण किया जाता है। यदि परिवार की आय अनियमित है, जैसे व्यवसायी की आय, किसी किसानों की आय ऐसी स्थिति में पहले वार्षिक आय का अनुमान लगाकर उसके आधार पर मासिक आय निश्चित कर लेनी चाहिए और फिर आय के अुनसार खर्च किया जाना चाहिए।

(4) व्यय को घटाना या कम करना—खर्च में कटौती करके भी बजट को सन्तुलित किया जा सकता है। सूची में जो कम महत्व की वस्तुएँ हैं, उन्हें निकालकर खर्च में कमी की जा सकती है। कुछ वस्तुओं को यदि सम्भव हो तो पूर्ण रूप से हटाने की तुलना में थोड़ी कमी करनी चाहिए। महँगी वस्तुओं के स्थान पर सस्ती, पर उचित गुणवत्ता वाली वस्तु खरीदनी चाहिए। कुशल क्रय करना चाहिए व उचित मूल्य की दुकान से ही क्रय करना चाहिए। कुछ वस्तुओं को घर में ही तैयार किया जा सकता है यथार्थ वस्त्र, मसाले, सब्जियाँ नाश्ता, आदि। सामुदायिक सुविधाओं का पूर्ण लाभं देकर भी खर्चे में कमी की जा सकती है। किसी भी विधि द्वारा व्यय में कमी की जाये, इस बात का ध्यान रखना चाहिए कि आवश्यक जरूरतों में कमी न होने पाये और वस्तु की किस्म पर प्रभाव न पड़े।

बजट निर्धारण की व्यावहारिक अपेक्षाएँ

सन्तुलन के बाद बजट को व्यवहार में लाने से पूर्व एक बार दुबारा उसका अवलोकन किया जाता है कि क्या उसके सफल होने की सम्भावना है? बजट निर्धारण की व्यावहारिक अपेक्षाएँ निम्नवत हैं—

(1) बजट में आकस्मिकता के लिए भी प्रावधान होना चाहिए। कई बार अचानक जरूरत उत्पन्न होने पर, दुर्घटना आदि पर, कीमतों में बहुत ज्यादा परिवर्तन होने पर व्यय का आकलन गलत हो सकता है। इस प्रकार आकस्मिकता की राशि द्वारा इसे समायोजित किया जा सकता है।

(2) बजट निर्माण के समय मौसम का भी ध्यान रखना चाहिए। मौसम के अनुसार जरूरतों में बदलाव होते हैं। वर्ष के कुछ समयों में खाद्य-सामग्री एक साथ क्रय की जाती है, कभी अचार मसाले आदि तैयार किये जाते हैं, छुट्टियों में यात्रा का आयोजन किया जा सकता है। इन सभी आवश्यकताओं को ध्यान में रखा जाना चाहिए।

(3) अतिरेक आय द्वारा जीवन स्तर अधिक उन्नत किया जा सकता है या अधिक बचत की जा सकती है। यह स्थिति सामान्यतः परिवारों में कम देखी जाती है। अधिकतर परिवारों में दूसरी स्थिति उत्पन्न होती है। अर्थात् प्रस्तावित व्यय की विधियों द्वारा सन्तुलित रखा जा सकता है। (1) आय में वृद्धि और (2) व्यय कटौती।

(4) बजट में परिवार के सभी सदस्यों की जरूरत का ध्यान रखा गया है या नहीं। यदि किसी सदस्य की जरूरत को इसमें शामिल नहीं किया गया है तो निरीक्षण द्वारा पता लगाया जा सकता है और उसे शामिल किया जा सकता है।

(5) दीर्घावधि उद्देश्यों को भी ध्यान में रखकर बजट बनाया जाना चाहिए। प्रत्येक परिवार की भविष्य कुछ इस प्रकार होती है। इनको पहले से ही निर्धारित कर इसके लिए बजट में प्रावधान रखना चाहिए।

आय में वृद्धि—यदि आय में कुछ वृद्धि होती है तो अत्यंत आनन्द की अनुभूति होती है। कई तरीकों द्वारा आय में वृद्धि की जा सकती है। पति अतिरिक्त समय में अंशकालिक कार्य करके, ट्यूशन करके, कुछ वस्तुओं के विक्रय आदि के द्वारा आय प्राप्त कर सकता है। यदि पत्नी रोजगार कार्य नहीं करती है तो घर में ही रहकर छोटे-मोटे उद्योगों द्वारा जैसे बड़ी पापड़, अचार-मसाले आदि तैयार करके आय प्राप्त कर सकती है। इसके अतिरिक्त सिलाई बुनाई, ट्यूशन, कढ़ाई आदि के द्वारा आय प्राप्त कर सकती है। बच्चे जितने समय स्कूल में रहते हैं उतने समय घर से बाहर जाकर भी कार्य कर सकती है। बच्चे यदि बड़े हों तो वह भी आय वृद्धि में मदद दे सकते हैं। इसके अलावा कई कार्यों को घर में ही सदस्यों द्वारा करने से भी आय में वृद्धि में मदद दे सकते हैं, जैसे घर में पुस्तकालय चलाना सब्जी व पुष्प उद्यान द्वारा आदि। आय में वृद्धि का कोई भी उपाय अपनाया जाये, दो बातें मुख्य रूप से ध्यान रखनी चाहिएँ—अतिरेक कार्य करने से एक तो परिवार की सुख शान्ति

भंग न हो व दूसरा परिवार के सदस्य के स्वास्थ्य पर हानिकारक प्रभाव न पड़े चूँकि ऐसी स्थिति में बचत का कोई अर्थ नहीं रह जायेगा।

बजट नियंत्रण

पारिवारिक बजट की सफलता के लिए सदैव सावधान रहने की आवश्यकता होती है। बजट पूर्ण रूप से तैयार करने के बाद उसे व्यवहार में लाया जाता है। बजट के क्रियान्वयन में नियन्त्रण के समय उचित नियन्त्रण नहीं रखा जाय तो अब तक किया गया सब कोशिश बेकार हो जाता है। बजट में कुछ मद स्थिर होते हैं, उन पर किया जाने वाला व्यय बढ़ता नहीं है, यथा मकान का किराया, बच्चों के स्कूल की फीस, नौकरों का वेतन आदि लेकिन फुटकर वस्तुओं में निरीक्षण की जरूरत अधिक होती है क्योंकि इन पर किया जाने वाला व्यय कम-ज्यादा हो सकता है।

बजट के लिए निरीक्षण तथा समायोजन दोनों अनिवार्य होता है। इसका उल्लेख नीचे किया जा रहा है—

निरीक्षण—निरीक्षण का अत्यंत ज्यादा महत्व होता है। चूँकि यह व्यक्ति को अपने लक्ष्यों के सन्दर्भ में व्यय करने की प्रेरणा देता है और साथ ही इससे यह भी ज्ञात हो जाता है कि समायोजन जरूरी है या नहीं। इसके लिए निम्नवत् निरीक्षण करना चाहिए।

(1) व्यय राशि का मानसिक तथा यान्त्रिक निरीक्षण—ज्यादा व्यय हो जाने से पूर्व ही यह सावधानी बरतनी चाहिए कि खर्चे योजना से ज्यादा न हों। यह क्रिया या तो मानसिक या यान्त्रिक प्रकृति की होती है। मानसिक निरीक्षण में भिन्न-भिन्न शीर्षक के तहत आने वाली वस्तुओं पर व्यय होने वाली राशि को अलग मद पर पुनः चिन्तन करना चाहिए। खर्च नियंत्रण की प्रक्रिया को एक यान्त्रिक निरीक्षण में जाँच करने हेतु अनेक शीर्षकों पर होने वाली कुल धनराशि को अलग-अलग रख देते हैं और राशि को थोड़े दिनों में देखते रहते हैं कि बीते दिनों में योजना के अनुसार ही इस शीर्षक पर खर्च हो रहा था या नहीं। यदि उस राशि से पिछले दिनों में अधिक व्यय हो गया है और माह के काफी दिन अभी शेष हैं तो आगामी दिनों में कुछ मदों में थोड़ी कमी कर देते हैं। यथा यदि भोजन पर महीने के कुल 1000 रु. व्यय करना हो तो यह राशि अलग लिफाफे या डिब्बे में रख दिये जाते हैं। माह की 20 तारीख को यदि गृहिणी देखती है कि अब उसके पास केवल 200 रु. शेष है आने वाले दिनों में वह भोजन में कम खर्च करना शुरू कर देती है। इस विधि की सबसे प्रमुख हानि यह है कि इसके लिए सम्पूर्ण राशि नकद रखनी पड़ती है। नकद धनराशि के

चोरी होने, जल जाने या गुम होने की सम्भावना होती है। ऐसी दशा में समस्याएँ बढ़ सकती हैं।

(2) हिसाब-किताब द्वारा निरीक्षण—हिसाब-किताब का निरीक्षण करने से परिवार के आय-व्यय का पता रहता है। इसे या तो बिलों और काटे जाने वाले चैकों के रिकार्ड से रखा जा सकता है या विस्तृत हिसाब-किताब से रखा जा सकता है। **वेल्स** ने एक अध्ययन द्वारा यह निष्कर्ष निकाला कि अधिकतर परिवार हिसाब-किताब भुगतान के साक्षी के उद्देश्य से रखते हैं। कुछ परिवार आया क्या और क्या खर्च हुआ देखने के लिए हिसाब-किताब रखते हैं। दो तिहाई व्यक्ति भविष्य में किये जाने वाले खर्चे की सहायता के लिए करते हैं और एक तिहाई व्यक्ति "व्यय को नियमित करने के लिए" हिसाब-किताब रखते हैं। रिकार्ड का उद्देश्य परिवार के लिए धन के वितरण को दिखाना है व खर्च की मात्रा को निर्धारित किये गये मद के विशिष्ट समूह की मात्रा से तुलना करना है। इसमें यह आवश्यक नहीं है कि लेखा बिल्कुल सही हो। 5 से 10% की गलती ज्यादा मान्य होती है। बजट गणितीय भी होते हैं तथा अगणितीय भी।

(3) बजट निरीक्षण पत्रक—बजट निरीक्षण पत्रक होता है। इसमें प्रत्येक मद के दो कॉलम होते हैं—एक योजना का और एक खर्चे का। योजना से पहले निर्धारित योजना को प्रदर्शित किया जाता है। काला भाग वह हिस्सा है जहाँ कि दैनिक व्यय नोट किया जाता है; यथा—यदि हम 30 रु. भोजन पर खर्च करते हैं तो भोजन के कॉलम में 30 रु. तक का भाग काला कर दिया जाएगा।

समायोजन

वित्तीय योजनाओं का समन्वय करना भी एक जरूरी व अच्छा रास्ता है। योजना में समायोजन आवश्यक कारणों से अनेक हो सकता है। परिवार को कभी-कभी कोई नई ही गतिविधि करने की इच्छा हो जाए तो उसके लिए भी विशेष खर्चे की आवश्यकता होगी। यह हर परिवार के लिए कभी न कभी जरूरी होता है जैसे पिकनिक पर जाना। कभी-कभी परिवार के नियन्त्रण के बाहर की परिस्थितियाँ भी योजना में परिवर्तन करने के लिए मजबूर कर सकती हैं। यदि शुरू में ही योजना को लोचमय रखा जाये तो ऐसी आकस्मिकताओं से सामना किया जा सकता है। जैसे कोई अधिक बीमार हो जाये या किसी की मृत्यु हो जाये या कोई व्यापार का बहुत बढ़िया सुअवसर प्राप्त हो जाये। परंतु इसका आशय यह नहीं कि योजना में मूलभूत परिवर्तन करना पड़े। हमारे प्रारम्भिक निर्णयों को यथावत् ध्यान में रखते हुए हम

योजना में समुचित संशोधन कर सकते हैं। यदि शुरू में ही योजना अच्छी न बनाई गई हो तो उसे फिर से समायोजन की जरूरत होती है या तो हमने ख़र्चे का या आय का गलत अंदाज लगा लिया हो या परिवार की वास्तविक रुचियों की ओर ध्यान न दिया गया हो तो इन गलतियों को सुधारना काफी जरूरी है। अन्त में योजना के कार्यान्वयन में यदि बहुत अड़चनें आती हैं तो भी निराशा से बचने के लिए समुचित समायोजन आवश्यक है। नियन्त्रण के स्तर पर समायोजन का अर्थ उन निर्णयों से है जिसे योजना में पूरी तरह परिवर्तन या अधिक परिवर्तन हेतु लिए जाते हैं।

सभी परिवर्तनों को हम योजना के नियन्त्रण के तहत नहीं मान सकते चूँकि जो परिवर्तन बिना विचारे किये जाते हैं वे योजना में सुधार नहीं करते। परिवर्तनों का उद्देश्य अन्ततः लक्ष्य पर पहुँचना होना चाहिए। चूँकि कभी-कभी समायोजन की जरूरत मालूम पड़ने के पहले ही ज्यादा पैसा खर्च हो गया होता है, तब उतनी ही धनराशि में व्यय पूरा करना होता है। कभी-कभी योजना में परिवर्तन की जरूरत इसलिए हो सकती है कि उसमें क्रियान्वयन के समय किसी प्रकार का निरीक्षण न किया गया हो। यदि शुरू में निरीक्षण न भी किया गया हो तो नियन्त्रण के स्तर पर आकर इसे जरूर करना चाहिए। इसके अनेक तरीके हो सकते हैं। विशेष समस्या आने पर आर्थिक समस्याएँ समाप्त हो जाती हैं, इसलिए कुछ धनराशि को सुरक्षित करना जरूरी होता है। यदि परिवार को यह लगने लगे कि आर्थिक योजनाओं के क्रियान्वयन के समय उनके हिसाब रखने का तरीका बजट या वास्तविक खर्च की तुलना प्रस्तुत करने में असमर्थ रहा है तो उस तरीके को परिवर्तित करना चाहिए। यदि हमने काफी मुश्किल तरीका अपना रखा हो तो उसे आसान बनाना चाहिए। हमें हिसाब का नौकर नहीं बनना है, हिसाब हमारी सुविधाओं के लिए है। अपव्यय का प्रबंधन कुशल व्यक्ति को सौंपना चाहिए।

कभी-कभी दीर्घ समय के लिए समायोजन की जरूरत होती है। जैसे जब तक एक गृहिणी को यह न ज्ञात हो जाए कि समुचित सन्तुलित भोजन के लिए कैसे भोजन की आवश्यकता होती है, वह अपने भोजन की कीमत को कम नहीं कर सकती लेकिन जब उसे यह ठीक तरह ज्ञात हो जाए तो सस्ता लेकिन पोषक भोजन वह बना सकती है व खर्चे में कमी कर सकती है।

बैंकिंग योजनाओं तथा कार्य प्रणाली का ज्ञान घरेलू वित्तीय प्रबंधक के लिए करना अनिवार्य है। उसकी कार्य-प्रणाली मालूम होने पर बैंक से वह ज्यादा लाभ उठा सकती है। इसके तहत चैक ठीक-ठाक कैसे लिखना, धोखाधड़ी से बचने के लिए चेक रुकवाना, अलग-अलग तरह के चैक, बैंक में पैसे जमा करना व निकालना,

संयुक्त खाते रखना, भिन्न-भिन्न प्रकार के खाते आदि व बैंकों के हिसाब का निरीक्षण आदि बातें आती हैं।

धन का उपयोग की व्यावहारिकता

धन के उपयोग की व्यावहारिकता को निम्नवत् बिन्दुओं के आधार पर समझा जा सकता है।

पारिवारिक लक्ष्यों के प्रकाश में मूल्यांकन—पारिवारिक लक्ष्यों का बजट में सर्वाधिक उल्लेख होता है व इन लक्ष्यों की प्राप्ति का मुख्य स्रोत आर्थिक ही होता है। मूल्याकंन के चरण में परिवार को न केवल यह देखना चाहिए कि उनकी योजना नियन्त्रण सही रूप से चल रही है या नहीं वरन् यह भी निश्चित करना चाहिये कि वे लक्ष्य सन्तुष्टिकारक भी हैं या नहीं।

साधारणतः मूल्याकंन की प्रक्रिया में दो बातें आती हैं—

(1) कुछ प्रश्न परिवार के सामने उभर आते हैं, और (2) कुछ जानकारियाँ व साधन भी स्पष्ट रूप से सामने आते हैं जो कि इन समस्याओं का समाधान कर सकें। ये जानकारियाँ या समस्याओं के उत्तर व्यक्तिगत होते हैं। परिवार के विशिष्ट लक्ष्य इसमें प्रतिबिम्बित होते हैं व ज्यादा गहरे दार्शनिक होते हैं। हालाँकि यह पूरी तरह व्यक्तिगत मामला है तो भी खर्च करने में जो सन्तुष्टि प्राप्त होती है वह एक प्रमुख परिचायक इस बात का होता है कि वित्त का सफलतापूर्वक उपयोग किया गया या नहीं। यदि एक परिवार अपने वित्त के खर्चे से असन्तुष्ट हुआ हो तो सबसे पहले उसे अपने पूर्व निर्धारित लक्ष्यों को पुनः निरीक्षण करना चाहिए। दूसरा उसे अपनी योजना का अध्ययन कर देखना होगा कि क्या वे लक्ष्यों के लिये सही मार्ग थे। फिर यदि योजना ठीक थी तो उसके क्रियान्वयन में असफलताओं के कारणों को खोजना होगा व अन्त में यह भी हो सकता है कि परिवार अपने विकास व उन्नति के बारे में बेकार की आलोचना करता हो, हालाँकि उन्नति सही रूप से होती रही हो।

विशेष लक्ष्यों के प्रकाश में मूल्यांकन—हालाँकि धन के उपयोग के मूल्यांकन में मानवीय मूल्य तथा दीर्घकालीन लक्ष्य निहित हैं इसलिए इसमें गहरे दार्शनिक निर्णयों का स्पर्श भी होता है लेकिन अधिकतर परिवार धन के व्यवस्थापन का कार्य तक आरम्भ नहीं करते जब तक कि उनके सामने विशिष्ट या मूर्त लक्ष्य न हो।

इन उद्देश्यों में खर्च किये गये पैसों से अधिक से अधिक लाभ करना होता है या भविष्य के लिये पैसों का प्रावधान करना या आर्थिक उन्नति करना होता है। धन के व्यवस्थापन के लिए ये ही लक्ष्य लाभकारी हो सकते हैं व इस ओर की गई

उन्नति को हम जहाँ तक संभव हो सके निरीक्षण कर वस्तुओं को खरीदने आदि में समुचित होशियारी उपयोग में ला सकते हैं।

मूल्यांकन में हिसाब-किताब का उपयोग—मूल्यांकन में हिसाब किताब के उपयोग के बारे में **गुडइ़यर** व **क्लोहर** लिखते हैं :—"वर्ष के कुछ निर्धारित समायान्तर पर व्यय के रिकॉर्ड का बजट से तुलनात्मक अध्ययन का अर्थ मूल्यांकन है।" इससे ज्ञात हो जाता है कि कौनसे मद से कितना खर्च हुआ, कौन से मद में बचत हुई व वर्ष के अन्त में कुल आय से अधिक खर्च तो नहीं हुआ। यदि किसी क्षेत्र में अधिक खर्च हुआ हो तो उसका विस्तृत रूप देखने पर उसके औचित्य पर भी विचार कर सकते हैं व भविष्य की अनावश्यक वस्तुओं में कटौती करके हम अपने व्यय को नियन्त्रित कर सकते हैं। हमारा हिसाब परिवार की रुचियों व झुकाव का मूर्त प्रमाण है व उसके आधार पर हम हमारे भविष्य के खर्चों को निर्धारित कर सकते हैं।

मूल्याकंन के अन्य सहायक साधन—भविष्य के लिए भी बचत करने में और भी बहुत सी चीजें मददगार होती हैं, जैसे घर के सामानों को सूची, पूँजी का हिसाब आदि।

एंजिल का उपभोग नियम

पारिवारिक बजट विश्लेषण के संदर्भ में एंजिल का अध्ययन काफी व्यवस्थित व तार्किक रहा। अपने अध्ययन को सुव्यवस्थित रूप में चलाने के लिए विभिन्न परिवारों को अमीर, मध्यम वर्ग तथा गरीब में इन्होंने वर्गीकृत किया है। खर्च की मदों को निम्न भागों में विभाजित किया—वस्त्र, भोजन, मकान, ईंधन विभाजित प्रकाश, शिक्षा, स्वास्थ्य, मनोरंजन व अन्य व्यय। काफी परिवारों के बजटों का अध्ययन करने के बाद एंजिल ने निम्न निष्कर्ष निकाले, इन्हें हम एंजिल का उपभोग नियम कहते हैं—

(1) आय जितनी भी होगी मकान के किराये, ईंधन तथा प्रकाश पर प्रतिशत व्यय समान रहता है।

(2) वस्त्रों पर भी प्रतिशत व्यय आय के सभी स्तरों पर एक जैसा रहता है। किसी वस्तु की देश में माँग दो तत्त्वों द्वारा प्रभावित होती है—कीमत तथा राष्ट्रीय आय।

(3) ज्यों-ज्यों आय बढ़ती जाती है, भोजन पर प्रतिशत व्यय कम होता जाता है और आय घटने पर बढ़ता जाता है।

(4) आय के कम होने पर विलासी वस्तुओं पर प्रतिशत व्यय कम होता जाता है तथा आय के बढ़ने पर उन पर प्रतिशत खर्च बढ़ता जाता है।

एंजिल ने अपने अध्ययन में यह निष्कर्ष निकाला कि आज भी भोजन पर किये जाने वाले खर्चे का प्रतिशत आय में वृद्धि के साथ कम होता जाता है जबकि स्वास्थ्य, शिक्षा, मनोरंजन विलासितापूर्ण वस्तुओं आदि पर किया जाने वाला व्यय बढ़ता जाता है। लेकिन वर्तमान सन्दर्भ में एंजिल द्वारा बताये गये वस्त्र, मकान, प्रकाश व ईंधन पर किये जाने वाले व्यय का प्रतिशत सभी आय वर्गों में स्थिर नहीं रहता। ज्यों-ज्यों आय में वृद्धि होती है, यह भी बढ़ता जाता है। भोजन मिश्रण तथा परिवर्तन पर भी यह प्रभावी होता है। जिस तरह वर्ग-2 के परिवर्तन में अतिरिक्त धन की जरूरत होती है, वर्ग-3 के परिवर्तन में अतिरेक धन की कोई जरूरत नहीं होती। पॉलिश किये हुए फर्नीचर का उपयोग ज्यादा महँगा नहीं होता, तुलनात्मक ऐसे फर्नीचर का जिस पर पॉलिश की जरूरत हो। काफी कम खोज वर्ग-3 के सम्बन्ध में हुए हैं, **ग्रॉस एवं क्रैण्डल** का काफी विशेष रूप से इसी वर्ग के लिए किसी भी घरेलू कार्य के सम्बन्ध में अनुसन्धान नहीं किये गये हैं। यह आसानी से देखा जा सकता है कि इस वर्ग के परिवर्तन से काफी ज्यादा समय और गतियों में बचत की जा सकती है इसलिए इसके अनुसन्धान की जरूरत नहीं रहती। ऊपर बताये गये चौकोर बिस्किट से 25 गतियों में कम से कम 17 गतियों की बचत की जा सकती है। विभिन्न प्रकार के कच्चे पदार्थों के उपयोग के उदाहरण इस प्रकार से हैं—ताजे मटर की अपेक्षा सूखे मटर का उपयोग ताकि छीलने की जरूरत न हो।

कागज के नेपकीन और कागज के रसोई के टॉवेल का उपयोग करना ताकि धोने और प्रेस करने की क्रिया में बचत हो सके, उसी पदार्थ में अन्तिम पदार्थ में परिवर्तन के उदाहरण हैं—मसले हुए आलू की अपेक्षा बेक किए हुए आलू बनाना, सेव फल की सॉस की अपेक्षा बेक किए हुए सेव फल बनाना। इसलिए एक गृहिणी कार्य सरलीकरण के इन उदाहरण का उपयोग कर समय या शक्ति में या दोनों में बचत कर सकती है। स्वयं गृहिणी भी कार्य को सचेत रूप में करके सरलीकरण की विधियों का अनुसंधान कर सकती है।

व्यय का अनुमान

व्यय का अनुमान लगाते समय पूरे वर्ष के लिए योजनाएँ बनाना जरूरी है। किसी मद में जनवरी में कम खर्च हो सकता है, लेकिन जुलाई में अधिक। ऐसी स्थिति में घर की आर्थिक स्थिर अस्थिर हो जाती है। उदाहरण के लिए टैक्स के मद

में खर्च वार्षिक रूप से होते हैं, फोन का बिल द्वैमासिक आता है, बीमे की रकम अर्द्धवार्षिक अथवा वार्षिक किस्तों में दी जाती हैं। जिन महीनों में ये सम्भवित व्यय होने रहते हैं, उन महीनों के लिए पूर्वानुमान द्वारा खर्चों की पूर्व व्यवस्था कर लेनी चाहिए।

एक वर्ष व्यय मद

मास	बिजली	टेलिफोन	टैक्स	बीमा
जनवरी	100/-	350/-	-	10,000/-
फरवरी	95/-	-	-	-
मार्च	90/-	300/-	1200/-	-
अप्रैल	90/-	-	-	-
मई	100/-	350/-	-	-
जून	140/-	-	-	-
जुलाई	120/-	300/-	-	10,000/-
अगस्त	120/-	-	-	-
सितम्बर	110/-	300/-	-	-
अक्टूबर	110/-	-	-	-
नवम्बर	100/-	450/-	-	-
दिसम्बर	150/-	-	-	-

इस विवरण से यह स्पष्ट होता है कि घरेलू बचत को व्यवस्थित तथा योग रखना चाहिए। घरेलू बजट में धन का विभाजन व्यवस्थित रखना चाहिए। इस पर एकाग्रचित होकर विचार करना जरूरी है। बाजार में मूल्यों की स्थिति इस पक्ष सबसे ज्यादा प्रभावित करती है।

व्यय प्रतिमान विवरणी द्वारा विभिन्न पारिवारिक खर्चों के प्रतिशत में आये अन्तर स्पष्ट हो जायेंगे। भोजन सम्बन्धित व्यय का अनुमान करते समय तथा प्रतिशत निर्धारित करते समय परिवार के सदस्यों की संख्या को ध्यान में रखना अनिवार्य है। आवासीय सुविधाओं में कटौती सम्भव है, लेकिन भोजन सम्बन्धी न्यूनतम जरूरतों की पूर्ति में कमी करना उचित नहीं है। पारिवारिक आय की समीक्षा करते समय मौद्रिक, वास्तविक एवं मानसिक आय को सम्मिलित करना जरूरी है।

कुछ चीजें मौद्रिक आय हैं, पर वास्तविक आय बढ़ जाती है तो पैसों का खर्च कम हो जाता है। उदाहरण के तौर पर कुछ सरकारी तथा गैर-सरकारी प्रतिष्ठानों में काम करने वालों को आवास एवं बिजी की मुफ्त अथवा अल्प दर की सुविधा मिलती है। ऐसी परिस्थिति में ये सन्दर्भ खर्च न बनकर वास्तविक आय बन जाते हैं। इसलिए बजट में सभी तरह की आय का मूल्यांकन वास्तविक हो जाता है। आय की समीक्षा वार्षिक सन्दर्भ में करना ज्यादा अच्छा रहता है। मौद्रिक आय प्राप्तकर्ता को निम्नवत् श्रेणियों में वर्गीकृत किया जा सकता है–

(1) वेतनमान पर कार्यरत कर्मचारी – वर्तमान समय में सभी सरकारी एवं कुछ गैर-सरकारी प्रतिष्ठानों में लोग वेतनमान पर कार्यरत होते हैं। नियुक्ति तिथि के बारह महीनों के उपरांत या सेवा- सम्पुष्टि की तिथि को वेतन वृद्धि की तिथि मानकर हर वर्ष एक निश्चित रकम बढ़ा दी जाती है।

(2) निश्चित वेतन पाने वाले – इस श्रेणी में ऐसे लोग आते हैं, जिनका वेतन पूरे वर्ष समान रहता है। इसमें न कमी आती है और वृद्धि की सम्भावना रहती है।

(3) दैनिक वेतनभोगी–मजदूर, राज मिस्त्री, बढ़ई तथा प्रतिष्ठानों में भी कुछ लोग दैनिक वेतन पर करते हैं। ऐसे लोगों को काम नहीं रहने पर पैसों का भुगतान नहीं किया जाता। प्रतिष्ठानों में छुट्टी के दिनों एवं रविवार को वेतन नहीं दिया जाता।

(4) अस्थायी कर्मचारी – कुछ नियुक्तियाँ अस्थायी होती हैं। ऐसे लोगों को प्रतिमाह वेतन नहीं दिया जाता। ज्यादातर स्कूलों तथा कॉलेजों में नियुक्त अस्थायी शिक्षकों को मई-जून अर्थात् ग्रीष्मावकाश में वेतन नहीं दिया जाता है। कारखानों में अस्थायी मजदूरों को काम के बन्द होने पर वेतन नहीं मिलता।

(5) कृषक–कृषि फार्मों में लगे लोगों की आय को फसल प्रभावित करती है। फसल पकने पर खेतिहर इन्हें बेचते हैं। यही इनकी आमदनी का मौसम होता है। खेतिहरों की आय इस बात पर निर्भर करती है कि वे कौन-कौन सी चीजें उपजाते हैं एवं वर्ष में कितनी फसल काटते हैं। चार्ट में गेहूँ, चावल एवं सब्जी उपजाने वाले किसानों की वार्षिक आय की समीक्षा की गयी है।

(6) व्यापारी–व्यापारियों की आमदनी व्यापार की प्रकृति तथा स्वरूप पर निर्भर करती है। बाजार की माँग के आधार पर इनकी आय होती है। शादी-ब्याह एवं पर्व-त्यौहार के समय व्यापारियों को अधिक फायदा होता है तथा आय बढ़ जाती है।

(7) वार्षिक शेयर, सूद रॉयल्टी आदि पाने वाले लोग—**वित्तीय** वर्ष में अप्रैल से मार्च महीनों का होता है। पैसों का लेन-देन एवं लेखा-बही का अन्त शेष मार्च में किया जाता है। इसलिए रॉयल्टी, शेयर आदि के रुपयों का भुगतान भी वित्तीय वर्ष के अनुसार ही किया जाता है।

अनुमानित बजट के लक्ष्यों से सफलता तभी मिल सकती है जब आय-व्यय में संतुलन बना रहता है। अनुमानित व्यय अगर अनुमादित आय द्वारा पूरे नहीं हो रहे तो बजट बन नहीं पायेगा। कुछ खर्चों को, जो मौद्रिक आय द्वारा पूरे नहीं हो रहे, वास्तविक आय द्वारा पूरा किया जा सकता है। इनमें नौकर, धोबी, दर्जी आदि के खर्च प्रमुख हैं। भोजन के मद में कटौती करते समय इस बात पर ध्यान देना जरूरी है कि इनका प्रतिकूल प्रभाव घर के सदस्यों के स्वास्थ्य पर तो नहीं पड़ रहा है। वस्त्रों के मामलों में सरलतम रूप से कटौती की जा सकती है। पर्यटन का खर्च जोड़ते समय उन बचतों की ओर संकेत करना जरूरी है, जो परिवार के बाहर रहने पर हो सकते हैं— बिजली, फोन, परिवहन, मनोरंजन आदि। इन बचतों का योग करते हुए पर्यटन के खर्च की समीक्षा करनी चाहिए।

उपरोक्त विश्लेषण से हम इस परिणाम पर पहुँचते हैं कि पारिवारिक सदस्यों की मानसिक संतुष्टि ही बजट की सफलता का प्रमाण है। यह सफल बजट की सबसे बड़ी शर्त होती हैं अगर बजट से किसी सदस्य को परेशानी हो रही हो, तो आवश्यकताओं की पूर्ति नहीं हो रही है या खर्च करते समय अत्यधिक या अनावश्यक मानसिक दबाव पड़ता हो तो यह माना जाता है कि घर का बजट प्रबंधन अव्यवस्थित है।

व्यय विवरण लेखन

इसी के द्वारा मासिक अथवा वार्षिक रूप से बजट का मूल्यांकन एवं बजट में परिवर्ततन सम्भव है, अन्यथा यह पता ही नहीं चल पायेगा कि किस मद में कितना खर्च हुआ। व्यय लेखन दैनिक, मासिक अथवा वार्षिक होना चाहिए तथा गृहिणी को खर्च का हिसाब लिखने की आदत डालनी चाहिए।

घरेलू व्यय लेखन प्रारूप (दैनिक)

तिथि	व्यय मद	मात्रा	दर	मूल्य	टिप्पणी
1.1.2005	आलू				
	मछली				

	मिठाई
	पिकनिक
2.1.2005	लौकी
	पालक
	गोभी
	प्याज
	टमाटर
	पेन्सिल
	मार्गो साबुन
	बिजली बिल
	डाक
3.1.2005	बैंगन
	धनिया
	बेसन
	तेल
	नौकरानी
	झाड़ू
4.8.2005	आलू
	प्याज
	गोभी
	सिनेमा
	रिक्शा
	पापड़
	धोबी
5.1.2005	मटर
	टमाटर
	गोभी
	शलजम
	पेट्रोल

घरेलू व्यय लेखन (मासिक)

दैनिक खर्चों का लेखन करके मासिक खर्चों का पता लगाया जा सकता है। भोजन, परिवहन, शिक्षण, प्रसाधन आदि पर खर्च प्रतिदिन हो ही जाते हैं। इन्हें इस तरह लिखना चाहिए।

तिथि	भोजन	परिवहन	मनोरंजन	प्रसाधन	शिक्षण
1.1.2005					
2.1.2005					
3.1.2005					
4.1.2005					
5.1.2005					

कुछ व्यय ऐसे होते हैं वो प्रतिदिन नहीं होते जैसे – नौकर, बिजली, टेलिफोन आदि। ऐसे खर्चों को एक पृष्ठ पर लिखना चाहिए। मासिक खर्चों का योग करके अपने बजट का मूल्यांकन करना चाहिए। जब बच्चों के स्कूल-कॉलेज बन्द रहते हैं तो उनके दैनिक खर्चों में कमी आती है। इससे जो पैसे बचते हैं, उन्हें दूसरे मदों पर खर्च किया जा सकता है। इस तरह बजट में सन्तुलन लाया जा सकता है।

घरेलू बजट की समीक्षा वार्षिक आय-व्यय के आधार पर किया जाता है। घरेलू खर्च सामयिक भी होते हैं और आकस्मिक भी। उन्हें किसी प्रकार से निबटा लेना ही पर्याप्त नहीं है। खर्च की जाने वाली राशि ही परिवार का जीवन स्तर स्पष्ट करती है।

7

कार्यशक्ति प्रबन्ध

किसी भी परिवार में सभी सदस्यों की कार्यशक्ति में काफी अंतर होता है। जिनकी कार्यशक्ति अधिक होती है उनकी आय भी अधिक होती है परन्तु कार्यशक्ति कम होने पर उनकी कार्य शक्ति कम हो जाती है। गृहिणी को अपने पारिवारिक जीवन की विभिन्न क्रियाओं को करने में लगने वाली शक्ति का अनुमान लगा लेना चाहिए। बाहरी तथा घरेलू कार्यों में समन्वय होने से समय और शक्ति दोनों की बचत होती है। शक्ति व्यय होने से थकान होती है और कार्य क्षमता घट जाती है। इससे आप भी प्रभावित होते हैं।

थकान

निरंतर कार्यशीलता के कारण व्यक्ति शारीरिक तथा मानसिक रूप से थकान का अनुभव करता है। थकान कई कारणों से होती है। थकान मानसिक तनाव, शारीरिक मुद्रा स्थिति, एकाग्रता तथा मांस पेशीय तनाव के कारण भी होती है। कई कार्यों में शारीरिक थकान ज्यादा होती है और इसका कारण टाक्सिक पदार्थ और ऑक्सीजन की कमी होती है।

थकान के मुख्यतः दो कारण होते हैं—बाह्य एवं आन्तरिक।

कार्य करने की परिस्थिति और वातावरण कार्यकर्ता को प्रभावित करता है। उत्तेजना, एकाग्रता, पूर्ण प्रकाश का न होना, ज्यादा शोर, अशुद्ध वायु, अनुपयुक्त कार्य क्षेत्र आदि। कभी-कभी शारीरिक स्थिति एवं मुद्रा, कार्य क्षेत्र की व्यवस्था, कार्य क्षेत्र की सजावट, अत्यधिक कार्य का समय, भारी कार्य, आदि बाह्य कारण हैं, तथा आंतरिक कारण शरीर का रोगी होना, यह अन्य कारणों का होना, जैसे—दोषपूर्ण नेत्र, हृदय रोग, श्वसन सम्बन्धी रोग व फिर किसी अंग में पीड़ा आदि से उत्पन्न होता है। शारीरिक कमजोरी, ज्ञान, रुचि और लक्ष्य का स्पष्ट न होना।

थकान के प्रकार

थकान मुख्य रूप से दो प्रकार के होती हैं–1. मानसिक थकान और 2. शारीरिक थकान।

1. मानसिक थकान

मानसिक थकान से व्यक्ति का कार्य में मन नहीं लगता। जीवन की दिन-प्रतिदिन बढ़ती समस्याओं के कारण ज्यादा थकान मनोवैज्ञानिक प्रकृति की होती है। जब किसी कार्य को करने के लिए पूर्ण ज्ञान, कौशल और योग्यता न हो तो कार्य के प्रति अनिच्छा होती है जिसके कारण थकान पैदा होती है।

मानसिक थकान को परिभाषित करते हुए **बार्टले** (Bartley) ने लिखा है कि–"थकान या तनाव कार्य की स्थिति की प्रतिक्रिया के अनुसार होती है, जिसे व्यक्ति चेतन या अचेतन रूप में महसूस करता है और मूल्यांकन करता है। थकान सामान्यतः व्यक्ति द्वारा निर्धारित माँग को पूर्ण करने का अपर्याप्त रूप है।" मानसिक थकान निम्नवत् दो प्रकार के होती है–

1. नीरस थकान–नीरस थकान में असन्तोष, उदासीनता, विश्रामहीनता, कार्य से जल्दी छुटकारा, प्रेरणा का निम्न स्तर, समय के धीरे गुजरने का एहसास होने जैसे लक्षण दिखाई देते हैं। नीरस थकान कार्य की प्रकृति पर निर्भर करती है। नीरस का अनुभव व्यक्तिगत आदतों, कार्य के प्रति अभिरुचि, घर का वातावरण, आदि से प्रभावित होता है। अरुचिकर कार्य करने से नीरस थकान ज्यादा होती है। तेज ध्वनि वातावरणीय समस्याओं के कारण भी थकान उत्पन्न होती है।

2. कुण्ठाजनक थकान–जब कार्य को करने की विधि न भाए एवं उसको करने पर अच्छे परिणाम प्राप्त न हो रहे हों, योजना असफल हो जाती है तथा उद्देश्यों की प्राप्ति नहीं होती, तब मानसिक तनाव बढ़ जाता है, जो कुण्ठाजनक तनाव का कारण होता है। कार्य की औचित्यता और भ्रमात्मक स्थिति, पारिवारिक विवाद, कार्य के प्रति उत्साह की कमी, असन्तोषजनक कार्य दशाएँ, एवं कार्य में ज्यादा समय का लगना इस प्रकार की थकान के प्रमुख कारण होते हैं।

2. शारीरिक थकान

कार्य करने की कार्य क्षमता को कम करने की स्थिति थकान कहलाती है। पेशीय कार्य करने पर ऊर्जा का खर्च ज्यादा होता है। शरीर को यह ऊर्जा भोजन के द्वारा प्राप्त होती है। ग्लूकोज का ऑक्सीजन की सहायता से परिवर्तन क्रिया होती

है, जिससे कार्बन डाई-ऑक्साइड जल, और ऊर्जा प्राप्त होती है। ग्लूकोज पूरी तरह से शरीर में ऑक्सीकृत हो जाता है। ऑक्सीजन कोशिकाओं में पर्याप्त मात्रा में उपलब्ध होने पर यह क्रिया होती है।

ग्लूकोज का ऑक्सीकरण जब अपूर्ण रह जाता है तब वह लेक्टिक अम्ल की अवस्था में ही रुक जाता है यह लेक्टिक अम्ल मांसपेशियों में इकट्ठा हो जाता है और थकान उत्पन्न करती है। भारी कार्य करने के उपरांत थकान उत्पन्न होती है। विश्राम करने से ऑक्सीजन पर्याप्त मात्रा में कोशिकाओं तक पहुँचने लगती है तथा ऑक्सीकरण की प्रक्रिया पूर्ण हो जाती है, और थकान दूर हो जाती है। शारीरिक थकान से मानसिक सन्तुलन भी बिगड़ जाता है। साथ ही मांसपेशियों का नियंत्रण भी कम हो जाता है। मस्तिष्क, निर्देशन का कार्य भली-भाँति नहीं कर पाता है।

थकान दूर करने के उपाय

थकान दूर करने के प्रमुख उपाय निम्नलिखित हैं–

1. कार्य के प्रति रुचि–गृहिणी को कार्यों में रुचि जगाने का प्रयास करना चाहिए। इसके लिए मनोरंजन, रेडियो या पत्रिकाओं को पढ़कर किया जा सकता है। स्वयं प्रयोग कर उपयुक्त विधि खोजनी चाहिए जो ज्यादा सन्तोषप्रद हो। समूह में या परिवार के सदस्य मिलकर कार्य करें तो भी रुचि जागृत हो जाती है तथा थकान दूर होती है।

2. कुशलता में वृद्धि–किसी भी कार्य में निपुण व्यक्ति कार्य को कम समय में पूरा कर लेता है। अतः कार्य को पूरा करने के लिए नई विधि और तकनीकी बढ़ा लेने से कार्य करने की रुचि बढ़ जाती है तथा थकान का अनुभव नहीं होता है। कार्य को करने में उसके कई भाग एवं क्रियाएँ समाप्त करनी पड़ती हैं। कार्य प्रणाली में बदलाव लाकर एवं कार्य आसान कर थकान दूर की जा सकती है।

3. विश्राम काल–कार्य करते समय निचित समय के बाद आराम करना अनिवार्य होता है। कुछ समय रुचिकर या व्यक्तिगत कार्य कर विश्राम कर लेने से दिनभर कार्यों में ताजगी बनी रहती है। भारी कार्य करने पर लेटकर विश्राम करना जरूरी होता है तभी ग्लूकोज का ऑक्सीकरण हो पाता है। विश्राम काल का समय कार्य की प्रकृति पर निर्भर करता है। विश्राम की आवश्यकता को ध्यान में रखकर थकान दूर करने के उपाय सोचने चाहिए। कार्य एवं विश्राम के बीच समायोजन जरूरी होता है।

4. प्रेरणा–कार्य करने में अगर व्यक्ति रुचि नहीं रखता है तो उसे प्रेरणा

देकर कार्य को जल्दी और सफलता से पूरा करने के लिए प्रेरित किया जा सकता है। जब प्रेरणा स्तर निम्न होता है तो कार्य के परिणाम अच्छे नहीं हो पाते। प्रेरणा उत्पन्न करने के लिए उददे्श्य को स्पष्ट होना चाहिए। नवीन विधि, कार्य योजना का संशोधन कर घरेलू उपकरण की सहायता से प्रेरणा का स्तर सुधारा जा सकता है।

5. शारीरिक स्थिति—शरीर और मांसपेशियों का उचित उपयोग होना आवश्यक है। ज्यादा हड्डियों और मांसपेशियों के सही उपयोग न होने के कारण होती है। बड़ी माँसपेशियों का उपयोग जहाँ अधिक होता है थकान कम होती है। शारीरिक अंगों तथा मांस पेशियों को व्यवस्थित करके काम करने से थकान का अनुभव कम होता है। कार्य करने से काम करने में तेजी बन जाती है तथा थकान का एहसास कम होता है। शरीर की मुद्रा और स्थिति में परिवर्तन करते रहने से भी थकान कम होती है। जैसे खड़े होकर कार्य करने के बाद बैठकर कार्य करने से और झुककर कार्य करने के बाद सीधे खड़े होकर कार्य करने पर मांसपेशियों में बदलाव आता है और एक भी मांसपेशी पर दबाव नहीं होता है जिससे अधिक समय तक काम करना संभव होता है।

शक्ति प्रबंधन के कारक

1. कार्य

मनुष्य अपनी आवश्यकताओं को पूरा करने और शरीर को चलाये जाने के लिए कार्य करता है। जीवन का यह आवश्यक अंग है और इसके शक्ति प्रधान आयाम का यह आवश्यक अंग है। कार्य के निम्नलिखित आयाम हैं—

(i) आर्थिक आयाम—कार्य ही जीविका का एक साधन है। कार्य करने से ही व्यक्ति समाज में प्रतिष्ठा प्राप्त करता है। कार्य ही आर्थिक प्रगति की नींव है। समाज में भी श्रम विभाजन के आधार पर वर्ग बनते हैं। कार्य ही आर्थिक रूप से पूँजी बनाता है।

(ii) शारीरिक आयाम—मशीन द्वारा अच्छा कार्य तभी सम्भव है जब वह एक ही तरह का सरल कार्य लगातार करती है। मानव शरीर स्फूर्ति और सफलता से कार्य तभी कर सकेगा जबकि उसके शरीर की माँस पेशियों में जमा होने से होती है। कार्य करने की गति, ताल, ध्यान, एकाग्रता, समय आदि सभी व्यक्तियों में समान नहीं होते और थकान से प्रभावित होते हैं।

(iii) मनोवैज्ञानिक आयाम—कार्य करने से व्यक्ति अपने को समाज के सामने परिभाषित करता है। इससे वह अपनी योग्यता व कार्यक्षमता दर्शाता है तथा इससे स्वालम्बन आता है तथा कार्य के सफलतापूर्वक होने से व्यक्ति के स्वावलम्बन की पूर्णता आती है तथा कार्य के प्रति रुचि बढ़ती है।

(iv) कार्य शक्ति और शासन से सम्बन्ध—शक्ति का अहसास तब होता है जब व्यक्ति समूह में कार्य करता है। समय के बन्धन में व्यक्ति कार्य पर जाने के लिए मजबूर हो जाता है और वह दूसरों को भी इसके लिए मजबूर करता है जिसमें उसे प्रभुत्व प्रदर्शित करने का मौका मिलता है। संगठन में कार्यों की रचना की जाती है, कार्यरूप बनाया जाता है तथा उसे लागू किया जाता है। कार्य निश्चित समय पर किये जाते हैं तथा पूर्व निश्चित अनुक्रम में किये जाते हैं।

(v) सामाजिक बन्धत्व—किसी व्यक्ति का पद उसके अकेले के लिए सन्तुष्टि प्रदान करने के लिए नहीं होता, अपितु पद की गरिमा का अनुभव वह समाज में रहकर करता है। जब उसे समाज में इज्जत से नवाजा जाता है।

(vi) कार्यों का शारीरिक ऊर्जा मूल्य—एक कार्य को करने में जो ऊर्जा खर्च होती है, वह शरीर के द्वारा प्रति मिनट ऑक्सीजन के उपभोग की मात्रा होती है। ऊर्जा मूल्य कैलोरी प्रति घन्टा शारीरिक वजन से दिखाई जाती है। विश्राम की अवस्था में आधारीय परावर्तित दर को घटा देने के उपरांत प्राप्त होती है, एक कार्य को करने की ऊर्जा-मूल्य कही जाती है।

कार्य को ऊर्जा मूल्य के आधार पर तीन भागों में बाँटा गया है—

(1) हल्का कार्य—इसमें हाथ से सिलाई करना, सब्जी काटना, बुनाई करना, जैसे कार्य आते हैं तथा इसमें विश्राम ऊर्जा के बाद 100% से कम ऊर्जा खर्च होती है।

(2) भारी कार्य—भारी सामान उठाना, मसाला चटनी पत्थर पर पीसना, बैठकर पोंछा करना, आदि। कार्य इसमें सम्मिलित होते हैं और इनमें 150-200% ज्यादा ऊर्जा खर्च होती है।

(3) साधारण कार्य—आयरन करना, कपड़े सुखाना, झाड़ना, साफ करना, आदि साधारण कार्य कहलाते हैं। और ऐसे कार्य में विश्राम ऊर्जा के बाद 100-150% ज्यादा ऊर्जा की जरूरत होती है।

2. कार्य में परिवार के सदस्यों का योगदान

परिवार के सदस्यों के द्वारा योगदान में पारिवारिक साधनों का उपयोग होता है तथा यही व्यक्ति को बताता है कि वह कार्य को कैसे करे? सभी आयाम किसी

भी दो परिवारों के लिए भिन्न-भिन्न होते हैं। ऐसा संभव है कि एक ही परिवार में अलग अवस्थाओं में योगदान में भिन्नता आ जाती है।

1. शारीरिक—इनके अन्तर्गत गृहिणी को उठाना, पकड़ना, ले जाना, फैलाना, पहुँचना, खींचना, दबाना आदि कार्य करने पड़ते हैं। इन सभी का शारीरिक योगदान है।

2. भावात्मक—व्यक्ति की कार्य में रुचि तथा कार्य के प्रति प्रतिक्रिया कार्य को सरल या जटिल बनाती है। इस तरह का योगदान मापा नहीं जा सकता; परन्तु यह महत्त्वपूर्ण है कि नजरअंदाज भी नहीं किया जा सकता। कार्य के प्रति व्यक्तिगत दृष्टिकोण, कार्य की सफलता को प्रभावित करता है।

अगर एक व्यक्ति को निरन्तर कार्य करते रहने की आदत है तो उसे ज्यादा देर काम करने में कोई समस्या नहीं आती। वैज्ञानिक अध्ययन यह बताते हैं कि जब व्यक्ति कार्य को पसन्द नहीं करता है तथा उसे कोई प्रेरणा नहीं मिलती है तब उसे थकान जल्दी होती है। उच्च स्तर के उत्प्रेरक की सहायता से कार्य को सरल तथा शक्ति व्यय को कम किया जा सकता है।

जब व्यक्ति उद्देश्य को स्पष्ट रूप से देखता है तब कार्य जल्दी से और रुचिकर बनाया जा सकता है। उद्देश्य और कार्य के जितने छोटे भाग होते हैं, कार्य उतनी ही आसानी से कर सकते हैं। जहाँ एक ओर एक भाग के समाप्त होने पर आनन्द की अनुभूति होती है वहीं दूसरा भाग जल्दी खत्म हो इसकी इच्छा होती है। कई कार्यों में थकान होती है तथा किसी की सहायता से थकान दूर की जा सकती है।

3. मानसिक योगदान—विचारना, तर्क करने, निर्णय करना जैसे कार्य मानसिक कार्य हैं और गृहिणी को कार्य सफलता के लिए इस तरह के प्रयास करने होते हैं। गृहिणी का यह योगदान मानसिक योगदान कहलाता है।

4. ज्ञानात्मक योगदान—ज्ञान विचार, सोचना, याद करना, कल्पना करना आदि साधन के रूप में गृह-प्रबन्ध में दर्शाये गये हैं। कार्य विशेषज्ञों का मानना है कि गृहिणी को किसी कार्य को पूरा करने का ज्ञान, कौशल और कार्य निपुणता हो तब वह उसके सफल परिणाम की आशा रख सकती है। नये कार्य को सीखने तथा साथ ही दूसरे कार्यों में गति लाने से भी कार्यों के परिणाम सुधारे जा सकते हैं ज्ञानवर्धन करने से, सोच-विचार कर कार्य करने से कार्य को सरल बनाया जा सकता है एवं साथ ही अन्य साधनों की बचत की जा सकती है।

(a) निपुणता—कार्य करने की अच्छी प्रवृति का विकास करने के लिए अभिवृत्ति, भावनाएँ, मौखिक निर्देश और क्रियाओं को करने में भी सुधार करने की

आवश्यकता है। किसी कार्य को दोहराने एवं निरन्तर सुधार लाने से निपुणता आती है। बौद्धिक विकास और इच्छाओं को प्रबल करने से कार्य कुशलता में बढोतरी होती है।

(b) **नेत्र प्रयास**–आँखें तथा गतिविधियों का निर्देशन व्यक्ति को सजग रखती हैं। नेत्र संचालन, देखना, खोजना, निरीक्षण करना, दूरी तथा प्रकाश की स्थितियों में समायोजन करना आदि का कार्य लगातार करते रहते हैं।

कार्यकर्ता की क्रियाशीलता के निर्धारक तत्त्व

शरीर यांत्रिकी

शरीर यांत्रिकी शारीरिक शक्ति में संवर्द्धन या कमी के कारण होती है। यह शरीर की खड़ी मुद्रा और क्रियाशीलता से सम्बन्ध रखती है। अपने शरीर का महत्त्व जानने के लिए यह आवश्यक है कि निपुणता में वृद्धि और उचित प्रयास के उपयोग के साथ-साथ शारीरिक यांत्रिकी में सुधार लाना आवश्यक है। इसके लिए निम्नलिखित सिद्धांतों को अपनाया जा सकता है–

1. मांसपेशियों का कुशलतापूर्वक प्रयोग–कार्य करने में बड़ी और मजबूत मांसपेशियों का उपयोग ज्यादा हो तब कार्य सरलता से हो सकता है। भार उठाते समय पेशी का चुनाव कर लेना चाहिए तथा पैरों की माँसपेशियों का उपयोग होना चाहिए क्योंकि वह मजबूत होती है। कमर से झुककर उठाने में ज्यादा मेहनत करनी पड़ती है, इसके अतिरिक्त एक घुटना जमीन पर टेक कर बच्चे को या वजन को उठाना चाहिए।

बड़ी मांसपेशियों की तुलना में छोटी मांसपेशियों से ऊर्जा का व्यय अधिक होता है। लेकिन लगातार प्रयोग से ऊर्जा व्यय बढ़ जाता है इसलिए बड़ी मांसपेशियों का उपयोग ज्यादा करना चाहिए, जैसे–सब्जी काटते समय लकड़ी के पट्टे पर काटना चाहिए तथा पॉलिश करते समय बाँहों का प्रयोग करना ज्यादा उत्तम रहता है।

2. शरीर के अंगों की उचित मुद्रा–शारीरिक भार के कार्य करते समय व्यवस्थित रखना जरूरी होता है। शारीरिक स्थिरता रखने मांस-पेशियों पर खिंचाव होता है। खड़े होते समय या बैठते समय सही मुद्रा होनी चाहिए तथा कार्यक्षेत्र विस्तृत होना चाहिए। इससे कार्य करते समय मुद्रा में जरूरी बदलाव ला पाने में सक्षम हो सकते हैं। लगातार साधारण ऊँचाई वाली टेबल पर आयरन करने से उच्च रक्त चाप, उच्च हृदय गति तथा अन्य कई बदलाव आ जाते हैं। उसी तरह से

शारीरिक मुद्रा, स्थिति का प्रभाव, रक्त परिभ्रमण तथा तन्त्रिका पेशियों पर असर डालता है। इसलिए कार्य प्रणाली तथा शारीरिक मुद्रा में सामंजस्य बनाये रखना चाहिए।

3. वेग का लाभ उठाना—वेग का अर्थ है कि लगातार गति करना। कार्य जब एक बार लगातार किया जा रहा हो या आरम्भ हो पर व्यवधान हो तब ऊर्जा व्यय ज्यादा होती है। स्वच्छन्द शारीरिक क्रिया करने से थकान का अनुभव कम होता है। एक गति के समाप्त होने पर दूसरी गति स्वतः ही प्रारम्भ हो जाती है। जैसे किसी वस्तु या सतह को कपड़े से पोंछते समय हाथ को आगे-पीछे लाने से गति अपने आप ही होती है क्योंकि ऐसा करने से वेग पैदा होता है। झटके से गति करना, रुक जाने से कार्य सम्पादन में समस्याएँ होती हैं; कार्य जल्दी से नहीं होता। जब गति स्वतः ही होती है तब वेग उत्पन्न होता है तथा ऊर्जा का व्यय कम होता है। इसी वेग का लाभ उठाकर हमें कार्य आराम से करना चाहिए जिससे वेगपूर्ण कार्य समाप्त हो जाए।

4. गुरुत्वाकर्षण केन्द्र का ध्यान रखना—कार्य करते समय किसी वस्तु को उठाते समय, सहारा लेते समय, वजन उठाकर ले जाते समय किसी जगह पहुँचने में गुरुत्वाकर्षण का ध्यान रखना चाहिए। गुरुत्वाकर्षण, पृथ्वी का यह दबाव केन्द्र है जो वस्तु को नीचे की ओर आकर्षित करती है, जिसके कारण भार महसूस होता है। जितना ज्यादा वस्तु का वजन या भार होगा उतनी ही तेजी से वह पृथ्वी की ओर खिंचेगा। गुरुत्वाकर्षण के विपरीत कार्य करने पर शरीर को अधिक ऊर्जा का व्यय करना पड़ता है। अतः वजन को जितना शरीर से लगा हुआ या समीप रखेंगे, उतनी ही सफलता से उठा सकेंगे। वजन को हाथों की अपेक्षा पीठ पर उठाना ज्यादा आसान होता है जैसे बच्चे स्कूल का बस्ता हाथों की अपेक्षा अगर पीठ पर लटकायें तब वजन का एहसास कम होगा क्योंकि वजन गुरुत्वाकर्षण की सीध या पंक्ति में आ जाता है।

5. लय में कार्य करना—शारीरिक क्रियाओं में लय का प्रयोग एक ही क्रिया को बार-बार कुछ समय बाद दोहराने से है। लय का महत्त्व कलात्मक तो अवश्य है, जैसे—संगीत, नृत्य, आदि में, लेकिन लय का सम्बन्ध मनोरंजन तथा प्रसन्नता से होता है। लय में किये गये कार्यों में थकान नहीं होती, गृह कार्यों को पूरा करने में भी लय का उपयोग किया जा सकता है, जैसे बर्तन धोते समय एक जैसे बर्तन एक ही क्रम में धोना चाहिए ताकि हाथ एवं भुजाओं में गति होती है। इसी तरह से सफाई, पोंछा लगाते समय गति निमयानुसार और लयबद्ध होनी चाहिए।

कार्य वेग में परिवर्तन

कार्यकर्ता के साथ कार्य क्षेत्र में भी आवश्यक परिवर्तन कर शक्ति में वृद्धि की जा सकती है। कार्य क्षेत्र की व्यवस्था सुविधानुसार होनी चाहिए। कार्य स्थान में संगृहित क्षेत्र की व्यवस्था भी आवश्यक है। कार्य करने की ऊँचाई, मेज व अन्य उपकरणों की व्यवस्था भी कार्य-कुशलता पर असर डालती है। कार्य क्षेत्र की व्यवस्थित कार्य शैली, मकान व कमरे की स्थिति, शारीरिक संरचना एवं रहन-सहन के तरीके पर निर्भर करती है।

कार्य करते समय मेज या वांछित स्थिति पर व्यवस्थित होना चाहिए। जैसे—लकड़ी के पट्टे पर सब्जी काटना, आयरन करना आदि। फर्नीचर का चयन व्यक्ति की लम्बाई के अनुरूप करना चाहिए। कार्य क्षेत्र की व्यवस्था ऐसी हो जिसमें बार-बार झुकना नहीं पड़े एवं कार्य की आवश्यकता के अनुसार सामान की व्यवस्था होनी चाहिए। अधिकतर प्रयोग की जाने वाली वस्तुओं को उसी क्रम में रखना चाहिए। जब कार्य खड़े होकर करने का हो तब उसके आसपास ऐसे कार्यों का क्षेत्र बनाना चाहिए कि एक साथ 2-3 कार्य किये जा सकते हों। एक ही क्षेत्र से सम्बन्धित सामग्री उसके पास ही करनी चाहिए जिससे आवश्यकता पड़ने पर निकाली जा सके।

भोजन बनाने में कमरे में खड़े होने पर कार्य करने वाला स्थान निश्चित ऊँचाई पर होना चाहिए। अगर पत्थर बहुत ऊँचा है तो बाँहें और कंधे ऊँचे करने पड़ते हैं जिसके कारण मांसपेशियों पर तनाव रहता है। पत्थर की चौड़ाई अधिक होने पर आगे की ओर झुक कर पहुँचने में श्रम तथा शारीरिक तनाव होता है। अतः कार्य क्षेत्र की व्यवस्था पर ध्यान देना अति जरूरी है।

सामान नीचे की ओर रखा होना चाहिए। इसके अतिरिक्त आले या शेल्फ की ऊँचाई एवं गहराई कार्यकर्ता की लम्बाई के अनुरूप होना चाहिए। भोजन बनाने वाली प्रक्रियाओं किसी भी दशा में शारीरिक थकान कम हो इसके बराबर ध्यान रखना चाहिए।

8

समय प्रबन्ध

समय सीमा में रहकर कार्यक्रम सफलता के लिए विशेष अनिवार्य होता है। इसके अभाव में या तो कार्य की गुणवत्ता प्रभावित होती है या फिर कार्य अपूर्ण रह जाता है। समय का प्रबंधन करना तथा उसका अनुपालन करना किसी भी दशा में अत्यावश्यक है। समय के महत्व के संदर्भ में किसी विद्वान का कहना है कि "क्या तुम जीवन से प्रेम रखते हो? तो समय को व्यर्थ ही नष्ट मत करो; क्योंकि समय ही वह वस्तु है जिससे जीवन का निर्माण हुआ है।" इस कथन में उन्होंने समय का महत्त्व बताया है। समय की व्यवस्था का जीवन में अत्यंत महत्वपूर्ण स्थान होता है। जो व्यक्ति समय का सम्मान नहीं करते वे सदैव सफलता से वंचित रहते हैं। मनुष्य के लिए उसका हर क्षण एक अमूल्य निधि है जिसका हमारे जीवन में अत्यंत महत्त्व है। एक गृहिणी के लिए परिवार में समय का समायोजन करना जटिल समस्या रहती है; चूँकि उसे परिवार के सभी कार्यों को कुशलतापूर्वक सीमित समय के अंतर्गत संपन्न करना पड़ता है। जिस परिवार में पत्नी जीविकोपार्जन के लिए बाह्य क्षेत्र में काम करती है और घर का भी काम करती है, वैसी गृहिणी के समक्ष समय-व्यवस्थापन की समस्या और भी जटिल एवं गम्भीर हो जाती है।

समय व्यवस्थापन का अर्थ होता है। परिवार की विभिन्न क्रियाओं में समय का उचित विभाजन करना ताकि परिवार और उसके सदस्यों का अधिकतम लक्ष्य प्राप्त हो सके।

गृहिणी के कार्य

परिवार के लिए कपड़े खरीदना, सीना, मरम्मत करना आदि कार्य, परिवार के बच्चों को नहलाना, बच्चों, बूढ़ों एवं बीमार सदस्यों की देखभाल करना, उनकी समुचित व्यवस्था करना, उनके साथ खेलना एवं पति की अलग-अलग आवश्यकताओं की देखभाल करनी पड़ती है। बच्चों को पढ़ाना, उनकी पढ़ाई संबंधी सभी समस्या

को दूर करना, उनसे गृह-कार्य (Home work) करवाना, उनमें पढ़ाई के प्रति रुचि उत्पन्न करना आदि कार्य एक गृहिणी के हैं।

इसके अन्तर्गत भोजन बनाने की तैयारियाँ करना, भोजन पकाना, परोसना एवं रसोईघर की सफाई आदि कार्य आते हैं। परिवार के विभिन्न सदस्यों एवं नौकरों को भिन्न-भिन्न कार्यों के लिए कभी-कभी निर्देशन भी देना जरूरी हो जाता है। घर के कमरों, आंगन, बरामदा, अहाता आदि की सफाई एवं साज-सज्जा आदि के कार्य करने पड़ते हैं।

इन कार्यों को देखते हुए भी उसे अपने ऊपर ध्यान देना पड़ता है। उसे अपने स्वास्थ्य एवं विश्राम पर पूर्ण ध्यान देना भी जरूरी हो जाता है। ताकि वह परिवार की जिम्मेवारियाँ पूरी कर सके। परिवार के आय-व्यय को संतुलित रखने के लिए पारिवारिक बजट बनाना, बजट के अनुसार व्यय करना, तथा लिखना एवं भविष्य के लिए बचत करना आदि कार्य इसके तहत आते हैं। परिवार की सामाजिक धार्मिक एवं परम्पराओं क्रियाओं को निभाना, मित्र या रिश्तेदारों के यहाँ होने वाले सामाजिक एवं धार्मिक क्रियाओं में सम्मिलित होना आदि कार्य इसके तहत आते हैं।

अतः समय का बंटवारा ठीक ढंग से होना चाहिए ताकि सभी काम समय पर हो सकें, उसे ज्यादा थकान उत्पन्न न हो, उसे अवकाश का समय मिल सके, परिवार के लागों की जरूरत समय पर पूरी हो सके एवं उन्हें पूर्ण संतुष्टि मिल सके। परिवार की अलग-अलग क्रियाओं में समय का विभाजन उचित रूप से हो, सभी कार्य समय के अन्दर सुचारु रूप से संपन्न हों और सभी को पूरी तरह से संतुष्टि मिले, इसके लिए निम्नवत् बातों पर ध्यान देना चाहिए–

1. कार्यों को सुचारु रूप से समय पर संपन्न करने के लिए घर के कार्यों की योजना बनाना अनिवार्य है। परिवार में होने वाली अलग-अलग क्रियाओं की सूची गृहिणी को तैयार करनी चाहिए।
2. समस्त क्रियाओं को करने में करीब-करीब कितना समय लगेगा, यह भी कार्यों के साथ अलग-अलग निश्चित कर लेना चाहिए।
3. विभिन्न क्रियाओं में समय का विभाजन करते समय परिवार के सदस्यों की आवश्यकतओं को भी ध्यान में रखना चाहिए।
4. समय एवं शक्ति की बचत के लिए यह जरूरी है कि गृह-कार्यों में प्रयुक्त होने वाली वस्तुओं एवं उपकरणों को उचित हालत में रखा जाय।
5. जिस कार्य को जिस माध्यम से कार्यान्वित करना है, उसकी उचित विधि का भी ज्ञान आवश्यक है। उचित ज्ञान के अभाव में शक्ति एवं समय का अपव्यय होता है।

6. समय का व्यवस्थापन करते समय कार्यों को संपन्न करने वाले आधुनिक प्रचलित तकनीकों की मदद लेनी चाहिए, ताकि समय और शक्ति दोनों की उचित बचत हो सके।
7. एक साथ दो-तीन कार्यों की ओर ध्यान देने की आदत डालने से समय की बचत होती है। दाल सब्जी, बनाते वक्त बच्चों को तैयार कर लें, झाड़ू लगाते समय बिखरी हुई वस्तुओं को सँभालती जाएँ आदि।
8. विभिन्न क्रियाओं में प्रयुक्त होने वाले विकल्पों का चुनाव करते समय-समय का ध्यान अवश्य रखें।
9. कौनसा काम कब और कहाँ होगा, इसे भी ध्यान में रखना आवश्यक है। भारी काम करने के बाद हल्का काम करें। दिनभर की क्रियाओं में विश्राम को भी स्थान देना आवश्यक है। विश्राम से शरीर में पुनः कार्य करने की शक्ति आ जाती है।
10. एक साथ कुछ अन्य समय की क्रियाओं को भी संपन्न कर लें। सुबह के नाश्ते के साथ-साथ शाम का भी नाश्ता बना लें। एक बार ही एक सप्ताह का नाश्ता बना लेने से हर दिन नाश्ता बनाने में समय की बचत होती है।

समय-व्यवस्थापन की समस्याएँ परिवार के जीवन-चक्र की अलग-अलग स्थितियों में हर दिन होती हैं। जीवन-चक्र की स्थितियों को समझने से भावी योजनाएँ बनाने में सहायता मिलती है।

1. परिवार की विभिन्न अवस्थाएँ

परिवार का निर्माण पति-पत्नी से होता है। बच्चों की उत्पत्ति होती है और परिवार के आकार में वृद्धि होती है। बच्चे बड़े होते जाते हैं और रोजी-रोटी की तलाश में घर छोड़ते जाते हैं और अंत में माता-पिता ही घर पर रह जाते हैं। इस प्रकार परिवार का आकार छोटा हो जाता है। हर परिवार में समय-साधन की मात्रा सीमित रहती है और उतने ही समय में अनेक काम करने पड़ते हैं। समय की माँग पारिवारिक जीवन-चक्र की अवस्था पर आधारित है। इसीलिए पारिवारिक जीवन-चक्र की अलग-अलग अवस्थाओं में समय की माँग को समझना आवश्यक हो जाता है।

प्रथम अवस्थाः—इस अवस्था में परिवार में नवविवाहित पति-पत्नी ही होते हैं। इस अवस्था में वे एक-दूसरे को समझने का प्रयास करते हैं, अपने परिवार के जीवन-लक्ष्यों का निर्माण करते हैं, आपसी समायोजन की कोशिश करते हैं एवं पति-पत्नी के मध्य उत्तरदायित्वों के विभाजन का निर्णय लेते हैं। इस अवस्था में

गृहिणी का कार्यभार हल्का रहता है। इस प्रकार उनके सामने समय-व्यवस्थापन की समस्या नहीं रहती। यदि गृहणी इस अवधि में नौकरी करती है तो उसका कार्य भार कुछ अधिक रहता है।

दूसरी अवस्थाः—इस अवस्था में परिवार में बच्चों का प्रवेश होता है। छोटे बच्चों के पालन-पोषण तथा देखभाल में गृहिणी को ज्यादा समय देना पड़ता है। विभिन्न सर्वेक्षणों के आधार पर यह ज्ञात किया गया है कि यदि परिवार में एक वर्ष से कम आयु के बच्चे हैं। तो गृहिणी को सप्ताह में 21 से 25 घंटे तक का समय बच्चों की देखरेख में व्यय करना पड़ता है। 1 से 9 वर्ष की आयु वाले बच्चों के लिए सप्ताह में 13 घंटे का समय देना पड़ता है। जैसे-जैसे बच्चे बड़े होते जाते हैं, समय की माँग उनकी देखरेख पर कम होती जाती है।

तीसरी अवस्थाः—इस अपराध में बच्चे परिवार के दायित्वों को सँभालने लगते हैं। वे गृह-निर्माण-संबंधी क्रियाओं की योजना बनाते हैं, उसे कार्यान्वित करते हैं तथा उसका मूल्यांकन करने में मदद करने लगते हैं।

चौथी अवस्थाः—इस समय बच्चों में आत्मनिर्भरता आने लगती है। इस अवस्था में कुछ बच्चों की शादी भी हो जाती है। यदि वे पढ़ते रहते हैं तो गृहिणी के ऊपर उत्तरदायित्व होती है, अन्यथा शादी हो जाने के बाद यदि वे आत्मनिर्भर हो जाते हैं तो गृहिणी के पास काफी समय रहता है।

पाँचवीं अवस्थाः—परिवार की पाँचवीं अवस्था तक बच्चों की शादी हो जाती है तथा वे आत्मनिर्भर हो जाते हैं। गृहिणी की सभी जिम्मेदारियाँ समाप्त हो जाती हैं और वह समय का प्रयोग अपनी इच्छानुसार करने लगती है।

2. समय प्रबंधन के सिद्धान्त

समय-व्यवस्थापन के तहत समय का आयोजन एवं उसका कार्यान्वयन दोनों ही शामिल हैं। परिवार में उपलब्ध समय-साधन तथा परिवार में होने वाली विभिन्न क्रियाओं के बीच समायोजन करना जरूरी है। योजना बनाते समय परिवार के विभिन्न सदस्यों की राय लेना भी आवश्यक हो जाता है; क्योंकि परिवार की विभिन्न क्रियाओं के करने में परिवार के सभी सदस्यों का सहयोग रहता है।

परिवार के सदस्यों से सलाह-मशविरा करके यह तय करना चाहिए कि किन-किन कार्यों को दैनिक अथवा साप्ताहिक रूप से सम्पन्न किया जाय। कार्यों का आयोजन करते समय सर्वाधिक महत्त्वपूर्ण कार्य को प्राथमिकता दी जानी चाहिए। प्रत्येक कार्य को सर्वोत्तम विधि से पूर्ण करने के लिए कौन-सा समय नहीं होगा, इसे भी निश्चित करना आवश्यक है।

विभिन्न प्रकार की पारिवारिक क्रियाओं को दैनिक, साप्ताहिक, मासिक और वार्षिक क्रियाओं में विभाजित कर देने से क्रियाओं की योजना खर्चीली हो जाती है। हर मौसम की साप्ताहिक तथा मासिक क्रियाएँ अलग-अलग मात्रा में समय एवं शक्ति की माँग करती है।

समय का आयोजन करते समय परिवार के व्यक्तियों की व्यक्तिगत क्रियाओं के समय को भी ध्यान में रखना अनिवार्य है अन्यथा परिवार की अन्य क्रियाओं में इन सदस्यों का सहयोग नहीं मिल पाता है। परिवार के अलग-अलग व्यक्तियों की अपनी-अपनी रूचियाँ होती हैं या व्यवसाय का समय होता है। बच्चों के स्कूल जाने का समय, पति का दफ्तर जाने का समय एवं बच्चों का गृह-कार्य (Home Work) करने का अपना-अपना समय होता है। इस प्रकार इन व्यक्तियों की व्यक्तिगत क्रियाओं के समय का व्यवस्थापन करते समय ध्यान रखना पड़ता है।

यह भी गृह-कार्य की योजना बनाते समय स्मरण रखना चाहिए कि किस क्रिया के लिए कौन-सा दिन निश्चित किया गया है, उसमें कितना वक्त लगेगा तथा उस समय में किसी अन्य क्रिया का समय निश्चित तो नहीं है। ऐसी क्रियाओं का समय निश्चित करते समय, जिसमें परिवार के अन्य लोगों के मदद की जरूरत है, यह देख लेना चाहिए कि उस समय परिवार के लोगों के पास समय है या नहीं।

यदि गृह-कार्य में बाहर के व्यक्तियों से मदद प्राप्त करनी है तो उस कार्य का समय उस समय निर्धारित करना चाहिए, जबकि बाहर का व्यक्ति उपलब्ध हो।

३. अतिरिक्त कार्य का समय

गृहिणी पर सीमित समय में अधिक कार्यों के करने का भार होता है। ज्यादा कार्य का समय दिन, सप्ताह, माह या मौसम की खास समय-अवधि में भी हो सकता है। कुछ गृहिणियों को सुबह ज्यादा कार्य-भार रहता है। जो गृहिणी घर से बाहर काम करती है यानी नौकरी करती हैं, वैसी गृहिणी के पास सुबह में कम समय रहता है और काम ज्यादा रहता है अतः उसके लिए सुबह का समय ज्यादा कार्य-भार का समय रहता है। उसे अपने लिए, बच्चों के लिए, पति के लिए नाश्ता, भोजन आदि बनाना पड़ता है, घर की सफाई करनी पड़ती है, बच्चों के लिए दोपहर के नाश्ते का प्रबन्ध करना पड़ता है। कुछ गृहिणियों के समक्ष शाम का भोजन बनाना, बिस्तर लगाना एवं बच्चों को सुलाना-दिन में ज्यादा कार्य-भार का समय होता है। इसी प्रकार सप्ताह में जिस दिन घर की पूरी सफाई करनी पड़ती है, वस्त्र धोने एवं इस्त्री करनी पड़ती है, वह दिन अत्यधिक कार्य-भार का दिन होता है। माह में जिस दिन माह-भर

का राशन खरीदना पड़ता है, वह काफी ज्यादा कार्य-भार का दिन होता है। कुछ गृहिणियों के लिए मौसम में खाद्य-सामग्री सुरक्षित रखने का समय काफी ज्यादा कार्य-भार का समय रहता है। कौन-सा समय काफी ज्यादा कार्य-भार का होगा, यह परिवार की आवश्यकताओं पर ज्यादा निर्भर करता है।

हर रोज के समय की व्यवस्था इस प्रकार होना चाहिए कि प्रतिदिन प्रायः बराबर कार्य-भार हो और किसी एक दिन कार्य-भार ज्यादा नहीं हो। अगर पूरे घर की सफाई सप्ताह में एक दिन नहीं करके प्रतिदिन एक-एक कमरा साफ किया जाए तो किसी एक दिन कार्य-भार ज्यादा नहीं रहेगा तथा घर की पूरी सफाई भी हो जाएगी।

थका देने वाले भारी कार्य के बाद हल्के एवं कम थकान उत्पन्न करने वाले कार्यों को करने से थकान ज्यादा उत्पन्न नहीं होती तथा एक समय में कार्य-भार अधिक नहीं रहता।

ऐसे भी परिवार में कुछ कार्य होते हैं, जो मासिक या वार्षिक रूप से करने पड़ते हैं। मासिक एवं वार्षिक कार्यों का आयोजन ऐसे समय करना चाहिए जबकि घर के सभी सदस्यों की छुट्टी हो ताकि उन लोगों से मदद प्राप्त किया जा सके। सभी लागों के सहयोग से कार्य-भार ज्यादा महसूस नहीं होता एवं ज्यादा थकान उत्पन्न नहीं होती।

इस तरह यदि परिवार के कार्यों की योजना बनाते समय शारीरिक शक्ति, विश्राम आदि का ध्यान रखकर यह निश्चित किया जाय कि कौन-सा कार्य कब और कहाँ करना है तो मानसिक तनाव एवं थकान नहीं हो पाती।

4. समय एवं क्रियाओं के प्रतिरूप

परिवार में कुछ कार्य प्रतिदिन करने होते हैं तथा कुछ सप्ताह में एक बार करने होते हैं। जो गृहिणी सभी गृह-कार्य स्वयं नही कर पातीं, वह कुछ क्रियाओं को बाहर के व्यक्तियों की सहायता से कर लेती हैं; जैसे—धोबी से कपड़े धुलवाना, दर्जी से कपड़े सिलवाना, पका हुआ भोजन या नाश्ता बाजार से मँगवाना आदि। कुशल गृहिणी इसे कम समय में ही पूरा कर लेती हैं। प्रतिदिन परिवार की आवश्यकता एवं सुविधा को देखते हुए मनोरंजन को भी समय देना जरूरी है।

मनोरंजन से परिवार के सदस्यों का सर्वागीण विकास होता है। शारीरिक और मानसिक विकास में मनोरंजन का काफी बड़ा हाथ रहता है। अगर प्रतिदिन संभव नहीं हो तो सप्ताह में सुविधानुसार एक दिन कुछ समय मनोरंजन के लिए भी रखना चाहिए। समय का आयोजन इस प्रकार होना चाहिए ताकि समय का अपव्यय न

हो। अतः परिवार की अलग-अलग क्रियाओं में लगने वाले समय की योजना बना लेने से समय का अपव्यय नहीं होता तथा सभी कार्य पूर्वनिश्चित अवधि में कुशलतापूर्वक सम्पन्न होते रहते हैं। समय का विभाजन कार्यों में इस प्रकार करना चाहिए ताकि विश्राम का वक्त मिल सके। परिवार की अलग-अलग क्रियाओं को कार्यान्वित करने में समय एवं शक्ति की बचत हो, मानसिक एवं शारीरिक थकान न हो, इसके लिए विभिन्न कार्यों पर दिये जाने वाले समय की योजना सोच-समझकर बनानी चाहिए। योजना सिर्फ काल्पनिक न होकर व्यावहारिक होनी चाहिए। योजना बनाते समय आने वाली समस्याओं पर भी विचार करना जरूरी नहीं है। काल्पनिक योजना के क्रियान्वयन में ज्यादा कठिनाई होती है।

5. क्रियाओं को क्रम देते समय ध्यान देने योग्य बातें

1. कार्यों का क्रम देते समय गृहिणी को अपनी व्यक्तिगत परिस्थितियों को भी ध्यान में रखना चाहिए।
2. वे कार्य, जिन्हें करने में एक ही तरह के उपकरणों की जरूरत होती हो, उन सभी प्रकार के कार्यों को एक ही क्रम में करने से समय और शक्ति की बचत होती है।
3. ऐसा कार्य जो घर के किसी विशेष भाग में साथ-साथ किए जा सकते हों, उन्हें एक ही क्रम में समाप्त करने से समय और शक्ति की बचत होती है।

अमेरिका में 1920 ई0 में गृह-कार्यों में व्यय होने वाले समय का अध्ययन विभिन्न विद्वानों द्वारा किया गया। **वीगेण्ड** (Wiegand) और **कॉलेस** (Cowles) द्वारा किए अध्ययन में निम्नलिखित तथ्यों का उल्लेख किया गया–

1. परिवार की देखभाल एवं घर के लिए जरूरी सामग्रियों को एकत्र करने एवं अन्य गृह-व्यवस्था में लगने वाले समय का स्थान तीसरा है।
2. भोजन के पश्चात् घर की सुरक्षा और वस्त्र आदि की देखभाल एवं सफाई संबंधी क्रियाओं पर समय व्यय होता है। घर की सुरक्षा एवं वस्त्र आदि की देख-भाल पर अक्सर बराबर समय लगता है।
3. आहार प्रबंधन कार्यों में समय अधिक खर्च होता है। भोजन-सम्बन्धी क्रियाएँ अन्य क्रियाओं की अपेक्षा दुगुना समय लेती हैं। भोजन-सम्बन्धी क्रियाओं में जितना वक्त लगता है उसका 1/3 समय भोजन-संबंधी सफाई-कार्य पर लगता है और शेष 2/3 समय भोजन पकाने संबंधी क्रियाओं पर लगता है

6. दैनिक क्रियाओं का क्रम

दैनिक कार्य-योजना बनाते वक्त विभिन्न क्रियाओं के क्रम की ओर भी ध्यान देना चाहिए। परिवार के सीमित समय में विभिन्न कार्य करने पड़ते हैं। इस प्रकार कार्यों के क्रम की ओर ध्यान देना अग्रलिखित हो जाता है। परिवार की अलग-अलग क्रियाओं का क्रम क्या होगा, बातों पर यह निम्नलिखित निर्भर करता है–

1. अलग-अलग प्रकार क्रियाओं का आपसी संबंध क्या है?
2. उन अलग-अलग क्रियाओं में परिवार के कौन-कौन से सदस्य भाग लेंगे तथा उन लोगों की राय क्या है?

इन दोनों प्रकार की बातों को ध्यान में रखकर ही क्रियाओं का क्रम निश्चित करना चाहिए। क्रियाओं का क्रम देते समय यह स्मरण रखना चाहिए कि क्रियाओं के संपादन में मानसिक तनाव उत्पन्न न होने पावें। सभी प्रकार की क्रियाओं की व्यवस्था इस प्रकार करनी चाहिए, ताकि कम-से-कम कोशिश से एवं थकान उत्पन्न किए बिना ही सभी काम कुशलतापूर्वक संपन्न हो जाएं।

7. विश्राम-काल एवं उसकी अवधि

थकान का प्रमुख कारण मानसिक तथा शारीरिक श्रम का होना है। थकावट से छुटकारा पाने के लिए विश्राम जरूरी हो जाता है। जरूरी प्रतिदिन के जीवन में विश्राम-काल का एक अपना पूर्ण स्थान होता है। विश्राम से कार्यकुशलता में वृद्धि होती है। विश्राम का अर्थ होता है शरीर एवं दिमाग को पूर्ण विश्राम देना तथा शारीरिक एवं मानसिक थकावट को दूर करना। विश्राम-काल में किसी प्रकार के काम नहीं करने से ही थकावट दूर होती है। आराम से लेटना ही विश्राम का अच्छा साधन है। उचित आसन पर बैठने से भी शारीरिक विश्राम संभव हैं। पैरों को आरामकुर्सी पर फैलाकर बैठने से या लेटने के बाद टाँगों के नीचे तकिया (बालिस्त) लगा देने से अधिक आराम मिलता है। शारीरिक काम करने के पश्चात् कुछ मानसिक कार्य करने से भी विश्राम मिलता है। कार्य में परिवर्तन करने से भी विश्राम मिलता है।

कार्य-समय में एक ऐसा वक्त होता है जब शरीर के आराम की आवश्यकता होती है। ऐसे समय पर शारीरिक व मानसिक आराम जरूरी होता है। ऐसे समय पर विश्राम करने से काम करने की क्षमता में गिरावट आने लगती है। ऐसे समय पर विश्राम करने से काम करने की क्षमता पुनः मिल जाती है, शरीर में स्फूर्ति आ जाती है तथा मानसिक तनाव एवं थकान समाप्त हो जाती है।

कार्य स्तर विश्राम की सीमा का निर्धारण करता है। विश्राम-काल बहुत देर तक काम करने के बाद नहीं होना चाहिए। निरंतर काम करने से मानसिक एवं

शारीरिक थकान हो जाती है, जो क्षणिक विश्राम से दूर नहीं होती। इसलिए मानसिक कार्य करने वाले को प्रत्येक 40 मिनट में 2 मिनट का विश्राम अवश्य करना चाहिए।

मध्यम क्रियाशीलता वाले व्यक्ति को कुल काम के घंटों का 16 प्रतिशत समय विश्राम का मिलना चाहिए। ज्यादा शारीरिक परिश्रम करने वाले व्यक्ति को कुल काम के घंटों का 57 प्रतिशत विश्राम मिलना चाहिए। एक गृहिणी को पारिवारिक भिन्न-भिन्न प्रकार क्रियाओं को करते समय कब, और कहाँ विश्राम करना चाहिए, यह गृहिणी की विशेष दशाओं व प्रबंधन पर निर्भर करता है। गृह-कार्य करते समय नीरसता का अनुभव होते ही उसे विश्राम के लिए कार्य में परिवर्तन कर देना चाहिए। ज्यादा समय तक लगातार काम करने से विश्राम की दीर्घ अवधि की आवश्यकता होती है। अतः यह आवश्यक है कि दो विश्राम-काल के बीच लम्बा समय न हो। अपनी दैनिक दिनचर्या एवं सुविधा के अनुसार विश्राम का समय एवं तरीका निश्चित करना चाहिए।

8. गृह-कार्यों के मानक

घर में विभिन्न प्रकार के कार्य होते रहते हैं; उदाहरणार्थ—सफाई करना, भोजन बनाना, बिस्तर लगाना, इस्त्री करना आदि। हर कार्य में समय लगता है, लेकिन सभी में बराबर समय नहीं लगता। इसलिए समय का आयोजन करते समय यह पूर्व में ही निश्चित कर लेना चाहिए कि किस क्रिया पर कितना समय खर्च होगा। मानक (Norms) का अर्थ एक क्रिया पर कितना समय खर्च होगा-यह निश्चित करना होता है। अलग-अलग कार्यों पर लगने वाले समय का ब्यौरा बना लेने से किसी विशेष कार्य पर अगर समय अधिक लगता है तो उस काम को करने के तरीके में परिवर्तन कर उस पर ज्यादा खर्च होने वाले समय को बचाया जा सकता है। विभिन्न क्रियाओं-संबंधी मानक नहीं बनाने से किस क्रिया पर अधिक समय खर्च हो रहा है, यह ज्ञात नहीं होता और इस प्रकार समय का अपव्यय होता है और अनेक कार्य हो ही नहीं पाते या अधूरे रह जाते हैं। विभिन्न कार्यों पर व्यय होने वाले समय को पूर्व निश्चित कर लेने से समय के अपव्यय को रोका जा सकता है तथा सभी कार्यों को सही समय में किया जा सकता है। विभिन्न कार्यों में कितना समय लगेगा, यह जानने कि लिए प्रत्येक कार्य में व्यय होने वाले समय का विवरण कुछ दिनों तक का रखना चाहिए। इससे प्रत्येक कार्य में होने वाले समय का अन्दाजा लग जाता है।

छुट्टी के समय के भी मानक बनाना आवश्यक हो जाता है। विभिन्न क्रियाओं के मानक के समान ही अवकाश-काल के मानक गृहिणी-विशेष तथा परिवार विशेष

के लिए अलग-अलग होते हैं। भिन्न-भिन्न स्थानों पर रहने वाली गृहिणियों तथा एक ही गाँव या शहर में रहने वाली गृहिणियों की अवकाश-काल की भिन्न-भिन्न क्रियाएँ अलग-अलग होती हैं। इसी तरह नौकरी करने वाली महिला तथा घर में रहने वाली महिला के अवकाश-काल की क्रियाएँ भी अलग-अलग होती हैं। उच्च स्तर, मध्य स्तर तथा निम्न स्तर की महिलाएँ भी अपने-अपने अवकाश-काल को अलग-अलग रूपों से व्यवस्थित करती हैं। जो गृहिणियाँ घर के सभी कार्यों को स्वयं करती हैं, वे अवकाश में लेटकर आराम करती हैं। उनके पास अवकाश का समय कम रहता है। जो महिलाएँ सिर्फ नौकर को गृहकार्य के लिए निर्देश देती हैं और स्वयं कुछ नहीं करतीं, उनके पास अवकाश का समय ज्यादा रहता है और वे साहित्य-उपन्यास पढकर, चित्रकारी या संगीत द्वारा अपने अवकाश-काल को व्यतीत करती हैं। एक नौकरी करने वाली गृहिणी को छुट्टी कितनी मिलेगी, यह इस बात पर निर्भर करता है कि वह घर के कार्यों को स्वयं करती हैं अन्य या व्यक्तियों द्वारा करवाती हैं।

आकस्मिक आने वाली स्थितियों के लिए प्रतिदिन की कार्य-योजना में कुछ समय अवश्य रखना चाहिए। कार्य-योजना इस तरह की होनी चाहिए कि परिवार के प्रत्येक सदस्य को पारिवारिक एवं उठाने का अनुभव हो सके।

9. परिवार के सदस्यों का सहयोग

परिवार के सभी सदस्यों द्वारा घर के काम में हाथ बंटाने से सभी कार्य सुविधापूर्वक संपन्न हो जाते हैं और गृहिणी को अधिक परेशानियों का सामना नहीं करना पड़ता। अतः योजना बनाते समय प[illegible] सदस्यों से राय लेनी चाहिए तथा सभी के ऊपर उनकी सामर्थ्य के अनुसार कार्य-भार सौंपना चाहिए। इससे हर सदस्य को अलग-अलग कार्यों से संबंधित अनुभव होता है और साथ-ही-साथ उत्तरदायित्व उठाने एवं निभाने की भी क्षमता उत्पन्न होती है।

10. विशेष परिस्थितियों हेतु समय प्रबंधन

हम अक्सर यह देखते हैं कि पूर्वनिश्चित योजना में आकस्मिक कोई रुकावट विशेष स्थितियों के कारण आ जाती है। ऐसा होने से काम में रुकावट आ जाती है या योजना के अनुसार काम संपन्न नहीं हो पाता है। इस प्रकार यह जरूरी हो जाता है कि आने वाली परिस्थितियों का सामना करने के लिए एवं पूर्ववत् योजनानुसार चल पाता है। पूर्व योजना में बाधा परिवार में एकाएक किसी के बीमार हो जाने से, परिवार में अचानक कोई मेहमान आ जाने से, स्वयं कहीं जरूरी कार्यवश चले जाने से या परिवार में अचानक कोई अन्य कार्य आ जाने से होती है।

11. समय की विविध कार्यों के लिए जरूरत

घर के कार्यों के लिए योजना बनाते समय गृहिणी को यह अनुभव होना चाहिए कि किस कार्य में कितना समय लगता है तथा उसी कार्य को अन्य विधि से संपन्न करने में कितना समय लगता है। अलग-अलग क्रियाओं संबंधी समय का मानक (Norms) नहीं बनाने से यह निश्चित नहीं किया जा सकता कि किस कार्य में कितना वक्त लगता है तथा एक दिन निश्चित समय में सभी कार्य संपन्न हो पायेगें या नहीं। कार्य के अनुसार समय-योजना बनाने पर ही गृहिणी यह निश्चित कर सकती है कि वह एक दिन में सुविधानुसार कितना काम कर सकती है।

समय आयोजन की शर्तें

प्रत्येक कार्य को सुविधानुसार तथा आसानी से करने के लिए आयोजन में पर्याप्त समय का प्रावधान होना चाहिए। पारिवारिक योजना लिखित होनी चाहिए। परिवार में होने वाली दैनिक, साप्ताहिक, विशिष्ट, मौसमी एवं मनोरंजन की क्रियाओं की सूची बना लेनी चाहिए। कार्य का विभाजन इस तरह होना चाहिए ताकि परिवार के सदस्यों को अपनी व्यक्तिगत रुचियों एवं परिवार की सामूहिक क्रियाओं के लिए समय मिल सके। महत्त्वपूर्ण कार्यों को प्राथमिकता देनी चाहिए। जहाँ तक हो सके कार्यों का सामूहीकरण इस तरह करना चाहिए ताकि उन्हें संपन्न करने से समय और शक्ति कम लगें। विभिन्न कार्यों का आयोजन इस तरह करना चाहिए, जो परिवार की आवश्यकताओं, रुचियों, कार्य करने की आदतों तथा अवकाश के समय के अनुकूल हो। योजना व्यावहारिक होनी चाहिए तथा पर्याप्त रूप से परिवर्तनशील होनी चाहिए ताकि जरूरत पड़ने या कोई बाधा होने पर उसमें परिवर्तन किया जा सके। पारिवारिक कार्यों को परिवार के सदस्यों में विभाजित करते वक्त प्रत्येक सदस्य की राय जानने कि लिए सामूहिक चर्चा होनी चाहिए। इस प्रकार कार्य का विभाजन होना चाहिए ताकि परिवार के सदस्यों को पारिवारिक जिम्मेवारी वहन करने का अवसर मिल सके।

बातों को योजना बनाते समय ध्यान में रखने से योजना सरल और व्यावहारिक होती है।

12. परिवार की दैनिक व साप्ताहिक क्रिया-आयोजन

पारिवारिक क्रियाओं की योजना जरूरतें बनाई जाती हैं कि उस परिवार की जरूरतों की पूर्ति समय पर हो सके। अतः योजना का निर्माण इस प्रकार का होना चाहिए जिससे सभी कार्य समुचित ढंग से समय पर हो सकें और आवश्यकताओं

की पूर्ति भी हो सके। सभी परिवार में करीब-करीब क्रियाएँ एक-सी होती हैं, फिर भी योजना अलग-अलग होती है। जिस परिवार में छोटे-छोटे बच्चे रहते हैं, उसकी योजना ऐसे परिवार से भिन्न होती है जहाँ बड़े-बड़े बच्चे रहते हैं। इसी तरह नौकरी करने वाली गृहिणी की योजना नौकरी नहीं करने वाली गृहिणी से पृथक् होती है। पति के व्यवसाय के अनुसार भी योजनाएँ विभिन्न परिवारों में अलग-अलग होती हैं।

पारिवारिक क्रियाओं की योजनाएँ भिन्न-भिन्न परिवारों में भिन्न-भिन्न होते हुए भी चार अवस्थाओं से गुजरती हैं–

प्रथम अवस्था :–सबसे पहले परिवार में होने वाली दैनिक, साप्ताहिक, मासिक, वार्षिक, विशिष्ट, आकस्मिक, मौसमी तथा मनोरंजन आदि क्रियाओं की एक सूची बना लेनी चाहिए।

दूसरी अवस्था :–इस अवस्था में परिवार में होने वाली दैनिक क्रियाओं की सूची बनाते वक्त सूची में थोड़ा समय साप्ताहिक क्रियाओं के लिए भी रखना चाहिए। इससे साप्ताहिक क्रियाएँ भी साथ-साथ संपन्न होती जाती हैं। दैनिक क्रियाओं की सूची बनाने में हर काम के लिए समय तय कर लेना चाहिए और उसकी एक रूपरेखा (ढाँचा) बना लेनी चाहिए; उदाहरणार्थ रसोईघर की सफाई, भोजन बनाना, परोसना, बच्चों की देखरेख, मनोरंजन आदि। योजना में प्रतिदिन होने वाले कार्यों को अपने अनुभव के आधार पर कुछ समूहों में विभाजित कर देना चाहिए। सामूहिक क्रिया को एक साथ एक समय में करने से समय एवं शक्ति की बचत होती है। सामूहिक रूप से जो क्रियाएँ नहीं हो पाती हैं, उन्हें पृथक्-पृथक् करने का प्रावधान योजना में रखें। इससे निश्चित कार्य निश्चित समय में हो जाता है तथा एक साथ समूह में कार्य करने से विभिन्न कार्य एक ही साथ संपन्न हो जाते हैं।

तीसरी अवस्था :–योजना के अनुसार दैनिक क्रियाओं को पूरा करना तथा दैनिक क्रिया-योजना में साप्ताहिक, मौसमी और विशेष कार्यों के लिए समय रखना।

चौथी अवस्था :–परिवार के विभिन्न सदस्यों के बीच कार्य विभाजित करते समय परिवार के सदस्यों से सलाह जरूर लेनी चाहिए तथा सामूहिक चर्चा द्वारा सभी बातों को निश्चित करना चाहिए ताकि सभी को मानसिक संतुष्टि मिल सके। अलग परिवार की क्रियाओं हेतु समय-निर्धारण करते समय परिवार की जरूरतों, सदस्यों की आदतों, रुचियों एवं उनके अवकाश के समय को भी ध्यान में रखना जरूरी हो जाता है। ऐसा करने से सदस्यों में असंतुष्टि नहीं होती तथा सभी सदस्य मिल-जुलकर निर्धारित कार्य को समय पर पूरा कर पाते हैं।

इन चारों दशाओं के लक्ष्य करके बनाई गई कार्य योजना प्रबंधित मानी जाती है।

13. समय प्रबंधन क्रियान्वयन पर नियंत्रण

समय प्रबंधन को व्यवस्थित रूप में लागू किया जा सके इसके लिए नियंत्रण अनिवार्य होता है। योजना की सफलता उसे कार्यरूप में परिणत करने में है न कि सिर्फ उसे बनाने में। योजना के अनुसार कार्य करते समय यह देखना जरूरी है कि कार्य योजनानुसार हो रहा है या नहीं। दैनिक क्रियाओं में अवरोध होने पर योजना में कुछ बदलाव करना जरूरी हो जाता है, ताकि योजनानुसार कार्य हो सके।

योजना में कोई अवरोध होने पर उसे निपटाने के लिए हर रोज शाम को या अन्य कोई समय में समय निकालकर छूटे हुए या अधूरे काम को निपटा देना चाहिए। कार्यों को निपटाने के लिए परिवार के अन्य सदस्यों का सहयोग लेना भी आवश्यक हो जाता है। दैनिक कार्यों में कुछ आवश्यक कार्यों को छोड़कर अन्य कार्यों को स्थगित कर देना चाहिए। कार्य करने की गति (Speed) में तीव्रता लाकर सभी कार्यों को निपटाया जा सकता है।

समय प्रबंधन की आवश्यकता का विश्लेषण करने पर हम इस परिणाम पर पहुँचते हैं कि कोई कार्य बनाई गई समय-योजना के अनुरूप हुआ है या नहीं तथा उसके कैसे परिणाम आए हैं, योजना सफल हुई या असफल, यदि योजना सफल नहीं हुई तो असफलता का कारण ज्ञात करना चाहिए। कार्य की प्रगति का निरीक्षण समय में ही करते रहना चाहिए ताकि परिवर्तन की जरूरत होने पर उससें परिवर्तन किया जा सके। समय प्रबंधन के मूल्यांकन में यह पता करना चाहिए कि सिद्धांतों को व्यावहारिक रूप दिया जा सका है कि नहीं। अगर परिवार की जरूरत को पूरा करने में योजना सफल रही, तो क्यों नहीं, इसकी जानकारी मूल्यांकन से प्राप्त करनी चाहिए।

सीमित संसाधनों द्वारा अधिकतम आवश्यकताओं की पूर्ति कुशल प्रबंधन का प्रमाण है। यदि खर्च की तुलना में संतुष्टि कम होती है तो निश्चित रूप से यही माना जाता है कि गृह प्रबंधक की कार्य योजना दोषपूर्ण है।

9

कार्य सरलीकरण

कार्य सरलीकरण का प्रमुख उद्देश्य समय व शक्ति में कमी करके उत्पादन स्तर पर सीमित समय में सभी कार्यों के संपादित करने की स्थिति को बनाए रखना है। अतः गृह प्रबन्ध में कार्य सरलीकरण का भी बहुत अधिक महत्व है। दैनिक दिनचर्या में बदलाव कर नीरसता दूर कर सकते हैं, नवीनता ला सकते हैं। ऐसा करने से मनोवैज्ञानिक थकान नहीं होती। कार्य को करने में शारीरिक गति का मूल्यांकन कर गति तथा वेग में सुधार लाया जा सकता है। एक विशिष्ट कार्य में अनचाहे कार्य को हटा कर सुधार कर सकते हैं तथा समय की कटौती कर सकते हैं, कुछ घरेलू उपकरणों का प्रयोग करके समय में कटौती कर सकते हैं। गृहिणी के पास किस समय ज्यादा कार्य भार है तब कार्य को सरल बनाकर, अथवा कुछ अनावश्यक कार्य हटाकर अपने कार्य भार को कम कर सकती हैं। सीमित समय में कार्य को पूरा करने के लिए यह अनिवार्य होता है कि कार्य लगातार करने से वह एक आदत का रूप ले लेता है। आदत को बदलना मुश्किल होता है, परन्तु कार्य विधि में कोई कमी है, तो ऊर्जा खर्च ज्यादा होती है और बदलना आवश्यक हो जाता है। कार्य के समय शारीरिक स्थिति या बैठने व खड़े रहने की दशा अव्यवस्थित होती है तो कार्य दोषपूर्ण होता है तथा मांसपेशियों में तनाव रहने का कारण होती है, साथ ही रक्त परिसंचरण और तन्त्रिकाओं पर भी जोर पड़ता है। कार्य का मूल्यांकन कर इसे सुधारा जा सकता है। कार्य के सरलीकरण से कार्य क्षेत्र और संगृहीत क्षेत्र को क्रमबद्ध किया जाता है। ऐसा करने से समय तथा ऊर्जा की बचत होती है।

कार्य सरलीकरण की विधि

कार्य सरलीकरण के लिए सही तकनीकों का प्रयोग अनिवार्य होता है। कार्य के अध्ययन करने से किसी भी कार्य का मूल्यांकन करना आसान हो जाता है।

1. प्रत्यक्ष विधि

कार्य सरलीकरण की प्रक्रिया के लिए प्रमुख प्रत्यक्ष तकनीकी निम्नलिखित हैं–

1. स्टॉप वॉच तकनीक–इस तकनीक में कार्य का अध्ययन सेकण्ड समय के भागों का रिकार्ड रखा जाता है। कार्य में भिन्न-भिन्न क्रियाओं में लगे समय को समय मापक इकाई में दर्शाया जाता है। एक समय मापक इकाई एक सेकण्ड का 0.036 भाग होता है या एक मिनट का 0.0006 भाग होता है। सुधार लाने में यह फायदेमंद है।

2. मेमोमोशन अध्ययन–इसमें विश्लेषण को सरल कर कुल गतियों पर प्रकाश डाला जाता है। फिल्म का विश्लेषण प्रतीकों के प्रयोग द्वारा किया जाता है। इसमें भी समय को नापने के लिए उपकरण का प्रयोग किया जाता है।

3. माइक्रोमोशन फिल्म विश्लेषण–कार्य सरलीकरण की इस विधि में कार्य का गतीय चित्र सामान्य स्थितियों में सम्पन्न किया जाता है। चित्र या फिल्म का एक स्थायी रिकार्ड रखा जाता है। कार्य समाप्ति पर एक चार्ट के द्वारा विश्लेषण किया जाता है तथा हाथ एवं शरीर के अन्य भागों द्वारा की गयी क्रियाओं का अध्ययन किया जाता है। कार्य सम्पादन को सरल बनाकर गलतियों को सुधार कर पुनः गतीय चित्र उतारा जाता है तथा कार्य की जटिलता को समाप्त करने तथा उसे गतिशील बनाने का हरसंभव प्रयास किया जाता है।

4. साइक्लोग्राफ विधि–इस फोटोग्राफिक विधि का प्रयोग किसी कार्य को करने के लिए दी जाने वाली गतियों के अध्ययन से किया जाता है। उपयोग में लाने के लिए इसे शरीर के किसी भाग से जाना जाता है। जब इस यन्त्र को शरीर के किसी भाग में जोड़ा जाता है तो उस भाग की क्रियाओं को बल्ब के प्रकाश का रेखीय चित्र बताता है। कार्य में सुधार के लिए पुनः रेखीय चित्र उतार कर कार्यकर्ता कार्य का मूल्यांकन कर सकता है।

पेन और पेन्सिल विधि

गृहिणी स्वयं अपने द्वारा किये गये कार्य का विश्लेषण एवं उसमें सुधार लाकर कार्य सरलीकरण करे इसी उद्देश्य से कुछ सरल अध्ययन विधियाँ हैं।

1. प्रोसेस चार्ट –प्रोसेस चार्ट में कार्यकर्ता के प्रत्येक चरण का विवरण दिया जाता है। यह विधि एक शोध अध्ययन है जिसमें अलग-अलग क्रियाओं को प्रतीकों के रूप में दर्शाया गया है। कुछ प्रतीक इस प्रकार हैं–

प्रतीक	*प्रतीक का नाम*
●	एक स्थान से दूसरे स्थान पर जाना
❒	काम करने का प्रकार
✻	रुकावट
▼	क्रिया और गति साथ करना

छोटा गोला दर्शाता है कि कार्यकर्ता एक स्थान से दूसरे हाथ से काम हो रहा है बड़ा गोला यह है कि एक ही स्थान पर खड़े होकर हाथ के लिए गमन कर आयात मात्रा और गुणों की जाँच करने को बताता है। त्रिभुज देरी या कुछ नहीं होना बताना है। इसी प्रकार से वर्ग चलने की क्रिया के साथ-साथ हाथ की गामकता को बताता है।

प्रोसेस चार्ट

क्रम	*एक स्थान से दूसरे स्थान जाना*	*हाथ की क्रिया*	*रुकावट*	*निरीक्षण*	*विवरण*
1.	●	❒	✻	▼	टेबल की ओर जाना
2.	●	❒	✻	▼	ट्रे में बर्तन, मेट,
3.	●	❒	✻	▼	चम्मच आदि
4.	●	❒	✻	▼	निकालना
5.	●	❒	✻	▼	दुविधा
		❒	✻	▼	चद्दर निकालना
			✻	▼	टेबल की ओर जाना
				▼	टेबल सजाना
				▼	निरीक्षण करना
					● –2, ❒–3, ✻ –1, ▼–1=7

उपरोक्त चार्ट को देखकर गृह कार्य में से किसी एक कार्य का अध्ययन कर यह पता किया जा सकता है कि कार्य करने में कौनसा भाग ज्यादा है और उनका क्रम क्या है? गृह कार्यों को समाप्त करते समय कार्यकर्ता का निरीक्षण किया जाता है। अतः इस चार्ट को "प्रोसेस चार्ट व्यक्ति विश्लेषण" कहा जाता है। चार्ट का मूल्यांकन कर कार्य की क्रियाओं को क्रमबद्ध कर जो आवश्यक क्रियाओं को हटा

कर एवं दो क्रियाओं का एक साथ काम सरलीकरण किया जा सकता है। पुनः चार्ट द्वारा अध्ययन कर दोनों की तुलना की जाती है।

2. ऑपेरशन चार्ट –ऑपरेशन चार्ट प्रोसेस चार्ट के समान ही होता है तथा वही चिन्हों या प्रतीकों का प्रयोग होता है। विभिन्नता मात्र इतनी है कि प्रोसेस चार्ट पूरे कार्य का मूल्यांकन करता है तथा ऑपरेशन चार्ट में दोनों हाथों की क्रिया का अध्ययन किया जाता है। छोटा वृत्त भुजाओं की गति और बड़ा वृत्त उँगलियों की गति को प्रदर्शित करता है। त्रिभुज विभिन्नता भुजा एवं उँगलियों दोनों का आलस्य दर्शाता है। इसमें प्रोसेस चार्ट की तुलना में अधिक कौशल की आवश्यकता होती है। हाथ का विभिन्न निरीक्षणकर्ता द्वारा निरीक्षण किया जाना चाहिए।

ऑपेरशन-चार्ट

बायाँ हाथ विवरण	प्रतीक	प्रतीक	दायाँ हाथ विवरण
1. सब्जी निकालना			हाथ बर्तन के किनारे रखना
2. सब्जी बनाने के लिए			बर्तन को पकड़ना
भगोना उठाना			सब्जी डालना
3. सब्जी हिलाना			सब्जी छौंकना

3. मल्टीमैन चार्ट--पेन-पेन्सिल की यह विधि प्रोसेस चार्ट के समान होता है। यह एक ऐसी क्रिया के अध्ययन के लिए उपयोग किया जाता है जिसमें एक समय में ही दो या दो से अधिक काम करते हों। कार्य विश्लेषक में यह चार्ट विशेष सहायक होता है।

4. पाथवे चार्ट–कमरे का योगफल इसी विधि में निर्धारित किया जाता है। पिन तथा धागे की मदद से एक ड्राईंग बोर्ड पर नक्शे में जिस स्थान से कार्यकर्ता, कार्य आरंभ करता है, पिन लगा दी जाती है। जैसे ही गृहिणी दूसरे स्थान पर जाती है वहीं पर पिन लगा कर उसके चारों ओर धागा लपेटा जाता है। काम के अन्त में पूरे धागे की लम्बाई माप कर दूरी का पता चलता है। कार्य करने की दशा में सुधार के लिए भी इसका प्रयोग किया जाता है।

कार्यक्षेत्र परिवर्तन की श्रेणी

कार्य परिवर्तन द्वारा कार्य क्षेत्र में परिवर्तन से भी कार्य का सरलीकरण हो जाता

है। हर आदमी के कार्य करने का तरीका भिन्न-भिन्न होता है। यह उस आदमी पर निर्भर करता है कि वह अपने कार्य तथा दिनचर्या को किस प्रकार से आसान बनाकर क्रमबद्ध करता है। एक गृहिणी के लिए एक कार्य के लिए एक कार्य विधि सरल हो सकती है दूसरे के लिए नहीं। कार्य सरलीकरण का निर्णय गृहिणी को स्वयं करना होगा।

श्रेणी I हाथ और शरीर की स्थिति में परिवर्तन
श्रेणी II काम, संग्रहीकरण क्षेत्र और उपकरण में परिवर्तन
श्रेणी III उत्पादन में बदलाव।

श्रेणी I हाथ और शरीर के तरीकों में बदलाव—इस श्रेणी में हाथ और शरीर के तरीकों में बदलाव भिन्न-भिन्न प्रकार से कर सकते हैं—

(अ) काम की गति को कम करके, शुरू में क्रिया को हटाकर काम को आसान किया जा सकता है। गति हमेशा लयपूर्ण ढंग से करनी चाहिए, बार-बार रुकावट लाने से कार्य दुबारा शुरू करने में अधिक समय खर्च होता है।

(ब) रोज का काम व्यवस्थित कर काम की तरक्की में सुधार लाया जा सकता है। एक कार्य को पूरा करने में कई क्रियाएँ करनी पड़ती हैं। इन क्रियाओं को व्यवस्थित कर, सोच-विचार कर कार्य करने से क्रियाओं की संख्या में कमी की जा सके। एक क्रिया सम्पादन करने के समय अगली क्रिया के बारे में सोच-विचार कर लेना चाहिए ताकि आगे कार्य बिना रुकावट हो सके।

(स) कई बार 2-3 कार्य अथवा क्रियाएँ एक साथ कर लेने से भी कार्य को आसान किया जा सकता है। ऐसा कार्य जिसमें कम देख-रेख रखनी पड़ती हो, उसके साथ-साथ दूसरा कार्य भी समाप्त किया जा सके। अगर दिमाग में कार्य प्रणाली एवं कार्य को क्रमबद्ध किया जाए, तो 2-3 काम एक साथ करना सम्भव हो जाता है।

श्रेणी II काम, संग्रहीकरण क्षेत्र और उपकरण में बदलाव—कार्य सरलीकरण को संगृहीत एकत्रित करने से काम के स्थान की व्यवस्था महत्त्वपूर्ण स्थान रखती है। इससे जगह स्थान में संगृहीत स्थान की व्यवस्था, उपकरण लगाने की ठीक जगह, कार्य क्षेत्र की ऊँचाई और चौड़ाई पर अधिक बल दिया जाता है। कार्य से सम्बन्धित सभी सामग्री तथा वस्तुएँ कार्य क्षेत्र के आसपास ही एकत्रित करनी चाहिएँ। संगृहीत क्षेत्र में वस्तुएँ इस प्रकार से व्यवस्थित करनी चाहिएँ कि पहले काम में आने वाली वस्तुएँ आगे तथा सामने और कभी-कभी काम में आने वाली वस्तुएँ पीछे की ओर रखनी चाहिए।

सामग्री तथा वस्तुएँ ऐसे एकत्रित करनी चाहिए कि आसानी से देखी और निकाली जा सकें। लेबल लगा कर या पारदर्शी कांच या प्लास्टिक के डिब्बे/शीशी में एकत्रित करें।

घर का आवश्यक सामान कार्य क्षेत्र के आसपास ही एकत्रित करना चाहिए। उपकरण को काम पड़ने पर निकालना व दुबारा अन्दर रखने में समय तथा ऊर्जा का बेकार उपयोग होता है। उपकरण अगर बिजली से चलने वाला है तब बिजली के प्लग प्वाइंट व बोर्ड की व्यवस्था अलग होनी चाहिए, ताकि काम पड़ने पर जल्दी सुविधापूर्वक ढंग से काम में लिया जा सके। घरेलू उपकरण का ज्यादा उपयोग करने से कार्य जल्दी से होता है साथ ही समय तथा ऊर्जा की भी बचत होती है।

कार्य सरलीकरण में कार्यों की व्यवस्था में परिवर्तन विशेष महत्वपूर्ण होता है। कार्य क्षेत्र की ऊँचाई, कार्यकर्ता की ऊँचाई तथा उसकी शारीरिक संरचना के अनुसार होनी चाहिए। रसोईघर में सबसे उपयुक्त ऊँचाई रखने के लिए पत्थर अलग-अलग ऊँचाई पर लगाना चाहिए। कुछ घरेलू कार्यों में ऊर्जा का व्यय अधिक होता है। उदाहरणार्थ—आटा गूँथना जैसी प्रक्रिया को नीचे या कम ऊँचाई वाले पत्थर पर करना आसान रहता है, नहीं तो कन्धे की मांसपेशियों पर ज्यादा जोर देने से दर्द होने लगता है। कार्य करते समय स्थान की ऊँचाई कार्य करने वाले की सुविधानुसार होनी चाहिए। ठीक ऊँचाई न होने पर झुककर काम करना पड़ता है जिससे कमर की मांसपेशियों पर जोर पड़ता है बदलाव की आवश्यकता को समझ कर काम का स्थान बनवाना चाहिए। यदि ऊँचाई में परिवर्तन करना खर्चीला या असम्भव है तो पत्थर या पट्टे का उपयोग करना उचित रहता है।

ऊर्जा इस समय अधिक खर्च होती है जब कार्यक्षेत्र में स्थिति ठीक नहीं होती है। वस्तुएँ, सामग्री, छोटे उपकरण और बर्तन या अन्य वस्तुएँ ऐसे स्थान पर इकट्ठी करनी चाहिएँ जहाँ पर आराम से पहुँचा जा सके। भारी सामान व बर्तन को नीचे की ओर तथा हल्का ऊपर के भागों में व्यवस्थित करना चाहिए। कार्य क्षेत्र से सम्बन्धित सामग्री उसी में रखनी चाहिए ताकि कार्य करने में किसी प्रकार की समस्या न हो।

वर्ग III—उत्पादन में परिवर्तन—उत्पादन में बदलाव परिवार के आर्थिक साधन की उपलब्धता तथा काम के स्तर पर आधारित होता है। यदि परिवर्तनशील स्तर हो तब केवल उत्पादित वस्तु के परिणामों पर ज्यादा बल दिया जाता है। किन्तु परम्परागत स्तर में बदलाव सम्भव नहीं होता है; वे स्थिर रहते हैं।

विभिन्न प्रकार के उपकरण कार्यों को सरल बनाते हैं। उदाहरण के लिए

नायलॉन के कपड़ों को काम में लेने से ज्यादा आइरन करने की आवश्यकता नहीं होती, साथ ही साथ उसे धोना भी आसान होता है। इससे समय तथा श्रम दोनों की स्थिति में परिवर्तन होता है।

उपरोक्त विश्लेषण से हम इस परिणाम पर पहुँचते है कि कार्य शक्ति व्यवस्थापन के द्वारा लक्ष्य निर्धारित कर उसे पाने के लिए शक्ति का उपयोग किया जाता है। इसमें शक्ति व्यय का प्रारूप तैयार कर बाह्य तथा अन्तः घरेलू क्रियाओं में संतुलन स्थापित किया जाता है। इसमें थकान को कम-से-कम करने का प्रयत्न किया जाता है। थकान को कम करने के लिए प्रभावोत्पादक विधि का उपयोग किया जाता है।

कार्य सरलीकरण की प्रक्रिया में लक्ष्य निर्धारित कर शक्ति का उपयोग किया जाता है। शक्ति व्यय का प्रारूप तैयार कर घरेलू और बाह्य क्रियाओं में संतुलन स्थापित किया जाता है। इसमें थकान को कम करने के लिए तरह-तरह के उपाय खोजे जाते हैं।

10

गृह निर्माण हेतु बजटन

परिवार में विभिन्न प्रकार के खर्चे होते हैं ऐसी स्थिति में प्रबंधित बजट निर्माण करना अनिवार्य होता है। अन्य लोगों के बीच सुविधा साधनों को कुशलता से वितरित नहीं किया जा सकता। गृह परिवार को कई तरह से सुरक्षा प्रदान करता है। यह मानव की तीन मूल आवश्यकता में से एक है। प्राचीन काल से ही मानव ने गृह की आवश्यकता का अनुभव किया, तभी तो सभ्यता के आरंभ में मानव गृह निर्माण की ओर ध्यान देने लगा।

बजटन का महत्व

गृह में बजटन के निर्माण को बिंदुगत रूप से नीचे उल्लेखित किया गया है–

1. गृह निर्माण

गृह नियोजन के समय निम्नवत् तथ्य महत्वपूर्ण भूमिका निभाते हैं–

(i) दिशा का ध्यान–गृह सदैव उत्तर-पूर्व मुखी ही उत्तम होता है। प्रातःकाल का सूर्य गृह को सुख और स्वास्थ्य प्रदान तो करता ही है, गृह को प्रकाशवान भी बनाता है। योजना बनाते समय यह नहीं भूलना चाहिए कि शयन कक्ष उत्तर-दक्षिण या दक्षिण-पश्चिम मुखी हो, ऐसा करने से अस्त होते हुये सूर्य का प्रकाश तो मिलेगाा ही साथ ही इससे वातावरण में शुद्धता बनी रहेगी।

(ii) खिड़कियों की सही व्यवस्था–गृह के पूर्व-पश्चिम तरफ होने की दशा में खिड़कियाँ तथा दरवाजे बड़े होना ही सही रहता है, ऐसी योजना से गृह और कमरों के आर-पार पूर्व से पश्चिम एवं पश्चिम से पूर्व की तरफ हवा स्वतन्त्रता से विचरण कर गृह के तापमान को नियन्त्रित करती है। शयनकक्ष की खिड़कियाँ इस प्रकार होनी चाहिएँ कि अनावश्यक वायु अंदर न प्रवेश कर सके।

(iii) रसोई घर की स्थिति–रसोई घर के पूर्व तरफ या पश्चिम मुखी होने

से सूर्य की किरणें सीधी नहीं पड़ती तथा यह क्षेत्र सीलन इत्यादि से भी मुक्त रहता है। ऐसा होने से यहाँ का तापमान भी सुखद, गर्म तथा ठण्डा रहता है।

2. गृह का दृश्य

(क) गृह निर्माण के वक्त निवासियों के समक्ष रहने वाला दृश्य सुखद रहना आवश्यक होना चाहिए। उदाहरणार्थ यदि प्राची पर उगते हुये सूर्य का दृश्य, हरी-भरी बगिया, पुष्प लदी रंगबिरंगी डालियाँ, पर्वतों की हिमाच्छादित शिखाओं का मनोरम दृश्य या सागर की स्वच्छंद लहरें, चित्ताकर्षक तथा मन को आनन्दित करने वाले दृश्य हैं। यह प्रतिदिन की ऊब को दूर कर जीवन के प्रति नई उत्साह देने वाले भी होते हैं।

(ख) गृह की सुरक्षा—सूर्य के प्रकाश और वायु की स्वच्छता के साथ-साथ घर की खिड़कियाँ ही निवासियों का सम्बन्ध बाहर के दृश्य एवं अन्य लोगों से जोड़ने का महत्वपूर्ण जरूरी साधन है। जिस मकान में खिड़कियाँ तथा झरोखे न हों वह कारागार के समान ही उदास दिखने वाला होता है। उस गृह के निवासी कभी भी सुखद स्थिति में नहीं होते, वह चिड़चिड़े स्वभाव के तथा अस्वस्थ शरीर के होते हैं। दरवाजों का तो सीधा सम्पर्क होता है—बाह्य जगत तथा अंदर जीवन से। लेकिन यह भी नहीं भूलना चाहिए कि गृह में खिड़कियों और दरवाजों का अस्तित्त्व परिवार के सुख-सुविधा के लिये ही होता है।

खिड़कियों एवं दरवाजों की स्थिति निश्चित करते समय ध्यान रखना चाहिए कि यह सुविधा परिवार के लिये गम्भीर असुविधा का कारण ही न बन जाये। इन पर पतली जाली लगाना भी आवश्यक होता है, यह जाली मच्छर एवं मक्खी का प्रवेश बन्द करने में मददगार होगी और सूर्य का प्रकाश तथा शुद्ध पवन का संचार का अवरोध भी नहीं करेगी। नवागन्तुक अंदर नहीं झाँक सकेंगे लेकिन गृह निवासी बाहरी दृश्य को आराम से देख लेंगे। सूर्य के तीव्र प्रकाश एवं हवा के अनावश्यक वेग को रोकने के लिये खिड़कियाँ और दरवाजे परदों से ढके रहने चाहिएँ। सुन्दर परदों से गृह की गोपनीयता तो बनी ही रहती है, आन्तरिक सज्जा भी आकर्षक दिखने लगती है।

(ग) घर का समूहीकरण—गृह की योजना बनाते समय की दिनचर्या और सुविधा को ध्यान में रखकर स्थान का समूहीकरण कर लेना उचित रहता है। गृह में स्वागत कक्ष, अतिथि कक्ष, भोजन कक्ष तथा रसोई घर इस प्रकार से नियोजित किये जायें कि आने वाले अतिथि से गृह का निजित्व प्रभावित न हो। भोजन की व्यवस्था या परोसने के समय संपूर्ण सामग्री दिन निवास करने वाली हो तो उसके

लिये विश्राम का स्थान और स्नान गृह ऐसे स्थान पर हो जहाँ परिवार के अन्य सदस्यों के कार्य में बाधा न पड़े। अगर गृह दो गृहिणी के कार्यों का स्थान ऐसे नियोजित हो कि कम परिश्रम एवं कष्ट के ज्यादा काम हो सके तथा व्यर्थ की भागादौड़ी से थकान भी न हो। इससे भी समय की बचत होती है।

3. स्थान की समीपता

घर में कार्य करने के लिए अलग-अलग कमरे होते हैं। इनके बीच की दूरी अधिक नहीं होनी चाहिए। योजना में स्थान की बचत होती है, आर्थिक लाभ ज्यादा होता है और कार्य करते समय श्रम भी कम करना पड़ता है, जैसे शयन कक्ष के साथ ही वस्त्र इत्यादि रखने तथा बदलने का स्थान, शृंगार मेज और प्रसाधन रखने की व्यवस्था एवं स्नानगृह। इसी रसोईघर के साथ खाद्य पदार्थ के भण्डारण की उचित व्यवस्था, बर्तन मांजने, धोने तथा रखने का स्थान, सफाई के लिये झाड़न, ब्रुश, झाड़ू, डस्टर इत्यादि के लिये स्थान। इसी प्रकार क्षेत्रफल कम-से-कम 15' × 12' होना ही चाहिए। बड़े गृह में इस कक्ष को ज्यादा बड़ा भी किया जा सकता है, अगर बैठक के साथ ही भोजन कक्ष की योजना भी हो तो यह कमरा कम-से-कम 13' × 22' का होना चाहिए। यह कक्ष आयताकार भी बनाया जा सकता है और अंग्रेजी के अक्षर 'L' के आकार का भी बनाया जा सकता है। आधुनिक गृह में रसोई घर का स्वरूप पूरी तरह से बदल हो चुका है।

आधुनिक सज्जा के कारण रसोई घर ज्यादा बड़ा बनाने की जरूरत नहीं है। मूल रूप से इस पर भोजन पकाना, बर्तन इत्यादि रखना, बर्तन मांजने-धोने का सिंक तथा जल भंडारण की छोटी टंकी तथा खाद्य पदार्थ का भंडारण, घरेलू सुविधा के लिए सामग्री की अलमारियाँ एवं शैल्फ होती हैं।

साधारण घरों में 8' × 10' का रसोई घर इन सभी कार्यों के लिए पर्याप्त होता है। रसोई घर की दीवारों पर अलमारियों की सही व्यवस्था से इस स्थान को आरामदायक बनाया जा सकता है। गृह के बीच में हॉल, लॉन य गैलरी इस तरह व्यवस्थित हो कि उस स्थान का प्रयोग सामान्य काम-काज की ऊब मिटाने के लिए हल्का-फुल्का मनोरंजन भी वहीं बैठकर कर सके। वाचनालय की व्यवस्था होनी चाहिए। सबसे प्रमुख है विश्राम कक्ष, स्नान गृह और शौचालय। अगर भूमि कम हो तो घर को भीड़-भाड़ से बचाने के लिये मुख्य शयन कक्ष ऊपर की मंजिल पर बनाया जा सकता है। अगर ऊपर की मंजिल के सोने के कमरे बच्चों के लिये हों तो, परिवार के किशोर एवं वयस्क बच्चों को भी किसी प्रकार की समस्या नहीं होगी। अगर सम्भंव हो तो बच्चों के मित्रों के लिये छोटा-सा स्वागत कक्ष भी बनवा लेना

चाहिए। शयन के लिये 10' × 13' का कमरा पर्याप्त रहता है लेकिन इसके साथ स्नान गृह एवं शौच होना जरूरी है। बड़े गृह के नियोजन में सोने के कमरों की संख्या चार तथा उससे भी अधिक हो सकती है, प्रत्येक कमरे के साथ प्रसाधन कक्ष भी हो सकता है। परन्तु अतिनिम्न वर्ग छोटे से गृह को ही अच्छी तरह नियोजित कर सुख से निवास कर सकते हैं।

गृह योजना में वरांडा, टैरस, पोर्च, फालतू सामान रखने के लिये स्थान, नौकर के लिये कमरा, अध्ययन कक्ष तथा पुस्तकालय सुविधा अनुसार बनाये जा सकते हैं। लेकिन लॉन एवं आंगन अनिवार्य होता है।

4. निर्मित और अनिर्मित स्थल

पहले घनत्व कम होने के कारण शहरी निवास स्थल काफी बड़े होते थे। उनके चारों तरफ बड़ा लॉन, वरांडे, एवं आंगन होते थे। गाँवों में तो गृह का 60% भाग अनिर्मित ही होता था। औद्योगीकरण के कारण नगर में जनसंख्या का घनत्व बढ़ गया है और आवासीय भूमि की समस्या में वृद्धि हो गयी है। भूमि का मूल्य भी काफी बढ़ कर आकाश छूने को है। इसलिये गृह छोटे होते जा रहे हैं। छोटे भू-भाग पर बड़े-बड़े लॉन तथा खुले आंगन बनाना व्यावहारिक भी नहीं रहा तथा उनकी देखभाल भी मुश्किल हो गई है। इसका यह तात्पर्य नहीं है कि गृह माचिस की डिबिया जैसे तंग और बन्द हो, उपलब्ध भूमि एवं सीमित साधनों का सही उपयोग कर, भूमि का क्षेत्रफल, आर्थिक साधन, परिवार का संगठन और अपेक्षाओं को ध्यान में रखते हुए लॉन एवं आंगन को संकुचित तो किया जा सकता है परन्तु एकदम अवांछनीय नहीं कहा जा सकता। इन बातों को ध्यान में रखते हुए गृह योजना को दो भागों में वर्गीकृत किया जा सकता है–

(2) अनिर्मित क्षेत्र–भू-भाग चाहे कितना भी छोटा क्यों न हो लेकिन गृह में हरी घास का नन्हा सा टुकड़ा या छोटी सी पुष्प वाटिका का शाक वाटिका की एक ही क्यारी गृह निवासियों को उमंगित करने के लिये काफी होती है। पेड़-पौधे भी व्यक्ति के लिये उतने ही वांछनीय हैं जितना भोजन और निवास। गृह के अग्रिम भाग में खुला लॉन स्वस्थ हवा प्रदान करता है, परिवार के बच्चों को प्रकृति के करीब लाता है, चित्त को प्रसन्न करता है और गृह को सौंदर्य प्रदान करता है।

गृह-निर्माण के नियमानुसार भू-भाग का चालीस प्रतिशत भाग अनिर्मित रखना चाहिए। चाहे वह लॉन हो, या टैरस, आंगन हो या शाक वाटिका। लॉन गृह को सुन्दर तो बनाता है लेकिन बहुत बड़ा लॉन भू-भाग का अपव्यय तो है ही कष्ट की वजह भी है। मँहगाई के कारण गृह स्वामी को घर के अनेक काम अपने आप

ही निपटाने पड़ते हैं। उसी में लॉन भी है। बड़ा लॉन कीड़-मकौड़े का स्वर्ग तो बनता ही है, उचित देखभाल न होने से अनियन्त्रित जंगल का रूप भी धारण कर लेता है। छोटे भू-भाग के लिए खुला टैरस काफी उपयोगी सिद्ध होता है, इस प्रकार की व्यवस्था में बच्चों के खेलने तथा अतिथियों के बैठाने का स्थान भी निश्चित हो जाता है। मकान के मध्य या पिछले हिस्से में बने आँगन का प्रयोग जैसे कपड़े धोने तथा सूखने का काम, गृहिणी खुले में धूप तथा स्वच्छ हवा का आनन्द लेती हुई भोजन की तैयारी भी कर सकती है।

यह स्थान या क्षेत्र विभिन्न व्यापरिक गतिविधियों के लिए विशेष उपयोगी होता है। अगर आंगन के साथ दो एक क्यारी शाक वाटिका के लिए निर्धारित की जाये तो परिवार के सदस्य कुछ निर्माण का आनन्द तो लेते ही हैं बच्चों का ज्ञान भी बढ़ता है तथा स्वच्छ ताजी सब्जी का फायदा थोड़े-सी मेहनत से मिल सकता है। अगर जगह हो तो दो-एक फलदार पेड़ भी इसी अनिर्मित क्षेत्र में लगाये जा सकते हैं, इससे गृह की शोभा बढ़ती ही है वायु प्रदूषण से भी संरक्षण मिलता है। पपीता, केला जैसे पेड़ तो ज्यादा स्थान भी नहीं घेरते तथा लाभप्रद भी होते हैं। गृह के बाह्य क्षेत्र में अगर ज्यादा स्थान न भी हो तो फूलदान में छोटे पौधे लगाकर गृह की शोभा बढ़ाई जाती है। अनिर्मित और निर्मित क्षेत्र के सही संतुलन एवं उपलब्ध भू-भाग के सही उपयोग से ही सपनों का घर सुखद एवं सुविधाजनक बन सकता है।

(2) निर्मित क्षेत्र—इसी क्षेत्र में गृह एवं वाटिका निर्माण का कार्य किया जाता है। निवासियों की सुरक्षा, सुविधा और विश्राम का दायित्व इसी भाग पर रहता है। भूमि की कमी और आर्थिक दबाव के कारण अनेक बार व्यक्ति सुविधा एवं स्वास्थ्य को ध्यान में लिये बिना ही बहुत सा क्षेत्र निर्मित कर लेता है। कभी-कभी तो ऐसा इसलिए किया जाता है कि गृह को किराये पर देने का लोभ। ऐसा करते समय उसे अपनी परिवार की आवश्यकता का भी ध्यान नहीं रहता। वास्तुकारों ने स्थान का निर्धारण इस प्रकार किया है—

एक प्राणी के लिये	400 वर्ग फुट
दो प्राणियों के लिये	800 वर्ग फुट
तीन प्राणियों के लिये	1000 वर्ग फुट
चार प्राणियों के लिये	1200 वर्ग फुट
पाँच प्राणियों के लिये	1450 वर्ग फुट
छः प्राणियों के लिये	1550 वर्ग फुट

भू-भाग का 60% भाग ही निर्मित क्षेत्र होना चाहिए और अगर गृह बहुमंजिला है तो यह क्षेत्र 50%ही रखना सही रहता है। भारत की ग्रीष्म और शिशिर ऋतुयें

दोनों ही तीव्र हैं परन्तु ग्रीष्म अधिक लम्बी एवं कष्टदायक होती हैं। इसलिये गृह की छतें ऊँची तथा खिड़कियों के लिये होना उचित है ताकि स्वच्छ तथा शीतल हवा खिड़कियों से अंदर प्रवेश कर सके और गर्म तथा अशुद्ध हवा रोशनदान के द्वारा बाहर निकल सके। निर्मित क्षेत्र कितना हो, यह फैसला तो स्थानीय नियम अनुसार ही लेना पड़ता है लेकिन कैसा हो एवं सुविधा अनुसार हो यह निर्धारित करने की व्यक्तिगत स्वतन्त्रता है।

गृह के बाहर का मार्ग एवं बगल की गैलरी कितनी चौड़ी हो और किस सामग्री से निर्मित हो यह फैसला भी व्यक्ति स्वयं ही लेता है। लेकिन निवासियों की सुविधा के लिए सड़क से प्रवेश करने का मार्ग कम-से-कम आठ फुट चौड़ा और सीधा होना उचित रहता है और अगर यह क्षेत्र पक्का हो तो ज्यादा आरामदायक होता है। पीछे का आंगन भी पक्का ही ठीक रहता है।

5. गृह योजनाओं का अध्ययन

गृह योजना का अध्ययन बाह्य आकार एवं आन्तरिक-सज्जा से ही लिया जाता है किन्तु तकनीकी नजरिए इस तथ्य से काफी विस्तृत हैं। डिजाईन सिर्फ आकार या सज्जा न होकर गृह का आधार तथा ढाँचा है। एक बार योजना तैयार हो जाने के बाद व्यक्ति की रुचि और अपेक्षा का आदर तो होता है, इन्जीनियर योजना का ढाँचा तैयार करता है। योजना का आधार तो होता है भूखंड की लम्बाई-चौड़ाई, व्यक्ति की रुचि का सीमित आदर ही किया जा सकता है। डिजाईन करते समय भू-खंड की स्थिति, उक्त स्थल की जलवायु और उपलब्ध निर्माण सामग्री को अधिक महत्व दिया जाता है। अगर योजना गृह का भाव पक्ष है तो डिजाईन है उसका ठोस आधार और यथार्थ शरीर। योजना का निर्माण करते समय यह तय कर लिया जाता है कि गृह का कितना क्षेत्र निर्मित होगा तथा कितना अनिर्मित, कितना क्षेत्र किस क्रिया के लिए रखा जाये यह भी नियोजित कर लिया जात है। किन्तु उस परिकल्पना में यह कभी नहीं सोचा जाता कि कितनी गृह की नींव गहरी होगी तथा किस सामग्री से निर्मित होगी या दीवारें कितनी मोटी एवं कितनी ऊँची होंगी या गृह की छत कैसी होगी, यह सारे विचार एवं कार्य डिजाईन करते समय ही विचारणीय होते हैं। घर का अभिकल्प बनाते समय निम्नवत् स्तरों पर ध्यान देने की विशेष जरूरत होती है—

भू-खंड की भौतिक दशा—चट्टानों के लगातार बदलाव से पथरीली भूमि का निर्माण होता है। यह चट्टानें आपस में टकरा कर या नदियों के जल में बहती हुई अन्य स्थल पर पहुँच जाती है। इन छोटे-छोटे कंकड़ों पर गर्मी तथा सर्दी का कोई

प्रभाव नहीं होता, यह जल को भी सोखने में सफल नहीं होती। धरातल के प्रत्येक भूभाग पर वातावरण का प्रभाव पड़ता है। पानी से इसके कण फूलते नहीं हैं एवं सर्दी से सिकुड़ते भी नहीं हैं। यही कारण है यदि ऊपरी सतह रेतीली हो एवं आन्तरिक सतह कंकरीली तो ऐसा स्थल गृह-निर्माण के लिए सही होता है। चिकनी मिट्टी या दलदल वाली धरती पानी पड़ते ही ढीली हो जाती है तथा सूखने पर सिकुड़ जाती है। इसलिए गृह की नींव ठीक तरह से पकड़ नहीं पाती।

गृह का आधार सुरक्षित होना अनिवार्य है क्योंकि व्यक्ति भूखंड का चुनाव सीमित मर्जी अनुसार ही कर पाता है, ऐसा तो नहीं हो सकता कि अत्यन्त शीत स्थलों में रहने वाले एस्कीमों अपनी जन्म भूमि छोड़कर भाग लें या मानसून क्षेत्र के निवासी अपने लिए आवास योजना ही न बनायें। अतः घर का निर्धारण करते समय इसकी नींव मजबूत बनानी चाहिए। सभ्यता के विकास के साथ-साथ गृह के डिजाईन में भी बदलाव आ गया है, नवीन तकनीकी का विकास होने से अब भूकम्प अवरोधी घरों का निर्माण होने लगा है।

भूमि की भौतिक दशा देखकर निर्णय लिया जाता है कि गृह की नींव तथा चौकी का डिजाईन क्या हो, नींव कितनी गहरी हो एवं किस निर्माण सामग्री की बनी हो। नींव की गहराई और चौड़ाई इस पर भी निर्भर रहती है कि गृह निर्माण में कितना भार उस पर आने वाला हैं।

(ii) गृह की नींव—यह घर का सबसे महत्वपूर्ण भाग है, इस पर गृह का ढांचा खड़ा होता है। जलवायु इसी भाग को सबसे अधिक प्रभावित करती है। वर्षो का जल इसी भाग पर असर करता है। नींव सिर्फ जलवायु के परिवर्तन एवं गृह का बोझ ही नहीं सहती, इसके साथ-साथ गृह का संतुलित और समानुपाती निर्माण करने में भी मददगार है।

गृह की नींव ज्यादातर ईंट, कंक्रीट और लोहे से निर्मित होती हैं लेकिन यह डिजाइन करना आवश्यक है कि उक्त नींव किस तरह के गृह का आधार बनने जा रही है। किसी भी गृह की सर्वोत्तम नींव आर0 सी0 सी0 की ही मानी जाती है। साधारण नींव की गहराई गृह की दीवार का तीसरा भाग और नींव की चौड़ाई गृह की दीवार का दुगना ही रहता है उदाहरण के लिए अगर दीवार की चौड़ाई नौ इंच चौड़ी होनी जरूरी है तथा दीवार की ऊँचाई दस फुट रखी जानी है तो नींव की गहराई चार फुट तो रखी ही जानी चाहिए। दोमंजिले गृह की नींव ज्यादा गहरी एवं अधिक चौड़ी आवश्यक होती है। जलवायु के रसायनों से रक्षा हेतु नींव में रासायनिक मिश्रण भी डाला जाता है ताकि नींव मजबूत हो तथा गृह मजबूती से खड़ा रह सके। नींव को जल अवरोधक बनाने के लिए डी. पी. सी. डालना अत्यंत आवश्यक होता है

तथा डी. पी. सी. के ऊपर तारकोल का लेप उसे जलवायु के सभी तत्त्वों से सुरक्षित रखता है।

(iii) घर की दीवारें—घर की दीवारें सुरक्षा और दृढ़ता की प्रहरी मानी जाती है। बाह्य दीवारों पर पृथ्वी के आकर्षण का दबाव, दीवार का अपना भार, दीवार एवं छत पर हवा का दबाव, छत का भार और उस पर होने वाली क्रियाओं का बोझ। दीवार का टिकी बीम तथा स्लैब का अचल बोझ होता है।

ध्यान में रखते हुए दीवार की लम्बाई, चौड़ाई एवं ऊँचाई उपर्युक्त बातों में तय की जाती है। इसके अलावा गृह की बाह्य दीवारों को ऋतु परिवर्तन, दिन की गर्मी एवं रात की सर्दी, सूखे और वर्षा का दबाव सहने के योग्य भी होना चाहिए। ऋतु परिवर्तन से निर्माण सामग्री में फैलाव एवं सिकुड़न पैदा होती है तथा दीवारों में दरारें पैदा हो जाती हैं। ज्यादा शीत और अधिक ताप भी दीवारों को क्षति पहुँचाते हैं। मरुस्थल में प्रायः देखा गया है कि शीतकाल में दीवार ढहने की सबसे ज्यादा दुर्घटनायें होती हैं। अति शीत क्षेत्र में रहने वाले लोग तो अपने लिए बर्फ के गृह ही बनाते हैं।

दीवार का निर्माण करवाते समय इसकी लम्बाई-ऊँचाई के अनुपात से ही उसकी चौड़ाई तय की जाती है। दीवार की चौड़ाई ईंट जोड़ने वाले मसाले पर भी निर्भर करती है। ईंट की चिनाई, सीमेंट, बालू तथा सुर्खी के मसाले से, चूना सुर्खी या कोयले की राख से और चिकनी मिट्टी भूसे के गारे से की जा सकती है।

स्टील एवं ईंट की दीवार पर जलवायु परिवर्तन का प्रभाव पड़ता है। वर्षा के जल, समुद्र के नमकीन जल, तेज हवाओं के दबाव की वजह से क्षतिग्रस्त होने पर टूटती और ढहती है। इससे सुरक्षा प्रदान करने के लिए दीवारों पर 1-2 सेन्टीमीटर तक सीमेंट और बालू का पलस्तर जरूरी है। जलवायु होने वाले परिवर्तनों को गृह निर्माण के समय ध्यान में आवश्यक रखना चाहिए और इसे पानी के खार से भी सुरक्षित करने के लिए प्रारंभ में सीधा पानी न डाल कर टाट से ढक कर नमी रखनी पड़ती है।

स्लैब एवं लिंटल का प्रयोग कमरों की दीवारों व खिड़कियों को बनाने में किया जाता है। दीवारें पत्थर, लकड़ी तथा ठोस कंक्रीट की भी बनाई जाती हैं। लेकिन लकड़ी की दीवार सुदृढ़ नहीं होतीं। कंक्रीट की दीवार पर खर्च ज्यादा करना पड़ता है तथा इसके निर्माण लिए कारीगर भी कम मिलते हैं।

आजकल बाह्य दीवारों पर पत्थर की टाईल लगाने का खूब प्रचलन है। परंतु इसमें खर्च अधिक आता है। घर का बाह्य किवाड़ एक मीटर चौड़ा और दो मीटर ऊँचा होना चाहिए, भीतरी दरवाजे चौड़े कुछ कम हो सकते हैं लेकिन 3/4 मीटर

से कम चौड़े नहीं होने चाहिएँ। गृह का मुख्य प्रवेश द्वार अथवा गेट 2.5 मीटर चौड़ा तथा 2.25 मीटर ऊँचा होना चाहिए। इसी तरह गैराज का दरवाजा 2.5 मीटर चौड़ा तथा 23.25 मीटर ऊँचा जरूर ही होना चाहिए। घर में दरवाजे किस तरफ लगाए जाएँ इसका निर्धारण करते समय निम्नवत् बातों पर विशेष ध्यान रखने की आवश्यकता होती है।

(i) बाह्य किवाड़ के खुलते ही ऊँचा स्थल या सीढ़ी न हो।

(ii) सीढ़ियों में खुलने वाला किवाड़ एकदम सीढ़ी पर ही न खुल कर कुछ पीछे हट कर खुलें।

(iii) बाह्य किवाड़ की सुरक्षा चेन, सिटकनी और कुँड़ा गृह के भीतर से सरलता से खुल सकें।

(iv) गली में खुलने वाला किवाड़ गृह के भीतर न खुलकर गली में ही खुले।

(v) किवाड़ खुलते समय अंदर आने वालों के लिए अवरोधक न बनें तथा खुला रहने पर मार्ग न रोकें।

(iv) खिड़कियाँ-दरवाजे—घर के दरवाजों की बनावट ठीक एवं आकर्षक होनी चाहिए। गृह के अंदर एक स्थान से दूसरे स्थान पर स्वछन्दता से पहुँचने में मददगार होने चाहिएँ। इसी प्रकार खिड़कियाँ प्रकाश, हवा एवं बाहरी दृश्य और भीतर तक लाती हैं, गृह के तापमान को नियन्त्रण में रखती हैं एवं गृह के निजत्व को सुरक्षित रखती हैं।

दरवाजे निम्नवत् प्रकार की सामग्री से बनाए जाते हैं–

धातु के किवाड़—दीमक से बचाने के लिये आजकल स्टील की चौखटों का प्रचलन बढ़ गया है। टीन या लोहे की चादर के दरवाजों का प्रचलन तो काफी पुराना है। स्टील की चौखटों की लागत ज्यादा आती है किन्तु यह मजबूत तथा टिकाऊ होती है और आज का प्रभाव भी इन पर कम पड़ता है। कुल निर्मित क्षेत्र का पन्द्रह प्रतिशत क्षेत्र गृह डिजाईन के नियम के अनुसार खिड़कियों के लिये निर्धारित किया जाना आवश्यक होता है। दरवाजों की तरह खिड़कियाँ भी विभिन्न सामग्री से निर्मित होती हैं, जैसे लकड़ी, कांच, प्लाई, लोहा, लोहे की जाली, एल्यूमीनियम के शटर इत्यादि से। वातानुकूलित गृहों की खिड़कियाँ रंगीन फाइबर ग्लास से निर्मित होती हैं। खिड़कियों का प्रमुख उद्देश्य होता है भीतरी गृह को प्रकाशित करना तथा किवाड़ के बन्द होने पर हवा का संचार करना।

उष्ण एवं गर्म प्रदेशों में खिड़की के तीन भाग होते हैं। चौखट जिस में लोहे की मजबूत जाली या ग्रिल स्थायी रूप से लगी रहती है। ऐसी अवांछनीय व्यक्तियों से सुरक्षित रहने के लिये किया जाता है। बाहरी पतली लकड़ी या धातु के फ्रेम में

जड़ा काँच का होता है जिससे प्रकाश की व्यवस्था ठीक रहती है तथा आन्तरिक पतले लोहे की महीन जाली का होता है जिसका फ्रेम लकड़ी या लोहे का होता है। हवा के संचार के लिये बाह्य पल्ला खोलने पर भीतरी पल्ला मच्छर, मक्खी तथा धूल के कणों से कमरों को सुरक्षित रखता है।

छोटी खिड़कियों की तुलना में बड़ी खिड़कियाँ अधिक आकर्षक होती हैं। स्नानगृह और शौचालय की खिड़कियाँ ऊँची होनी चाहिएँ तथा उसमें दानेदार कांच लगा होना चाहिए ताकि अंदर का दृश्य बाहर दिखलाई न दे। गहरे रंग का काँच ज्यादा उचित रहता है।

लकड़ी के किवाड़—दरवाजों को बनाने की सबसे ज्यादा लोकप्रिय सामग्री लकड़ी ही है। लकड़ी के दरवाजे सुन्दर एवं सुलभ होते हैं। कम लागत पर कोई भी कारीगर अच्छे दरवाजे बना सकता है। विभिन्न रंगों की पॉलिस से इन्हें सजाया भी जा सकता है। किन्तु यदि इनका उचित रख-रखाव न हो तो दीमक लगने का भय सदैव बना रहता है।

शीशे की किवाड़—घर के अंदर के किवाड़ जहाँ प्रकाश की व्यवस्था करनी हो, शीशे के किवाड़ बहुत अच्छे रहते हैं और सुन्दर भी लगते हैं। काँच से प्रकाश प्रतिबिम्बित होता है तथा बाहर का बेकार का शोर भी नियन्त्रित रहता है।

प्लाई के किवाड़—प्लाई के किवाड़ जहाँ हल्के, सुन्दर तथा टिकाऊ होते हैं, लकड़ी के फ्रेम में प्लाई का बोर्ड स्थापित किया हुआ किवाड़ सबसे ज्यादा पसन्द किया जाता है।

(v) घर की छत—प्राकृतिक परिवर्तनों जैसे हिमपात, आँधी-तूफान, वर्षा, एवं अन्य हानिकर खतरों से गृह की सुरक्षा छत करती है। छत घर का सबसे ऊँचा भाग होता है, इसे दीवार के चौखटे पर बनाया जाता है। छत का निर्माण स्थान की जलवायु एवं सुलभ निर्माण सामग्री को देखकर ही किया जाता है। कभी-कभी वास्तुकार की कल्पना अनुसार गृह को सौंदर्य प्रदान करने के लिये भी खास तरह की छत डाली जाती है। घर बनाने की प्रक्रिया में दो प्रकार की छतें बनाई जाती हैं।

(i) समतल छत—समतल छतों का निर्माण लकड़ी की कड़ियाँ, ईंट एवं पत्थर की शिलाएँ, टीन की चादर एवं शुद्ध कंक्रीट भी निर्माण सामग्री हो सकती है। जिन स्थानों पर वर्षा तो होती है किन्तु हिमपात नहीं होता, ऐसे स्थलों के लिए समतल छत ही डाली जाती है। केवल समतल छत से जल की निकासी की समस्या उत्पन्न होती है तथा पानी इकट्ठा होने पर छत गलने का भय बना रहता है। इस समस्या से बचने के लिए पक्की छतों का निर्माण करना चाहिए। छतें पक्कें गृह पर दो तरह की डाली जाती हैं आर. बी. सी. की छत और आर.सी. सी. की छत। आर. बी. सी.

ईंट तथा लोहे की छड़ें या सरिया एवं सीमेंट से डाली जाती हैं। दीवारों के ऊपर पहले लकड़ी के तख्तों का ढाँचा तैयार कर लिया जाता है, छत का सारा क्षेत्र लकड़ी का बन जाता है तो उस पर 3 सेंटीमीटर मोटी परत बालू दी जाती है। बालू सीमेंट के मिश्रण से ईंट की चिनाई की जाती है। इन ईंटों पर सीमेंट, मोरंग तथा बालू का पतला घोल डाल दिया जाता है। तथा उस पर लोहे का सरिया आठ इंच की दूरी पर लम्बाई और चौड़ाई में दोनों तरफ बिछा दिया जाता है। अब ईंट की दराजों में सीमेंट, बालू और चौड़ाई में दोनों तरफ बिछा दिया जाता है। अब ईंट की दराजों में सीमेंट, बालू, और बदरपुर का मिश्रण (1:3:2) के अनुपात में ठीक-ठीक कर भर दिया जाता है। गुणवजा में ऐसी छत पक्की रहती है और सुविधाजनक भी होती है। वर्तमान समय में आर.सी.सी. की छत बनाई जाती है।

आर. सी. सी. की स्लैब डालते वक्त पहले किसी प्रशिक्षित इन्जीनियर से छत का डिजाइन बनवा लेना अच्छा रहता है। इस छत में यदि थोड़ी सी भी भूल हो जाए तो वंह दूसरी बार ठीक नहीं होती। इन्जीनियर गृह एवं हर कमरे के क्षेत्रफल के अनुसार ही सरिया का अनुपात और सरिया के जाल का डिजाइन तैयार करता है। आर. बी. सी. की छत की तरह इस छत के निर्माण से पहले धरती पर लकड़ी की मजबूत बल्लियाँ लगाकर कड़ियों का चौखटा बना लिया जाता है, उस चौखटे पर लकड़ी के तख्ते कीलों से ठोंक दिये जाते हैं। यह कार्य इतनी बढ़िया तरीके से किया जाता है कि तख्तों में कहीं भी दरार न रहे। इसे शटरिंग कहते हैं। शटरिंग के उपरांत लोहा सरिया को बताए गए ढंग से बिछा कर लोहे की तारों से बांध दिया जाता है। इसके उपरांत सीमेंट, पक्की रोड़ी एवं बदरपुर का 1:3:2 के अनुपात का मिश्रण डाला जाता है और अच्छी तरह से ठोंक-पीट कर सारा जाल इस मिश्रण से भर दिया जाता है। आर. सी. सी. की छत डालते समय कुछ विशेष बातों का ध्याान रखना आवश्यक होता है–

(i) शटरिंग पक्की हो।

(ii) छत की हल्की सी ढाल जल निकासी के सांधनों की तरफ इसी स्तर पर रख दी जाए।

(iii) इसी स्तर पर विद्युत और जल की पाईप बिछा दी जाए।

(iv) सरिया का अनुपात प्रत्येक कमरे के क्षेत्रफल के अनुसार ही तय किया जाए सामान्यतः प्रति वर्ग फुट के लिए एक किलोग्राम सरिया पर्याप्त रहता है।

(v) बड़ी खिड़कियों एवं छज्जों पर आने वाले भाग पर बीम डाली जाए।

(vi) यह छत एक बार में डाली जाए, ध्यान रखा जाए कि कहीं कोई दरार या छिद्र न रह जाए।

(vii) छत निर्माण के वक्त वर्षा न हो तथा पानी भी सीधा छत पर न पड़े। वर्षा होने पर निर्माणाधीन छत को बोरों या त्रिपाल से ढ़क दिया जाए।

(viii) छत बनाने के चौबीस घण्टे पश्चात् छत के चारों तरफ एक ईंट की चिनाई कर पानी रोक दिया जाए ताकि कंक्रीट के जमने से पहले सारे छिद्र भर जायें तथा स्लैब का जमाव ठीक हो जाए।

(ix) स्लैब 7 सेंटीमीटर से 10 सेंटीमीटर मोटा होना चाहिए। अधिक मोटा स्लैब दीवारों पर अनावश्यक भार डालता हैं।

(x) पूरे 30 दिन तक यह छत पानी से तर रहनी चाहिए।

(xi) दस से पन्द्रह दिन बाद शटरिंग खोल दी जाती है।

(xii) दीवारों एवं छत के दबाव को समतल बनाने के लिए स्लैब डालने के तीसरे दिन ईंट की मुंडेर बनाना आवश्यक होता है।

(ii) ढालदार छत—इस प्रकार की छतें उन प्रदेशों में बनायी जाती हैं जहाँ वर्षा लगभग पूरे साल होती है और अधिक होती है। ऐसी ही छतें हिमपात वाले प्रदेशों में भी डाली जाती हैं ताकि बर्फ तथा पानी स्वयं ही बह जाए। स्थान की जलवायु, प्रकाश की व्यवस्था एवं निर्माण सामग्री की आसान उपलब्धि को देखते हुए ढालदार छत बनाई जाती है। ढलवाँ छत इसलिए उपयुक्त होती है कि इससे छत की मजबूती बनी रहती है। दो तरफ ढालदार छत ही ज्यादातर डाली जाती है। ऐसी छत से गृह सुरक्षित रहता है तथा छत का बोझ भी चारों तरफ एक सा पड़ता है।

आजकल छतों में विभिन्न प्रकार के आलेखन बनाए जाते हैं। देखने में भी भव्य तथा सुन्दर दिखती है। बड़े घर के लिये ऐसी ही छत उपयोगी रहती है। अगर गृह को वर्षा के जल एवं धूप दोनों से सुरक्षित रखना हो तो शिखर से ढाल डाल कर दीवार के पास समतल कर दिया जाता है। मकान में पहले की अपेक्षा अब छतों को अलग तरीके से बनाया जाता है। काल से ही भूंसे की पुआल, खजूर के पत्तों, त्रिपाल या मोटे कपड़ों से यह छत बनाई जाती रही है। टीन की चादर, सीमेंट की चादर, मिट्टी की पक्की टाईल, लकड़ी के तख्ते, स्लेट पत्थर की शिलायें इस छत के लिये उपयोगी सामग्री हैं।

गरीब से गरीब व्यक्ति अपने झोपड़े को ऐसी छत से ढ़कता चला आ रहा है, तथा धनवानों के भव्य बंगलों पर भी ऐसी ही छतों का निर्माण होता है। अन्दर तो सिर्फ उपयुक्त सामग्री एवं निर्माण कला का विशेष नमूना प्रस्तुत करने के लिए उत्कृष्ट धातु या बहुमूल्य पत्थर से बनाई जाती है। ऐसी छत काफी सुंदर लगती है।

(vi) छत की ऊपरी सतह—छत की ऊपरी सतह अवरोधक पदार्थों से बनाई जाती है। ढालदार छत पर तो भूसा, टाईल, टीन की चादर इत्यादि डाल दिए जाते

हैं। आर. सी. सी. और आर. बी. सी. की छतों पर सबसे पहले एक कोट तारकोल पर 3 सेंटीमीटर मिट्टी की तह बिछा दी जाती है तथा उसके साथ ही जल अवरोधक रसायन के घोल भी डाल दिए जाते हैं। मिट्टी के ऊपर ईंट की कच्ची रोड़ी बिछा कर ठीक ढंग से तरह से दबा दिया जाता है तथा सबसे ऊपरी सतही पर पक्की टाईल लगा दी जाती है। टाईलों के मध्य के छिद्र एवं दराजें सीमेंट और बालू के 1:4 के अनुपात के मिश्रण से ठीक ढंग से भर दिया जाता है। घर के अंदर वाले भाग में 1 सेंटीमीटर का सीमेंट, बालू का पलास्तर कर दिया जाता है।

(vii) घर का फर्श—कच्चे गृह के फर्श भी कच्चे होते हैं, जिन्हें चिकनी मिट्टी या गोबर से लीपकर साफ रखा जाता है। कुछ मकानों में ईंट के फर्श बना लिए जाते हैं। ऐसे फर्श कच्चे फर्श से ज्यादा सुगम होते हैं तथा इन्हें साफ रखने के लिए लिपाई की आवश्यकता नहीं होती। ईंट के फर्श पर लागत भी कम होती है एवं मेहनत भी कम लगती है। किन्तु ऐसा फर्श न तो देखने में सुन्दर होता है और न ही जल अवरोधक होता है। ईंट के फर्श पर धरती के नीचे की नमी और सीलन हमेशा बनी रहती है तथा दीमक लगने के कारण लकडी के निर्माण को भी हानि पहुँचती है। ईंट के फर्श पर सीमेंट के पक्के फर्श बनाने से पहले भूमि को समतल कर मजबूती से बनवाना पड़ता है ताकि फर्श की सतह एकसार रहे, उस पर हानिकर कीड़ों को मारने के लिए रसायन मिला कर बालू बिछा दी जाती है, जल रोकने के लिए इस रोड़ी पर चूने की पतली तह डाल दी जाती है। इसके उपरांत काँच की पट्टियों के चौखटे फर्श पर बना दिए जाते हैं। इन चौखटों में सीमेंट, पक्की रोड़ी और बदरपुर का 1:1/5:3 का मिश्रण ठीक ढंग से भर दिया जाता है। ऐसा करने में पानी की तराई का खास ध्यान रखना होता है। इस मिश्रण की 3 सेंटीमीटर मोटी तह पर पत्थर की शिलाएँ भी लगाई जा सकती हैं, पत्थर के नन्हें-नन्हें चिप्स सीमेट में मिलाकर भी लगाए जा सकते हैं। मिश्रण साधारण सीमेंट से भी बनाया जाता है। अनेक रंगों के सीमेंट में भी बनता है या सीमेंट में अनेक प्रकार के रंग डालकर भी बनाया जाता है।

इस फर्श को दस दिन के पश्चात् पत्थर से घिसकर चिकना बनाया जाता है। ऐसा कम से कम तीन बार हर आठ दिन के बाद किया जाता है तथा हर घिसाई के बाद छिद्र, दरार आदि पर सीमेंट की मरम्मती लगाना आवश्यक होता है। पानी में यह फर्श इक्कीस दिन तक डूबा रहना जरूरी है। रसोई घर तथा स्नान गृह के फर्श पत्थर की शिलाओं के ही बनाए जाते हैं, बाहरी गैलरी कोटा की शिलाओं से बनाने का प्रचलन ज्यादा है। गृह के ढाँचे के अतिरिक्त जल या विद्युत व्यवस्था, रंगाई और पुताई, सैनिटरी का काम, इन सबके लिए भी प्रशिक्षित कारीगरों एवं सुघड़

परामर्शकर्ताओं की आवश्यकता रहती है। गृह निर्माण का कार्य धैर्य, विवेक, सुघड़ सहायक, अच्छी सामग्री एवं मितव्ययिता सबकी मिल-जुली सफलता पर ही आधारित होता है। इसलिए वास्तुकार तथा इन्जीनियार से प्रारंभ कर छोटे से मजदूर की बराबर की साझीदारी अपेक्षित रहती है।

6. गृह निर्माण

घर के निर्माण के लिये विभिन्न प्रकार की सामग्री का प्रयोग करने का प्रचलन है। यह सामग्री कभी सीधे प्राकृतिक साधनों से उपलब्ध हो जाती है लेकिन ज्यादातर सुविधा अनुसार इसका मानव द्वारा ही निर्माण कर लिया जाता है। प्राकृतिक सामग्री प्रत्येक जगह पर उपलब्ध नहीं होती। सामग्री विस्थापन में अधिक खर्च तथा समय की जरूरत होती है। इससे खर्च भी बढ़ जाता है। दूसरी तरफ मानव निर्मित सामग्री को भी प्राकृतिक साधनों पर ही निर्भर रहना पड़ता है जैसे लाईम-स्टोन का प्रयोग सीमेंट का निर्माण में किया जाता है। इमारती-लकड़ी की पतली तहें जमाकर प्लाईवुड तैयार की जाती है, गारा और मिट्टी को पकाकर ईंटें तैयार की जाती हैं। गृह निर्माण ईंट, सीमेंट, पत्थर, मिट्टी, चूना, इमारती लकड़ी, टाईल, लोहा, काँच, तारकोल, कोयले की राख, रंग, डिस्टैम्पर, पॉलिश, रोगन का प्रयोग किया जाता है।

(i) पत्थर—घरों के निर्माण में पत्थरों का प्रयोग प्राचीन काल से होता रहा है। आज भी ऐतिहासिक भवन इसी सामग्री के सजीव उदाहरण हैं। पत्थर दृढ़ता, टिकाऊपन तथा ऋतुओं और बदलते मौसम के हर वार सहने की उत्कृष्ट क्षमता रखते हैं। इन्हें गृह निर्माण में दीवारों की सजावट, दीवारें चिनने, मजबूत पत्थर से फर्श बनाने, सलेट पत्थर से छतें बनाने के लिए प्रयोग में लाया जाता है। पत्थर को छोटे-छोटे टुकड़ों में तोड़ कर पक्की रोड़ी के रूप में सीमेंट, बालू तथा चूने में मिलाकर गृह की नींव, फर्श पलस्तर, रैक, छत इत्यादि बनाने के काम में लाया जाता है, पत्थर को तोड़कर, बारीक पीसकर सीमेंट तैयार किया जाता है, रंग-बिरंगे पत्थरों के छोटे टुकड़ों को सीमेंट में मिला कर गृह की आन्तरिक सज्जा तथा फर्शों को सौंदर्य एवं मजबूती प्रदान की जाती है। गृह की बाहरी सजांवट के लिये हरा कोटा, लाल पत्थर, संगमरमर का उपयोग किया जाता है। रसोई घर और स्नान घर को स्वच्छ रखने के लिये पत्थर का उपयोग किया जाता है चूँकि पत्थर को साफ रखना सरल होता है तथा भोजन पकाते समय अनेक रासायनिक पदार्थ पत्थर को प्रभावित नहीं करते। सीढ़ियाँ, खिड़कियों की शिलायें, गृह का अनिर्मित भाग या मार्ग पत्थर की बड़ी शिलाओं के बनाने से मजबूत और टिकाऊ होते हैं। साधारणतया पत्थर का प्रयोग अग्नि एवं जल से सुरक्षित होता है। इसलिये निर्माण कार्य में पत्थर प्रयोग कर गृह

को आग से सुरक्षा प्रदान की जा सकती है। पत्थर इतना उत्तम साधन होते हुये भी महंगा होता है, इससे निर्माण करने में बहुत सी सामग्री व्यर्थ भी जाती है तथा कारीगर भी ज्यादा मेहनताना लेते हैं। इसलिये इसका उपयोग साधारण व्यक्ति की पहुँच से बाहर है।

(ii) ईंट—ईंटों की मजबूती एक लंबे समय तक स्थायी रहने वाले घरों का प्रमुख आधार है। अनुभव एवं आवश्यकताओं के साथ-साथ ईंट ने भी अपने अनेक रूप बदले हैं लेकिन प्रयोग सदैव होते रहे हैं। ईंट का निर्माण, गारा, चूना तथा बालू को गूंथ कर साँचे में ढालने के बाद भट्टे में आग पर पकाकर किया जाता है। पत्थर की तुलना में यह छोटी, हल्की एवं निश्चित आकार की होती है। इसलिये गृह निर्माण कार्य में छत बनाने के लिये, सीढ़ियाँ तथा फर्श बनाने के लिये आर्क एवं लिंटल डालने के लिये, किया जाता है। सामान्य तौर पर अव्वल, दो नंबर तथा तीन नंबर की होती है। **अव्वल नम्बर** की ईंट 19 × 9 × 9 घन सेन्टीमीटर के निश्चित माप की होती है, आकार में समानुपाती, सीधी, रंग में एकसार, इनमें कोई दरार, दाग अथवा धब्बा नहीं होता, यह नमी सोख लेती किन्तु सूखने के बाद नमी का कोई प्रभाव निर्माण कार्य पर नहीं होता। अच्छे मिस्त्री तो इसको बजा कर आवाज भी पहचान लेते हैं। **दो नम्बर** की ईंट का आकार तो अव्वल नम्बर वाली ईंट जैसा ही होता है तथा पूरी तरह से पक्की भी होती है, अन्तर सिर्फ यह होता है कि यह थोड़ी टेढ़ी-मेढ़ी एवं अनुपात में नहीं होती। यह नमी भी ज्यादा सोखती है। **तीन नम्बर** की ईंट कभी काफी ज्यादा पक जाती है तथा कभी कम, आकार में बहुत टेढ़ी हो सकती है। इसका रंग भी एक-सा नहीं होता। इसलिये ज्यादातर गृह निर्माण कार्य के योग्य नहीं होतीं किन्तु यदि मूल्य कम होने के आधार पर इसे प्रयोग करना ही पड़े तो इसे आकार के दोष ध्यान में रखते हुये अच्छी-अच्छी ईंट का चुनाव ही करना चाहिए।

अव्वल नंबर ईंट का प्रयोग करने पर गृह का प्लास्टर अनिवार्य नहीं है जो कि अति तीव्र ताप को भी सहन कर लेती हैं। दीवारों की सज्जा के लिये खास रंगों की ईंट भी उपलब्ध हैं। बाहरी सज्जा के लिये चमकीली सतह वाली ईंट भी बनाई जाती हैं। गृह को सौंदर्य प्रदान करने के लिये विशेष आकार की ईंटें, सीमेंट तथा बालू से बनाई जाती हैं ऐसी ईंटों को पकाने की आवश्यकता नहीं होती तथा इन्हें मनचाहे रंग, रूप एवं आकार में बनाया जा सकता है। मकान के निर्माण में ईंट, सुलभ और सुविधाजनक सामग्री होने के कारण सबसे अधिक लोकप्रिय है। इसे जोड़ने के लिये गारा या सीमेंट कुछ भी उपयोग में लाया जा सकता है। एक से

आकार की होने के कारण इसे जोड़ना सरल होता है, ईंट अग्निरोधक, बदलते मौसम को सहने योग्य और ऋतु परिवर्तन से अप्रभावित सामग्री है।

(iii) टाईल–जिन जगहों पर बोझ कम रखना है तथा क्षेत्र ज्यादा घेरना हो वहाँ टाईल का उपयोग किया जाता है। टाईल आकार एवं बनावट में ईंट जैसी होती है लेकिन इसकी मोटाई ईंट से आधी होती है यानी इसका माप 19×9×4 सेन्टीमीटर होती है, इसीलिये यह वजन में हल्की होती है। छोटे घरों, या कच्ची दीवारों पर छत टाईल की ही डाली जाती है। वर्षा का जल सुगमता से निकल जाये इसलिये यह छत ढालदार एवं नालियों वाली बनाई जाती है।

यह टाईलें गृह के बाहरी भाग, पोर्ट या छज्जों की छतों का सौन्दर्य हैं एवं कम भारी होने की वजह एक-दूसरे में पूरी जुड़ी रहती हैं। समतल टाईल गृह की फर्श और समतल छत पर बिछाई जाती हैं। बराबरी आकार होने के कारण इनसे छतों के फर्श सुन्दर एवं जल अवरोधक बनाये जा सकते हैं।

(iv) सीमेन्ट–चिकनी मिट्टी, पत्थर का चूरा, और चूना एक विशेष अनुपात में मिश्रित कर लेने के उपरांत निर्धारित ताप पर इस मिश्रण को पाऊडर के रूप में पीस लिया जाता है, यही पाउडर ही सीमेंट कहलाता है। जब इस चूर्ण को पानी में मिलाया जाता है तो इसमें रासायनिक प्रक्रिया होती है, कुछ समय बाद यह उसी रूप में ठोस आकार धारण कर लेता है। इस प्रकार निश्चित समय में यह पत्थर की तरह ठोस, कठोर और मजबूत हो जाता है।

सीमेंट बनाने में अलग-अलग अनुपात का मिश्रण प्रयुक्त होता है। इसीलिये इसमें रासायनिक प्रक्रिया और इसके ठोस रूप में आने का समय भी अलग-अलग होता है। सीमेंट का उपयोग निर्माण कार्य में मुख्य रूप से होता है। ईंट पत्थर बैठाने, चिनने तथा जोड़ने के समय सीमेंट, बालू और बदरपुर मिट्टी का प्रयोग निर्धारित मात्रा में किया जाता है। लिंटल डालने के लिये पत्थर की पक्की रोड़ी और सीमेंट का मिश्रण बना कर किया जाता है। घर की नींव और आधुनिक प्रकार की आर. सी. सी. की छत डालने के लिये भी सीमेंट, पत्थर की रोड़ी तथा बदरपुर प्रयुक्त होते हैं। सीमेंट, रोड़ी तथा बदरपुर का उचित मिश्रण एक बार ठोस रूप धारण कर लेने के बाद पत्थर से भी ज्यादा टिकाऊ और मजबूत हो जाता है। गृह के पक्के फर्श बनाने के समय भी सीमेंट का उपयोग होता है। फर्श दीवारों की सुंदरता के लिए विभिन्न प्रकार के पत्थरों का निर्माण होता है। नमी सीमेंट नहीं सोखता इसलिये इसे नमी एवं पानी से सुरक्षित रखना पड़ता है। इसीलिये सीमेंट का भण्डारण का खास स्थान पर करना पड़ता है जिससे यहाँ पर पानी तथा सीलन से बचाव हो सके। एक बार ठोस रूप धारण कर लेने के उपरांत सीमेंट पर नमी, सीलन एवं पानी का कोई

प्रभाव नहीं होता इसलिये दीवारों को जल निरोधक, अग्नि निरोधक और मौसम के प्रभाव से दीवारें खराब होने लगती हैं इसलिए इसे सुरक्षित करने के लिए बालू और सीमेंट का प्रयोग किया जाता है।

(v) इमारती लकड़ी—वर्तमान में लकड़ियों की कमी अवश्य है लेकिन गृह निर्माण में इसकी उपयोगिता कम नहीं होती। आज भी गृह निर्माण में इसे खुल कर बिना विचार किये प्रयोग में लाया जाता है। लकड़ी प्राकृतिक साधनों से प्राप्त होती है तथा अनेक प्रकार की होती है। सागवान तथा साल की लकड़ी घर के निर्माण में सबसे बढ़िया मानी जाती है किन्तु मूल्य नियन्त्रित करने के लिये केला, आम, जामुन, चीड़ या देवदार की लकड़ी भी निर्माण कार्य में प्रयुक्त होती है। इमारती लकड़ी आसानी से उपलब्ध होती है तथा सुगमता से लाई-ले जाई जा सकती है। लकड़ी से अनेक प्रकार की वस्तुयें तैयार की जा सकती हैं, जैसे—गृह की दीवारें, कमरों के बीच के विभाजन, फर्श, छत, अलमारियाँ, रैक, फर्नीचर आदि। बड़ी आसानी से लकड़ी को किसी भी आकार में बनाया जा सकता है, जोड़ा जा सकता है या किसी भी प्रकार का आकार दिया जा सकता है। इसके लिए कुशल तकनीकी तथा प्रशिक्षण की अनिवार्यता होती है। लकड़ी पानी से हल्की होती है तथा जल्दी टूटती भी नहीं है। इसीलिये सागर की लहरों के थपेड़े सहकर भी समुद्री जहाज और नौका लकड़ी के ही उत्तम होते हैं। सीमेंट या लोहे को सागर का जल जल्दी प्रभावित कर हानि पहुँचाता है। भूकंप वाले क्षेत्र में लकड़ी के घर ज्यादा उपयुक्त होते हैं, वजन में हल्के होने के कारण भूकंप से इसे कम हानि पहुँचती है। फर्नीचर, और आन्तरिक सज्जा की मुख्य सामग्री लकड़ी ही है। खिड़कियाँ, दरवाजे, सीढियों की रेलिंग, खम्भे, खिड़कियों तथा दरवाजों के चौखटे लकड़ी के ही बनाये जाते हैं।

(vi) लोहा—रोड़ी तथा सीमेंट के मिश्रण कंक्रीट को जोड़ने एवं मजबूती देने के लिये लोहे के सरियों और तारों का उपयोग किया जाता है। सरिया लोहे के पतले छड़ होते हैं जिनकी मोटाई 16 मिली मीटर तक होती है। लिंटल डालने के समय इसी सरिया का जाल बना दिया जाता है तथा यह जाल कंक्रीट का बोझ सम्भाले रहता है एवं छत को अपने स्थान पर समतल बने रहने में मदद करता है। जिन स्थानों पर दीमक जैसे कीड़ों का डर होता है वहाँ किवाड़ों की चौखटें एवं खिड़कियों के फ्रेम भी लोहे के ही बनने लगे हैं। कंक्रीट के पिलर बनाते समय भी पहले लोहे का ढांचा खड़ा किया जाता है, फिर उसमें कंक्रीट भर दी जाती है। ऐसे पिलर ज्यादा बोझ उठाने में सक्षम होते हैं तथा गृह की दीवारों को बल देकर मजबूत और सीधा बने रहने मे मददगार होते हैं। प्राकृतिक प्रकोप से गृह को सुरक्षित रखने के लिये

लोहे तथा कंक्रीट से बनी दीवारें एवं छत्तें पत्थर एवं फौलाद से भी ज्यादा टिकाऊ तथा मजबूत होती हैं।

(vii) मिट्टी—घर निर्माण में मिट्टी का योगदान भी कम नहीं है। गाँवों मे कच्चे गृह चिकनी मिट्टी तथा भूसे को गूंथ कर बनाये जाते हैं। निर्माण मूल्य को कम करने के लिये ज्यादातर दीवारों की चिनाई गारे और ईंट से ही कर दी जाती है एवं उसके बाद दीवार को चिकनी, सुन्दर तथा मजबूत बनाने के लिये उस पर सीमेंट और रेत का पलस्तर कर दिया जाता है। ऐसे मकान गर्मी में ज्यादा गर्म नहीं होते। गृह के फर्श बनाते समय भराई मिट्टी से ही की जाती है।

(viii) चूना—घर के निर्माण में चूने का प्रयोग पुराने समय से ही होता आ रहा है, मिस्र और रोम की प्राचीन इमारतें एवं भारत में निर्मित अनेक भव्य भवन, किले तथा महल चूने से ही बनाये गए हैं। चूने की निम्नवत् विशेषताएँ होती हैं—

(i) चूना का प्लास्टर काफी अच्छा होता है।

(ii) इसे आसानी से प्रयोग किया जा सकता है।

(iii) यह सतह को अच्छी तरह पकड़ कर मजबूत बनाता है।

(iv) ईंटों की चिनाई को मजबूती देता है।

(v) इसे सीमेंट अथवा राख में सुगमता से मिलाया जा सकता है।

(vi) यह नमी को सोखकर घर को सीलन से बचाता है।

(vii) इसकी पुताई से मौसम का दुष्प्रभाव कम हो जाता है।

इसका प्रयोग निम्नवत रूपों में होता है—

(i) डिस्टैम्पर और रंग बनाने के काम आता है।

(ii) काँच बनाने के काम आता है।

(iii) सीमेंट रोड़ी से कंक्रीट बनाते समय प्रयोग किया जाता है।

(iv) यह ईंट बनाते समय चिकनी मिट्टी के गारे में प्रयोग किया जाता है।

(v) कृत्रिम पत्थर बनाने के काम आता है।

(vi) सीलन एवं नमी अवरोधक होने के कारण घर की नींव में सबसे पहले चूना, रोड़ी एवं बालू का मिश्रण ही डाला जाता है। घर की दीवारों तथा छतों की पुताई करते समय पहले चूने का एक कोट कर लिया जाता है।

(vii) कोयले की राख के साथ मिलाकर ईंट बिठाने या प्लास्तर करने के काम आता है।

(viii) सीवर, पानी, चीनी और पेट्रोल साफ करने के काम आता है।

(ix) कोयले की राख, तारकोल।

पत्थर के कोयले को जलाने के बाद इसकी राख को चूने में मिला दिया जाता है। राख तो कोयला जल जाने के उपरांत व्यर्थ पदार्थ जिसे पहले फेंक दिया जाता था किन्तु पिछले पन्द्रह वर्ष से इसी राख में बराबर का चूना मिलाकर घर की दीवार का निर्माण करते समय ईंट की चिनाई के काम में लिया जाता है। यह कम व्यय-साध्य है। तारकोल जल अवरोधक होता है। यह गर्मी में तो पिघलता है परंतु ठंडी में जम जाता है। इसलिये गृह की छत की ऊपरी सतह के छिद्र इत्यादि बन्द करने एवं वर्षा से सुरक्षित रखने के लिये कंक्रीट के जम जाने के उपरांत एक पतला कोट तारकोल का किया जाता है। इसी तरह गृह की नींव को जल अवरोधक बनाने एवं पूरे घर का बोझ सहने योग्य बनाने के लिए नींव की ऊपरी सतह पर तारकोल का लेप किया जाता है।

(ix) काँच—काँच के प्रयोग से दीवारों तथा फर्शों में सुंदरता व पारदर्शिता आ जाती है। काँच गर्मी को समेट कर प्रतिबिम्बित करता है इसलिए खिड़कियों के बाह्य पल्लों के लिए उपयुक्त है। वातानुकूलित घरों में काँच का अधिक उपयोग किया जाता है क्योंकि काँच गर्मी में कम फैलता है तथा सर्दी में कम सिकुड़ता है, यह अनावश्यक शोर निरोधक भी होता है तथा गृह को प्रकाशित रखने में भी मददगार होता है। इसलिए गृह की आन्तरिक दीवार या किवाड़ काँच के ही बनने लगे हैं। आन्तरिक एवं बाहरी सज्जा में भी काँच का योगदान कम नहीं है। झाड़, फानूस, सुन्दर लैम्प शेड, एवं कहीं-कहीं तो आन्तरिक छत और फर्श भी काँच के ही बनवा लिये जाते हैं। फाइवर ग्लास का फर्नीचर तथा फूलदान का प्रचलन भी बढ़ गया है।

(xi) डिस्टैम्पर रोगन, रंग, रोगन, पालिश और डिस्टैम्पर विहीन गृह ऐसा दिखता है जैसे निर्वस्त्र व्यक्ति, जिस प्रकार व्यक्ति को वस्त्र सौन्दर्यकरण के साथ साथ ऋतु से सुरक्षित रहने के लिए धारण करने पड़ते हैं, उसी प्रकार अलग-अलग सतह पर गृह के लिए भी रोगन तथा पुताई आवश्यक है। घर की बाहरी सज्जा के लिए स्नोसम का प्रचलन अधिक है, स्नोसम सफेद सीमेंट में रंग मिलाकर विशेष रसायनिक प्रक्रिया द्वारा तैयार किया जाता है, यह घर की बाहरी दीवारों को नमी, काई तथा सीलन से सुरक्षित रखता है एवं दीवारें काफी समय तक सुन्दर भी बनी रहती हैं। घर के अन्दर की दीवारों के लिए चूना, सूखा डिस्टैम्पर तथा तैलीय डिस्टैम्पर का प्रचलन है किन्तु रसोईघर और बाथरूम में यदि पत्थर का उपयोग न किया गया हो तो पेन्ट करवा लेना उचित रहता है। पेन्ट की गई दीवारों पर पानी ठहरता नहीं है तथा ज्यादा ताप भी प्रभावित नहीं करता है। मकान की खिड़कियों और दरवाजों की चौखटें, फ्रेम एवं पल्ले पेन्ट भी किए जाते हैं तथा वार्निश लकड़ी

के प्राकृतिक बनावट रंग को चमक देकर गलने से बचाती है एवं दीमक के भय से मुक्त करवाती है।

पेन्ट की हुई सतह तैलीय होने की वजह से जल के प्रभाव से मुक्त होती है, तथा इसे पानी से धोकर साफ भी किया जा सकता है। गृह निर्माण की प्रमुख सामग्री के साथ-साथ जल की व्यवस्था के लिए लोहे की पाइप, सीमेंट और पोली टैंक पानी को भरकर रखने के लिए अति आवश्यक सामग्री है। इसी प्रकार विद्युत फिटिंग के लिए पी॰ वी॰ सी॰ पाईप, तारें, स्विच और बोर्ड अलग-अलग सामग्री हैं जो कि गृह निर्माण तथा गृह सज्जा के लिए उपयोग किये जाते हैं। लोहे के अतिरिक्त कुछ अन्य धातुएँ भी भवन निर्माण में महत्त्वपूर्ण हैं जैसे विद्युत के शक्तिशाली तार तांबे के ही बने होते हैं तथा उन्हें रबर के खोल से ढ़क दिया जाता है, एल्यूमीनियम की फिटिंग्स एवं परदे लगाने की रॉड का भी ज्यादा प्रचलन है। पीतल के हैंडल, पानी के नल, आन्तरिक सज्जा की अन्य सामग्री अत्यंत सुन्दर लगते हैं एवं टिकाऊ भी होते हैं, रबर तथा प्लास्टिक का उपयोग भी काफी मात्रा में किया जाता है।

चीनी मिट्टी के सुन्दर एवं चिकने वाश बेसिन, पॉट तथा टाईल भी स्नान गृह तथा रसोई घर में प्रयोग होते हैं।

7. वास्तुकला तथा वास्तुकार के सुझाव

आर्कीटैक्ट या वास्तुकलाविद् की तुलना हम ऐसे स्वप्नदृष्टा से कर सकते हैं जो आकर्षक योजना तो बना सकता है किन्तु उस योजना का उपयोग और उसे कार्यरूप में लाने की विधि नहीं जानता। अधिकतर हम वास्तुकलाविद् और इन्जीनियर गृह बनाने कार्य में एक ही कर्त्ता समझ लेते हैं, किन्तु यदि विभिन्न तत्त्वों को ध्यान में रखकर सोचा जाए तो दोनों में काफी अन्तर है।

वास्तुकार गृह निर्माण के समय में उसका सन्तुलन स्थापित करता है एवं वह हमेशा कोशिश करते रहता है कि कुछ नया कर दिखलाने के लिए। ऐसी स्थिति में घर का निर्माण करना उसके लिए काफी कठिन होता है। अपनी बनाई हुई योजना की उपयोगिता का अनुमान उसे नहीं होता। गृह निर्माण करता है इन्जीनियर। आर्कीटैक्ट के सपने को साकार करता है इन्जीनियर। गृह योजना कितनी सुदृढ़ एवं उपयोगी है यह वही जानता है।

घरों का आकर्षण उसमें लगे ईंट से नहीं बल्कि काँच व बाहरी परिसज्जा पर निर्भर करती है। कभी-कभी गृह में सभी अंग सुन्दर एवं सुसज्जित तो होते हैं किन्तु देखने में सुन्दर नहीं लगते। गृह योजना तथा निर्माण में एक विशेष प्रकार की लय और सन्तुलन की अपेक्षा होती है जिसका अभाव भी बुरी तरह खटकता है।

सुंदर घर सुंदरता के प्रतीक होते हैं। गृह की बाहरी सज्जा समाज की औपचारिकता निभाती हुई सुन्दर गेट, आकर्षक पोर्च तथा टेरेस, चमचमाती हुई गैलरी, सुसज्जित लॉन और बरांड़ा अपनी तरफ आकर्षित तो करते हैं किन्तु व्यक्ति ऐसी सज्जा में अपनापन ढूँढ़ता हुआ निराश हो जाता है, हरे-भरे सुन्दर लॉन की प्रशंसा तो व्यक्ति मुक्तता से करेगा लेकिन उस लॉन में बैठकर आनन्द लेने से वंचित ही रहेगा, उससे मैत्रीपूर्ण सम्बन्ध स्थापित नहीं कर पाएगा। ऐसी स्थिति में घर की आंतरिक सज्जा का अपना विशेष महत्व होता है। सौभाग्य से गृह की सज्जा तथा सुविधा, शोभा एवं स्नेह, क्रियाशीलता एवं विश्राम में कहीं भी विरोधाभास नहीं है, दोनों एक दूसरे की शोभा बढ़ाने वाले हैं, मित्र और मदद हैं।

गृह की सुंदरता व आकर्षण बहुत महत्त्वपूर्ण होता है। गृह का प्रत्येक कमरा, प्रत्येक कोना सिमैट्री में या एक विशेष लय में होना चाहिए। गृह स्वामी की इच्छा के अनुसार होना चाहिए। वह इसी को आधार मानकर गृह की योजना की कल्पना कर लेता है। लेकिन इन्जीनियर वास्तुकार की योजना को विचार से लेकर गृह के हर एक अंग को उपयोगी बनाता है, टिकाऊ बनाता है एवं उस योजना को व्यावहारिक बनाता है। उदाहरणार्थ वास्तुकार बाह्य बरांडे को बिना पिलर के नियोजित कर गृह के बाह्य भाग को सुन्दर दिखाना चाहता है किन्तु इन्जीनियर उस बरांडे के डिजाईन, उसकी व्यावहारिकता और उस पर होने वाले व्यय का अनुमान लगाकर बतला सकता है कि पिलर के साथ बरांडे की छत अधिक मजबूत तथा सुदृढ़ होगी और उस पर आने वाले बोझ को सहने योग्य होगी एवं किफायती भी होगी। इसी प्रकार वास्तुकार खिड़कियों तथा दरवाजों के कपाट गोलाई देकर बनाने की कल्पना सिर्फ गृह को सुन्दर रूप देने के लिये करता है तो इन्जीनियर का कर्त्तव्य है कि वह व्यक्ति उन कपाटों पर लकड़ी के अपव्यय से पहले ही सचेत कर दे।

वास्तुकार तथा आर्किटैक्ट दोनों ही अपने-अपने स्थान पर गृह के लिये आवश्यक हैं। दोनों के विचारों के सहयोग से ही गृह सुन्दर, सुदृढ़ और सुविधाजनक बन सकता है।

८. भू-खण्ड, श्रम तथा निर्माण सामग्री का खर्च

भू-खंड—जनसंख्या के घनत्व, औद्योगिकीकरण में बढ़ोत्तरी एवं ग्रामों में व्यवसाय की कमी के कारण गृह निर्माण के लिये भू-खंड का अभाव भी स्वाभाविक ही है। दो दशक पहले लोगों की रुचि घर निर्माण में ज्यादा नहीं थी, वह अपने भविष्य का संरक्षण धन की बचत कर बैंक में रख लेनी ज्यादा पसन्द करते थे लेकिन मुद्रा स्फूर्ति में वृद्धि के कारण बैंक में जमा धन की उपयोगिता सीमित हो गई तथा

बढ़ती महंगाई ने किराये के गृह के प्रति व्यक्ति में उदासीनता उत्पन्न कर दी है। गृह स्वामी अपने मकान को किराये पर देने में सुरक्षित अनुभव नहीं करता, वह हमेशा तनाव में रहता है कि किरायेदार उसकी सम्पत्ति का स्वामी अपने ही न बन बैठे, दूसरी तरफ किरायेदार भी अस्थाई निवास में सुनिश्चित नहीं रहता है। जिस पर वह यह भी सोचने लगा है कि बंधी-बंधाई राशि वह ग्रह स्वामी को देता है उससे वह अपना मकान ही क्यों न बना ले।

ऋण और निर्माण संस्थाओं द्वारा ही गई सुविधा के कारण प्राणी अपना मकान बनवाने के लिये उत्सुक है। यही रुचि भूखंड के अभाव के साथ-साथ उसके मूल्य में अन्धाधुन्ध वृद्धि का कारण भी बन गई है। साठ के दशक में जिस भूखंड का मूल्य बीस रुपये प्रति वर्गगज था, आजकल वही भूखंड दस हजार रुपये प्रति वर्ग गज पर भी दुर्लभ दिखने लगा है। भूमि का मूल्य उसकी स्थिति के अनुसार ही रहता है। महानगरों में भूमि का मूल्य दस हजार प्रति वर्ग मीटर से लेकर पचास हजार प्रति वर्ग मीटर तक अनुमानित है। अगर भूमि विकसित स्थान पर स्थित है जैसे–पक्की सड़कें, विद्युत-जल की व्यवस्था, स्कूल, चिकित्सालय, डाकखाना, बैंक की सुविधा, तो ऐसे भूखंड की कीमत निश्चय ही पन्द्रह हजार प्रति वर्ग मीटर से लेकर पचास हजार प्रति वर्ग मीटर तक आंकी जाएगी। कस्बों में भूमि का मूल्य काफी कम है क्योंकि वहाँ सुविधाएं कम होती हैं। अविकसित भूमि जो कि नगर से बहुत दूर हो उनकी कीमत एक सौ रुपये प्रति वर्ग मीटर से लेकर पाँच सौ रूपये प्रति वर्ग मीटर तक आँकी जाती है। ग्रामीण क्षेत्र में भूमि की कीमत वहाँ की उपज एवं जल की सुविधा के अनुरूप ही रहती है। गाँव की भूमि पचास हजार रु॰ प्रति एकड़ से लेकर ढ़ाई लाख रुपये प्रति एकड़ तक अनुमानित है।

श्रम मूल्य में बढ़ोत्तरी--पहले की तुलना में आज श्रम मूल्य कई गुना बढ़ गया है। घर के निर्माण में तीन प्रकार के श्रम की आवश्यकता होती है। प्रशिक्षित श्रम, अप्रशिक्षित श्रम एवं कुली/राजगीर का श्रम अधिक होता है। सत्तर के दशक के दौरान राज मिस्त्री एवं बढ़ई सोलह रुपये से बीस रुपये तक के दौरान लेता था। बेलदार जिसे अप्रशिक्षित श्रम कहा जाता है सात रुपये और कुली जो कि निर्माण सामग्री ढोने का कार्य करते हैं, छः रुपये प्रति दिन लेते थे किन्तु आजकल यह काफी बढ़ गया है। शहरी तथा ग्रामीण क्षेत्रों में प्रशिक्षित एवं अप्रशिक्षित सभी प्रकार की वस्तुओं के कार्यों व मूल्यों में अंतर होता है।

निर्माण सामग्री की कीमत–निर्माण सामग्री की कीमत स्थान एवं व्यक्ति की इच्छानुसार कम-ज्यादा भी हो सकती है, चूँकि अनेक स्थानों पर सामग्री भी स्थानीय प्रयुक्त होती है किन्तु निर्माण कार्य में प्रयोग की जाने वाली सामग्री ज्यादातर एक

जैसी ही होती है, जैसे–ईंट, लकड़ी, सीमेंट, लोहा, चूना आदि के मूल्य भी लगभग एक जैसें ही होते हैं। भवन निर्माण सामग्री का मूल्य सामान्य क्षेत्रों तथा राजधानी क्षेत्र में अलग अलग निर्धारित है।

सामग्री	मूल्य
(i) ईंट 1000	2500 रु.
(ii) सीमेंट एक कट्टा	200 रु.
(iii) रेत एक क्यूबिक फुट	6.50 रु.
(v) पत्थर की रोड़ी 1 क्यूबिक फुट	30-35 रु.
(vi) लोहा प्रति मेट्रिक टन	22000 रु.
(iii) लकड़ी	
सागवान प्रति क्यूबिक फुट	1250.00 रु.
देवदार प्रति क्यूबिक फुट	900.00 रु.
कैल और साल क्यूबिक फुट	500.00 रु.
प्लाईबोर्ड 3/4" प्रति वर्ग फुट	30.00 रु.
प्लाईबोर्ड 1" प्रति वर्ग फुट	40.00 रु.
प्लाईबोर्ड 1/2" प्रति वर्ग फुट	24.00 रु.
(viii) पत्थर	
मकराना सफेद प्रति वर्ग फुट	130-150 रु.
कोटा प्रति वर्ग फुट	25 रु.
राजनगर संगमरमर प्रति वर्ग फुट	90 रु.
धौलपुर प्रति वर्ग फुट	65 रु.

प्रमुख सामग्री का हिसाब लगाया जाये तो अनुमानित अनुपात इस तरह रहता है —

ईंट	25%
सीमेंट	13%
लोहा	10%
लकड़ी	12%

शेष 40% प्रतिशत व्यय व्यक्ति गृह सज्जा, जल-विद्युत व्यवस्था आदि पर खर्च करता है।

साधारणतया श्रम तथा सामग्री का अनुपात 60 : 40 का रहता है। घर के निर्माण के समय व्यक्ति को भूमि के मूल्य के अतिरिक्त कुल व्यय का 60 प्रतिशत खर्च श्रम पर और 40 प्रतिशत निर्माण सामग्री पर करना पड़ता है।

श्रम पर खर्च करते समय व्यक्ति—

खुदाई के कार्य के लिये	1% व्यय करता है
राज मिस्त्री पर	25% व्यय करता है
बढ़ई पर	12% व्यय करता है
लोहार पर	2% व्यय करता है
खुदाई-भराई पर	3% व्यय करता हैं
डी॰ पी॰ सी॰	5% व्यय करता है
दीवारों	25% व्यय करता है
छत	20% व्यय करता है
आन्तरिक सज्जा	6% व्यय करता है
फर्श	6% व्यय करता है
रंगाई पुताई	15% व्यय करता है
बाह्य सज्जा	5% व्यय करता है
जल व्यवस्था	4% व्यय करता है
सैनेटरी	8% व्यय करता है
विद्युत	5% व्यय करता है

9. सहयोगी वित्तीय अभिकरण

गृह निर्माण के लिए अधिक पूँजी की आवश्यकता होती है। इसके लिए वित्तीय संस्थाओं की आवश्यकता होती है। गृह निर्माण का आर्थिक पहलू अति गम्भीर होता है। सभी व्यक्ति तो इतने धनी नहीं होते कि बिना सोचे-समझे खर्च करते चले जायें। गृह की जरूरत प्रत्येक प्राणी को होती है एवं हर व्यक्ति चाहता भी यही है कि उसका अपना निवास स्थान हो। निर्माण पर होने वाले खर्च को संचित

करने के विभिन्न साधन उपलब्ध हैं। व्यक्ति अपनी सुविधा तथा इच्छा के अनुसार इस धन का संचय कर सकता है। गृह निर्माण के लिए व्यक्ति के सामने ऋण का विकल्प होता है। ऐसी स्थिति में वह ऋण ले सकता है तथा बाद में वापस भी कर सकता है या भवन निर्माण संस्थाओं से सम्पर्क स्थापित कर कुछ जरूरी शर्तों को मानकर उधार पर गृह स्वामी बन सकता है तथा बाद में धन लौटा सकता है। इनमें से कोई भी विधि को अपनाते समय व्यक्ति को अपनी आय का विचार कर लेना चाहिए, कहीं ऐसा न हो कि व्यक्ति उत्साह एवं लोभवश काफी ज्यादा ऋण ले ले तथा उसे लौटाना बोझ लगने लगे।

यह भी विचारणीय है कि किसी भी प्रकार के ऋण पर व्यक्ति को ब्याज देना पड़ता है। इसलिये ऋण की राशि बढ़ती चली जाती है।

ग्रामीण तथा नगरीय क्षेत्रों में गरीबों के आवास उपलब्ध कराने के लिए भारत सरकार द्वारा नागरिकों के लिये निवास स्थान या गृह उपलब्ध करवाने पर बल प्रत्येक पंचवर्षीय योजना में दिया गया है, घर के निर्माण को प्रौद्योगिक स्तर पर विकसित करने के लिये दो बैंक भी स्थापित किए गए। 1987 में नेशनल हाउसिंग बैंक की स्थापना की गयी और इसको प्रौद्योगिक विकास बैंक एवं कृषि विकास बैंक का सहयोगी बना दिया गया। मुख्य उद्देश्य इस बैंक का था नागरिकों में गृह के लिये बचत करने का उत्साह पैदा करना, घर निर्माण के लिये भूमि उपलब्ध करवाना तथा गृह निर्माण के लिये सामग्री सुलभ करवाना। गृह निर्माण के लिए भारत सरकार भारतीय बैंकिंग प्रणाली के तहत् निम्नवत् योजनाएँ क्रियान्वित करती है।

गृह ऋण योजना—जुलाई 1989 से नैशनल हाउस बैंक ने यह योजना गृह बचत खाते के रूप में प्रारम्भ की थी, इस योजना के अन्तर्गत सदस्य को कम-से-कम 30 रू॰ प्रति माह पाँच वर्ष के लिये बैंक में जमा करवाने होते हैं। इस राशि पर दस प्रतिशत ब्याज भी बैंक देता है। पाँच वर्ष के उपरांत व्यक्ति अपनी मासिक आय का तीस गुणा अधिक धन ऋण के रूप में ले सकता है। इस ऋण पर उसे बारह प्रतिशत वार्षिक दर से ब्याज देना होता है। इसी तरह का ऋण हुडको, एच.डी.एफ.सी., कैनरा बैंक, पंजाब नैशनल बैंक, देवन हाउसिंग, जीवन बीमा निगम, जनरल ईन्शोरेंस कम्पनी, गृह वित्तीय लिमिटेड, सिटी बैंक, पंजाब सिंध बैंक आदि भी देते हैं। कुछ बैंक तो निर्माण स्थल तय करने से भी पहले ऋण दे देते हैं।

आवास विकास निगम—आवासीय समस्या के समाधान के लिये आवास विकास निगम भी महत्त्वपूर्ण भूमिका निभा रहे हैं। इनकी लम्बे समय की परियोजनाओं में व्यक्ति को किश्तों में धन देने की सुविधा उपलब्ध है। संपूर्ण राशि का आधा भाग

जमा होने के उपरांत व्यक्ति को गृह उपलब्ध कर दिया जाता है तथा वह वार्षिक या छमाही किश्त अदा करता रहता है।

गिरवी रखना—संपत्ति की शीघ्र जरूरत के लिये व्यक्ति आभूषण, दुकान, खेत तथा अति निम्न वर्ग अपने कमाऊ बच्चे को भी गिरवी रखकर तात्कालिक जरूरतों की पूर्ति कर लेता है, चूँकि गिरवी रखकर लिया गया धन बहुत ऊँची दर पर मिश्रधन के हिसाब से लिया जाता है, इसलिये यह धन रोग के विषाणुओं की तरह काफी तेजी से बढ़ता है। व्यक्ति ब्याज अदा करता रहता है तथा मूलधन की बारी ही नहीं आती। इसलिये ज्यादा अच्छा तो यही है कि ऋण लिया ही न जाये और अगर लेना हो तो किसी सरकारी संस्था से लें या यदि गिरवी रखकर ही उधार लेना हो तो उसे जल्दी से जल्दी नियमित रूप से लौटा दिया जाये ताकि व्यक्ति का लक्ष्य भी पूरा हो जाये तथा उसे गिरवी रखी वस्तु भी वापिस मिल जाये।

ग्रामीण जनता अज्ञानतावश सारा जीवन महाजन का ऋण भी चुकाती रहती है तथा उनके उद्देश्य की पूर्ति भी नहीं होती। शिक्षित वर्ग का कर्त्तव्य है कि उन्हें ऋण देने वाली उदार एवं लाभदायक संस्थाओं से परिचित करवायें और अनावश्यक अपव्यय से बचने के साधन बतायें।

विकास प्राधिकरण—नगर विकास प्राधिकरण भी गृह निर्माण के भूखंड और बने-बनाये गृह उपलब्ध करवाते हैं। इन योजनाओं के अन्तर्गत व्यक्ति को कुल लागत का दसवाँ भाग ही एक बार में अदा करना पड़ता है तथा उसके पश्चात् बारह वर्ष से लेकर बीस वर्ष तक गृह के किराये के रूप में प्रतिमाह धन अदा करना पड़ता है एवं वह मकान उसका अपना हो जाता है। गरीबों के न्यूनतम राशि पर किराए पर मकान उपलब्ध कराया जाता है तथा बाद में उस गृह का स्वामित्व गृह स्वामी को ही मिल जाता है। सदैव की योजना को व्यवस्थित करने के लिए यह एक सरल उपाय है। आवास विकास के लिये गृह निर्माण को प्रोत्साहन देने के लिये सरकारी संस्थाओं के अतिरिक्त कई निजी संस्थायें तथा सहयोगी संस्थायें भी क्रियाशील हैं लेकिन निजी संस्थायें ऋण देते समय व्यक्ति से धरोहर के रूप में कुछ बहुमूल्य बस्तु का प्रश्न करती हैं एवं ब्याज भी बहुत ज्यादा लेती हैं। इसका दुष्परिणाम यह होता है कि व्यक्ति कर्ज के भार से दब जाता है।

विवेकशील एवं अनुभवी व्यक्ति अपनी वित्तीय स्थिति को बहुत पहले से ही नियोजित कर लेता है तथा अपनी आय का कुछ अंश प्रति माह बचत खाते में डालता रहता है। गृह की आधुनिक व्यवस्था बहुत ही खर्चीली है। इसके लिए बजट को अपनी क्षमता के अनुसार पहले निर्धारित करना अनिवार्य है।

10. गृह निर्माण के नियम

गृह निर्माण संबंधी कुछ सार्वजनिक व स्थानीय नियम होते हैं जिनका पालन करना हर किसी के लिए जरूरी होता है। सार्वजनिक नियमों में प्रमुख हैं—गृह की ऊँचाई, गृह के प्रवेश द्वार की व्यवस्था, खिड़कियाँ खुलने की व्यवस्था आदि। जिन नगरों में हवाई अड्डे एकदम पास होते हैं या हवाई अड्डों के निकट वाले क्षेत्रों में गृह दो मंजिले से ज्यादा ऊँचा नहीं बनाया जाता है। गृह का प्रवेश द्वार गली या सड़क के मुख्य मार्ग पर होना आवश्यक होता है। जल निकासी का उचित प्रबंध होना चाहिए। गृह की कोई भी खिड़की या दरवाजा पड़ोसी के क्षेत्र में नहीं खुल सकता, दो गृहों को बांटने वाली दीवार छह फुट से ऊँची नहीं हो सकती। गृह निर्माण के समय विद्युत के खम्भे, टेलीफोन के खम्भे, पेय जल की पाईप तथा सीवियर लाईन पर अवरोध पैदा नहीं की जा सकती।

नगर विकास संस्थाओं तथा नगर पालिका द्वारा स्थानीय नियम तय किये जाते हैं। इसमें निर्मित क्षेत्र और अनिर्मित क्षेत्र के नियम मूल होते हैं। मान लीजिए व्यक्ति का भू-खंड 250 वर्ग गज क्षेत्रफल का है तो उसे साठ प्रतिशत निर्मित करना ही नियमित है एवं चालीस प्रतिशत क्षेत्र उसे खुला छोड़ना होगा जिस में आगे का भाग साढ़े चार मीटर चौड़ा तथा पीछे का भाग तीन मीटर चौड़ा होगा। बगल की गैलरी डेढ़ मीटर से ढ़ाई मीटर चौड़ी रखनी जरूरी हैं। गृह की निर्मित चौकी या बेसमेंट कुल निर्मित क्षेत्र का साठ प्रतिशत ही रखा जाता है। इस प्रकार का घर व्यक्ति के रहने की अनुकूल स्वास्थ्यप्रद दशाओं को उपलब्ध कराता है।

11

घरेलू उपकरण व्यवस्था

वर्तमान भौतिकवादी व्यवस्था में व्यक्ति की दिनचर्या में समय प्रबंधन की आवश्यकता दिनानुदिन बढ़ती जा रही है। इसका परिणाम यह हो रहा है कि ऐसे पारिवारिक साधनों तथा सुविधाओं को अधिक महत्व दे रहा है जिससे कि उसकी आय में वृद्धि हो सके तथा समय की बचत हो सके। घरेलू उपकरण का चुनाव करना इसके चयन में घर की जरूरतों को ध्यान में रखना चाहिए ताकि उपकरणों का संरक्षण अधिक समय तक किया जा सके। उपकरण के अंगों तथा उसकी कार्यप्रणाली का ज्ञान होना अत्यंत आवश्यक है। जानकारी के अभाव में उपकरण का सदुपयोग नहीं हो सकता है। यहाँ हम विभिन्न घरेलू उपकरणों पर प्रकाश निक्षेप कर रहे हैं।

1. सौर कुकर

यह ऐसा उपकरण है जिसे सूर्य की किरणों से संचालित किया जाता है। ईंधन, समय, तथा धन की बचत के लिए सौर ऊर्जा से संचालित कुकर का प्रयोग करना ज्यादा लाभप्रद रहता है। यहाँ साल में करीब 300 दिन सूर्य की धूप रहती है। ऐसी स्थिति में सौर कुकर से खाना तैयार कर ऊर्जा संरक्षण में सहयोग किया जा सकता है। सोलर कुकर एक एल्यूमिनियम बक्से के रूप में होता है। इसमें दो प्रकार के ढ़क्कन होते हैं। पहले ढ़क्कन में साधारण पारदर्शी कांच लगा होता है। ऊपर का हिस्सा बाहर से एल्यूमिनियम का ही होता है। इस बड़े ढक्कन के अन्दर की तरफ साधारण दर्पण लगा होता है। इस ढ़क्कन को एक क्लिप की सहाया से विभिन्न कोण पर खोलकर फिक्स कर सकते हैं। इस ढक्कन को खोलकर एक नियत कोण पर इस प्रकार व्यवस्थित किया जाता है कि सूर्य की किरणें सीधी पहुँचती हैं और दूसरे

ढक्कन पर लगे पारदर्शी काँच पर पड़ती हैं। बक्से के भीतर एल्यूमिनियम की दीवारों पर काला रंग किया होता है। इस बक्से में एल्यूमिनियम के 4 डिब्बे रख दिये जाते हैं। इन डिब्बों में अलग-अलग भोजन सामग्री रखी जाती है। इन डिब्बों को बाहर की तरफ से काला रंग किया जाता है। काला रंग उसकी अवशोषण क्षमता में बढ़ोतरी करने के लिए है क्योंकि काले रंग में 100% ताप को अवशोषित करने की क्षमता होती है। सौर चूल्हे के बक्से के नीचे गोलाकार में चार पहिये लगे होते हैं जिससे चूल्हे को एक स्थान से दूसरे स्थान पर आराम से ले जाया जा सकता है।

भोजन तैयार की विधि—सौर कुकर से जो भी व्यंजन तैयार करना हो उसकी सामग्री को मात्रा के अनुपात में डिब्बों का ढक्कन बन्द कर सौर कुकर में रख दिया जाता है। फिर सौर कुकर को धूप में खुली जगह पर रख दिया जाता है। कुकर को इस तरह से रखें कि उसका दर्पण सूर्य के सामने हो तथा सूर्य की किरणों का प्रतिबिम्ब (Reflection) नीचे वाले पारदर्शी शीशे के ढ़क्कन पर दिखाई दे। प्रत्येक 25-30 मिनट के पश्चात् कुकर की दिशा जरूरत के अनुसार इस तरह घुमावें कि दर्पण पर धूप सामने से पड़े।

सौर चूल्हे में भोजन तैयार करने का समय और कार्य क्षमता सूर्य के ताप एवं भोजन की किस्म पर निर्भर करता है। सौर चूल्हे में भोजन बनाने से सही समय अग्रलिखित प्रकार से हैं—

1. गर्मी के मौसम में सुबह 9 बजे से शाम 4 बजे तक।
2. सर्दी के मौसम में सुबह 10 बजे से दोपहर 3 बजे तक।

सौर चूल्हे का उपयोग सिर्फ धूप के दिनों में ही हो सकता है। अतः खाना पकाने के पारम्परिक साधनों की जगह नहीं ले सकता।

सावधानियाँ—सौर कुकर से भोजन बनाते समय निम्न बातों को ध्यान में रखना चाहिए—

1. भोजन तैयार होने के बाद ढक्कन को पूरी तरह खोल देना चाहिए।
2. जब भोजन तैयार हो जाये, तब ढ़क्कन को पूरी तरह खोल देना चाहिए। ढ़क्कन खोलते वक्त भाप निकलती है जो काफी गर्म होती है और जलने का खतरा रहता है।
3. सौर चूल्हे में रखे जाने वाले डिब्बों को बन्द करना आवश्यक नहीं है।
4. शीशे के ढ़क्कन और शीशे के बाहरी परावर्तक हिस्से को नरम साफ कपड़े से साफ करना चाहिए। इससे यह स्थायी बनी रहेगी।
5. भोजन पकाने हेतु जितने पानी की आवश्यकता हो उतना ही उपयोग करें

अन्यथा पानी अधिक रहने पर अधिक देर में वाष्प बननी शुरू होगी।

6. कुकर ठण्डा होने पर भीतर रखना चाहिए।

7. एक बार पकाने वाले बर्तनों को चूल्हे के अन्दर रखने पर ढक्कन को नहीं खोलना चाहिए।

सौर कुकर से लाभ—सौर कुकर के निम्नलिखित लाभ हैं—

6. इससे भोजन बनाने या दूध, दाल, खीर आदि बनाते समय उफन कर बाहर निकलने का डर नहीं रहेगा।

1. सौर कुकर पर किसी तरह के पारम्परिक ईंधन या विद्युत खर्च नहीं होती है।

2. सौर कुकर में खाना बनाते समय लगातार देख-रेख की आवश्यकता नहीं होती है। इसमें बना खाना 4-5 घण्टे गर्म रह सकता है तथा गैस, आग, बिजली आदि के समान दुर्घटना होने का डर नहीं होता है।

3. पर्यावरण को यह दूषित नहीं करता है तथा इससे धुआँ तथा दुर्गन्ध नहीं निकलती है। इससे बर्तन जलते नहीं हैं तथा काले नहीं होते हैं। एक साथ सौर कुकर को 3-4 चीज बनाने के लिए उपयोग किया जा सकता है।

समस्या का समाधान—सोलर कुकर में विभिन्न प्रकार की समस्याएँ पैदा हो जाती हैं। इसके निदान निम्नवत् विधियों को अपनाकर किया जाता है।

1. सोलर कुकर के बाक्स और बर्तन का काला पेन्ट उड़ जाने पर काला पेन्ट अथवा ब्लैक बोर्ड पेन्ट कर लें ताकि बर्तन शीघ्र गर्म हो।

2. सोलर कुकर को हमेशा सूर्य की किरणों के सामने परिवर्तित होते रहना चाहिए। यदि ऐसा नहीं किया गया तो भोजन नहीं पकेगा।

3. यथासंभव सोलर कुकर के ढक्कन को कम से कम खोलना चाहिए।

2. प्रेशर कुकर

प्रेशर कुकर आधुनिक उपकरण घरेलू कार्यों में मेहनत बचाने में सहायता करते हैं। खुले बर्तन में पकाने की तुलना में प्रेशर कुकर में पकाने से औसतन 53% कम समय लगता है। इसमें कुकर को पूरे प्रेशर पर लाने में खर्च होने वाला समय और फिर पूरे प्रेशर पर पकाने के समय, दोनों ही शामिल हैं। देर से पकने वाले भोज्य पदार्थ को भी प्रेशर कुकर कम समय में पका देता है।

प्रेशर कुकर के भाग—प्रेशर कुकर के निम्नवत् भाग होते हैं—

मूल भाग—भगोने के जैसा प्रेशर कुकर के मूल भाग का नीचे का हिस्सा होता है। यह एल्युमिनियम या स्टील का बना होता है। कुछ में ताँबे का ताला लगा होता है। संवाहकता एल्युमिनियम धातु में ज्यादा (Conductivity) होती है तथा उच्च ताप

एवं दबावँ को बनाकर रख सकता है। साथ ही एल्युमिनियम वजन में हल्का होता है और सस्ता पड़ता है। कुकर बॉडी के साथ हैंडल लगा होता है जो एक कुचालक प्लास्टिक का बना होता है। इसके साथ बॉडी से धातु का एक और सहायक हैंडल लगाया जाता है। यह सहायक हैंडल जो एक कुचालक प्लास्टिक से बना होता है, इसके साथ बॉडी से धातु का एक और सहायक हैंडल लगाया जाता है। इस सहायक हैंडल से इस प्रकार जब कुकर भरा हुआ हो तो उसे उठाने में आसानी होती है।

वेंट ट्यूब—इस नलिका से अतिरिक्त वाष्प बाहर निकलती है। इसी जगह पर ढ़क्कन का हैंडल लगा होता है। यह ढ़क्कन के ठीक मध्य भाग में स्थित होता है। जब खाद्य-पदार्थ और पानी से भरा हुआ कुकर बन्द करके गर्म किया जाता है तो कुकर की बॉडी में भाप बननी प्रारंभ हो जाती है। धीरे-धीरे भाप का दबाव बढ़ जाता है और अपने निर्धारित नतीजा जो प्रतिवर्ग सेंटीमीटर पर एक किलोग्राम या 15 पौण्ड प्रति वर्ग इंच है, से बढ़ जाता है तो वेंट ट्यूब अपने आप ऊपर उठता है और अतिरिक्त भाप वेंट ट्यूब से बाहर निकलती है। जब कुकर के अन्दर भाप का दबाव अपने निर्धारित तल पर लौट जाता है तो वेंट ट्यूब फिर अपनी सही स्थिति में आ जाती है। परिणामतः अधिक दबाव के कारण भोजन शीघ्र पकता है।

ढक्कन—यह प्रेशर कुकर का एक बहुत ही उपयोगी और प्रमुख भाग है। इसे खास तौर पर इस प्रकार से बनाया गया है कि यह कुकर के मुँह में अन्दर की ओर अथवा किसी में बाहर की ओर से बन्द हो और जब कुकर में भाप का दबाव बने तो उसके दौरान ढ़क्कन बॉडी के मुँह के साथ कसकर बन्द रहे। ढ़क्कन के किनारे रबर गास्केट के मुड़े होने से वाष्प बाहर नहीं निकलती।

रबड़ गास्केट—रबड़ गास्केट भी प्रेशर कुकर का एक अत्यंत महत्त्वपूर्ण अंग है। यह अन्दर के वाष्प को बाहर जाने से रोकने में सहायता करता है। रबड़ गास्केट ढ़क्कन के मुड़े किनारे में बैठता है। वेंट ट्यूब पर वेट लगा के गास्केट आराम से निकाला जा सकता है और साफ करने के पश्चात् इसे आसानी से चढ़ाया भी जा सकता है। ढ़क्कन के हैंडल में से गास्केट डालकर मुड़े किनारे पर सभी ओर से दबाकर बिठाया जाना चाहिए। ऐसा न करने से वाष्प बाहर निकलती रहती है तथा इसमें रखी सब्जियाँ व दालें देर से पकती हैं।

सेफ्टी वाल्व—वेंट ट्यूब के अवरुद्ध होने की स्थिति में कुकर के अन्दर का दाब बहुत ज्यादा बढ़ जाता है। प्रेशर इतना अधिक बढ़ जाता है कि कुकर फट सकता है। इस दुर्घटना से बचने के लिए प्रेशर कुकर में एक सेफ्टी वाल्व लगाया जाता है जो कि एक मिश्र धातु का बना होता है जो एक निश्चित तापमान पर अपने आप पिघल जाता हैं। इससे कुकर की सुरक्षा होती है।

ग्रिड् एवं सेपरेटर—इसका उपयोग करने से समय तथा गैस दोनों की बचत होती है। यह कुकर के तल में भरे पानी से भोज्य पदार्थ को पृथक् रखने के लिए और ऐसे व्यंजन जिनमें भाप देनी हो और पानी से पृथक् रखना हो, उनके लिए काम में लाई जाती है। सेपरेटर भी कुकर का एक अंग है। इसका उपयोग दो या दो से अधिक पकवान एक साथ पकाने के लिए किया जाता है। सेपरेटरों को प्रेशर कुकर के साथ ही खरीदना ठीक होता है।

कार्य सिद्धान्त—कुकर में भोजन वाष्प के दबाव में पकाया जाता है। जब कुकर के अन्दर का दबाव बनने लगता है तब वह दबाव वायुमण्डलीय दबाव की तुलना में अधिक हो जाता है। दबाव वृद्धि से ताप में भी वृद्धि हो जाती है। उच्च ताप एवं नमी से पकाने की प्रक्रिया ज्यादा तेजी से होने लगती है और कम समय में ही भोजन पक जाता है।

प्रेशर कुकर से लाभ—प्रेशर कुकर से निम्नवत् लाभ होते हैं—

1. 15 मिनट तक प्रेशर कुकर के अन्दर पानी को उबालने पर वह पूर्ण रूप से कीटाणुमुक्त हो जाता है। अतः जल उबालने में भी इसका प्रयोग किया जाता है।
2. प्रेशर कुकर का उपयोग प्रयोग स्ट्रलाइजर के रूप में भी किया जा सकता है। इसका सबसे मुख्य कारण यह है कि कीटाणु पानी के क्वथनांक (100 डिग्री सेंटीग्रेट) पर उबाले जाने पर समाप्त नहीं होते हैं। प्रेशर कुकर 121 डिग्री सेंटीग्रेट ताप पर काम करता है इसलिए इस ताप पर सारे हानिकारक कीटाणु नष्ट हो जाते हैं। इसलिए बच्चों की दूध की बोतलें, जैम बनाने के लिए बोतलें, बर्तन आदि अनेकों वस्तुएँ जो पूर्ण रूप से कीटाणुमुक्त करने में यह उपयोगी है।
3. इससे भोजन पकाने पर उसकी उपयोगिता और गुणवत्ता दोनों बनी रहती हैं, क्योंकि पौष्टिक तत्त्व नष्ट नहीं होते हैं। विटामिन तथा प्रोटीन जैसे कुछ पौष्टिक तत्त्व साधारण कुकिंग की तुलना में ज्यादा देर तक बने रहते हैं। हल्की भाप से पके भोजन कैलोरी से भरपूर होते हैं।
4. इससे भोजन पकाने से पैसे की बचत होती है। हालाँकि भोजन जल्दी पक जाने से ईंधन की बचत होती है। प्रेशर कुकर में सेपरेटर के प्रयोग से एक साथ कई पकवानों को पकाने से और ज्यादातर मांसाहारों को पकाने से इसकी उपयोगिता अधिक होती है। यह उपकरण मांस के सख्त हिस्सों को भी मिनटों में नरम कर स्वादिष्ट बना देता है। जो इसकी सबसे बड़ी उपयोगिता है।
5. प्रेशर कुकर से भोजन पकाने पर समय की काफी बचत होती है। समय की

बचत, दालें, अनाज, सब्जियाँ तथा मांस पकाने में 55% से 83% तक होती है। गृहिणी इस समय का उपयोग अन्य कार्यों में कर सकती हैं।

6. इस उपकरण से पके भोजन के स्वाद में वृद्धि होती है। अधिक गरम भाप में तेज लेकिन सुगम रीति से पकाने से सब्जियों एवं अन्य भोज्य सामग्री के प्राकृतिक स्वाद और रस-गंध भी ठीक तरह उभर आते हैं। प्रेशर कुकर से पके दाल और मांस पक कर घुल जाते हैं तथा रसीली बन जाती है। अच्छे स्वास्थ्य को सुरक्षित रखने में प्रेशर कुकर का बड़ा प्रमुख योगदान है। प्रेशर कुकर में भोजन 121 डिग्री. सेंटीग्रेड ताप पर पकता है जिससे सारे हानिकारक कीटाणु समाप्त हो जाते हैं।

सावधानियाँ—सदैव प्रेशर कुकर को दो-तिहाई भाग ही भरना चाहिए। तभी प्रेशर कुकर को खोलना चाहिए जब तक वह ठंडा न हो जाए। पकाते समय वेंट ट्यूब के ऊपर कुछ नहीं रखना चाहिए। गर्म द्रव से भरे प्रेशर कुकर को उठाते समय सावधानी बरतनी चाहिए। व्यंजन विधि के अनुसार प्रेशर कुकिंग करने से पूर्व प्रेशर कुकर में पानी हमेशा डालना चाहिए। दबाव के द्वारा यह उपकरण भोजन पकाता है इसलिए इसका हमेशा सही तरीके से उपयोग करें। गलत तरीके से इसको उपयोग में लाने पर भोजन पकाने वाले के शरीर का कोई अंग झुलस सकता है। कभी जोर से प्रेशर कुकर को नहीं खोलना चाहिए। प्रेशर कुकिंग के लिए ढ़क्कन बन्द करने से पहले यह निश्चित रूप से जाँच लें कि वेंट ट्यूब साफ है या नहीं। यदि साफ नहीं है तो साफ करके ही ढ़क्कन बन्द करें। सेफ्टी वाल्व के फट जाने पर शीघ्र उसे बदलें। बदलने के बाद ही उससे काम लें। प्रेशर कुकर को उसके निश्चित काम के अतिरिक्त किसी अन्य काम में उपयोग में नहीं लायें।

3. गैस चूल्हा

एल.पी.जी. एक मोटी दीवार वाले धातु के सिलिंडर में अधिक दबाव के साथ बन्द करके एकत्रित की जाती है। गैस तरल अवस्था में होती है तथा वाल्व खुल जाने पर दबाव कम हो जाता है। गैस चूल्हा के लिए एल. पी. जी का प्रयोग किया जाता है। यह ज्वलनशील गैस मोटे रबड़ के पाईप के सरलता गैस स्टोव तक जाती है। गैस बर्नर पर पहुँचने पर कई छोटे छिद्रों में से निकल कर जलती है। अनेक बर्नरों में एक छिद्र के जरिऐ हवा पहले ही गैसों के साथ मिल जाती है और गैस की लपट नीले रंग की होती है।

गैस चूल्हा के भाग—गैस चूल्हा के प्रमुख भाग होते हैं—

(1) गैस सिलिंडर—धातु से बनी इस सिलिंडर की परत मोटी होती है। आकार

अधिकतर बेलनाकार होता है। एक रेगुलेटर ऊपर में लगा होता है जिसमें एक रबड़ की नली लगी होती है। इस बेलनाकार सिलिंडर में उच्च दाब पर एल.पी.जी. भरा रहता है।

(2) नली—यह नली एक रेग्युलेटर द्वारा चूल्हे तथा सिलिंडर से जुड़ी होती है। रबड़ नली का दूसरा सिरा चूल्हे से जुड़ा होता है। यह एल.पी.जी. संवहन का कार्य करता है। इस नली को समय-समय पर साबुन के पानी से साफ कर देना चाहिए। टूटने या छेद होने पर पानी से इसमें बुलबुले उठेंगे। ऐसी रबर की नली को शीघ्र बदल देना चाहिए। अन्यथा गैस लीक होने व आग लगने का भय रहता है। गैस के सिलिन्डर में आइसो बूटेन और आइसो प्रोपेन गैस दबाव के साथ भरी होती है। लीक होने पर यह वायु से भारी होने की वजह से यह धरातल के पास ही फैल जाता है। यह अत्यंत ज्वलनशील होती है, इसलिए सिलिन्डर को लीक होने से बचाना चाहिए। लीक होने पर पता चले इसके लिए इसमें गंध युक्त गैस भी मिलायी जाती है। भोजन पकाने के बाद इसकी पेंच को सख्ती से बंद कर देना चाहिए।

(3) चूल्हा—चूल्हा लोहे से बनाया जाता है और उसकी सतह पर एनेमेल अथवा क्रोम पालिश की जाती है। कुछ चूल्हों में बर्नर के चारों ओर ड्रिप ट्रे लगी होती है। इसे हटा कर साफ किया जा सकता है। यह एक या दो बर्नर का हो सकता है।

(4) बर्नर—बर्नर धातु का बना होता है इसमें बारीक छिद्र होते हैं जिससे लौ निकलती है। बर्नर एक या दो हो सकते हैं परंतु हर के साथ एक ताप नियन्त्रक लगा होता है। बर्नर के छोटे छिद्रों को साफ करते रहना चाहिए। कभी-कभी निकाल कर साबुन के पानी में कुछ देर उबाल कर धूप में आसानी से लगा देना चाहिए।

नया सिलिंडर लगाने के समय लीक अवश्य चैक कर लेना चाहिए। यह गैस की बदबू तीव्र होने के कारण आसानी से पता लगा सकता है। गैस लीक होने पर खिड़की दरवाजे खोल देने चाहिएँ। यदि लीक ठीक न हो सके तो सिलिन्डर खुले स्थान पर रख देना चाहिए और गैस वितरक से सहायता लेनी चाहिए। गैस लीक होने पर कभी भी माचिस जला कर जांच नहीं करनी चाहिए।

4. गीजर

इस उपकरण के द्वारा पानी गर्म किया जाता है। इसमें गर्म करने के लिए तार लगे होते हैं। तार मिश्र धातु का बना होता है जिसमें 60% निकल, 25% लोहा एवं 15% क्रोमियम होता है। इन तारों में से जब बिजली निकलती है तो यह उच्च ताप पर गर्म हो जाता है और अपने चारों तरह के पानी को गर्म कर देता है। यह तार एक धातु की पाईप अथवा केसिंग में बन्द होती है।

आकार इसका गोल होता है। यह भिन्न-भिन्न वाट और क्षमताओं का होता है। गीजर दीवार में पाईप लाईन के साथ ही लगा दिए जाते हैं। इसकी दीवारों के मध्य में एक ऊष्मा विरोधक तत्त्व भरा होता है जो करीब 3 इंच मोटा होता है। गीजर के मध्य में गर्म करने की रॉड लगी होती है जो गरम होकर पानी को गरम करती है। गीजर दो पाईप लाईन से संबद्ध होता है—एक घर की टंकी से जुड़ा होता है जिससे ठण्डा पानी अन्दर आता है। दूसरा, नल से जिसके द्वारा गर्म पानी बाहर जाता है। गीजर में सदैव थोड़ा सा पानी बाहर जाता है। गीजर में सदैव थोड़ा सा पानी भरा रहता है वरना इसके जलने का भय रहता है। लाल लाइट लगे रहने से पता चल जाता है कि पानी गर्म हो रहा है।

5. वाशिंग मशीन

इस उपकरण का प्रयोग कपड़े धोने एवं उसे सुखाने में किया जाता है। इससे श्रम एवं समय की काफी बचत होती है। इस युक्ति में पानी डाल कर कपड़ों को स्वतंत्रतापूर्वक घुमाया जाता है। इससे कपड़ा साफ हो जाता है। इसमें कपड़ों को पानी के अन्दर स्वतंत्रता से चलना तथा पानी कपड़ों में से स्वतंत्रतापूर्वक गुजरना चाहिए। इस प्रकार से कपड़ा गीला हो जाता है।

वाशिंग मशीन में कपड़े की सफाई करते समय इससे निकला मैल पानी में मिलकर पाइप के छोर से बाहर निकलता रहता है। कपड़े धोने की मशीन में कपड़े ऊपर की ओर से डाले जाते हैं। कपड़ों को गोल घुमाने की प्रक्रिया विलोडक पर आधारित है जो 180 डिग्री के गीले के रूप में चलता है। यह एल्यूमिनियम, स्टील या प्लास्टिक की बनी होती है। कपड़ों को पानी में संचालित करने के लिए पंखुड़ियाँ, पंखे तथा अन्य साधन उसके आकार पर निर्भर करते हैं। विलोडक जो क्षैतिज दिशा में स्थित होता है वह ज्यादा गति से पानी व कपड़ों को घुमा सकता है। घूमने की प्रक्रिया इस उपकरण में प्रतिमिनट घटती-बढ़ती रहती है।

वाशिंग मशीन की गति 50 से 100 चक्कर प्रति मिनट के बीच रहती है। धावन की गति कपड़े की बनावट व भार पर निर्भर करती है। कपड़े यदि कम हैं तथा उनकी बनावट मुलायम यथा टेरीकाट, नायलॉन, आदि तब गति कम रखनी चाहिए। भारी कपड़ों को धुलने में अधिक समय लगता है। जल के तापमान का इस उपकरण में कपड़े के तन्तु के आधार पर किया जाता है। सिलाई, कपड़ा, गन्दगी आदि के प्रकार तथा मात्रा अथवा भार पर भी जल का तापमान निर्भर करता है। इसी प्रकार से रंगीन कपड़ों का ठण्डे पानी में ही धोना जरूरी रहता है।

कई धावन में ठण्डे पानी में धोने के पश्चात् गुनगुने पानी में खंगालने का

स्वचालित प्रावधान होता है। वाशिंग मशीन में पानी कम या अधिक न होने पाए इसके लिए पाइप लगी होती है। कुछ उपकरण ऐसे भी होते हैं जिनमें जल ऊपर से अलग पाईप से भरना पड़ता है। लेकिन जो स्वचालित मशीन होती हैं उनमें पाईप लगा होता है और जलापूर्ति का बटन दबाने पर ही पानी भरने की सुविधा रहती है। कपड़े खंगालने के लिए इस उपकरण में ठण्डा अथवा गरम-गरम अर्थात् गुनगुना पानी भरा रहता है।

6. मिक्सी

कार्य—मिक्सी सूखे मसाले पीसना, आटा लगाना, प्याज, भीगी दाल, लहसुन, अदरक आदि को कुचलना, आलू या अन्य खाद्यानों के चिप्स बनाना, कद्दू कस करना, चटनी बनाना, फलों का रस निकालना।

मिक्सी की बनावट—यह एक बिजली से चलने वाला संयंत्र है। इसमें मोटर लगी होती है जो एक रॉड अथवा शाफ्ट को घुमाने का काम करती है। मोटर की गति को कम अथवा अधिक किया जा सकता है। इसमें मोटर के ऊपर प्लास्टिक या स्टील के बने जार लगे होते हैं। इसमें कार्य के अनुसार स्टील की ब्लेड भी लगा दी जाती है। मोटर के चलाने पर जार में रखा भोजन भी गोल घूमता है तथा दीवार से टकरा कर बीच में गिर जाता है। इस तरह से लगातार ब्लेड से टकराने से भोजन पिस जाता है।

मिक्सी से लाभ—इस उपकरण के उपयोग को काम में लेने पर गृहिणी के समय तथा कार्य शक्ति दोनों में बचत होती है। इससे भोजन मुलायम बन जाने के कारण रोगी व वृद्धावस्था सबके लिए उपयुक्त हो जाता है तथा मसाले या अन्य भोज्य पदार्थ महीन पिस जाता है जिससे भोजन का स्वाद बढ़ जाता है।

सावधानियाँ—मिक्सी के प्रयोग में लाते समय निम्नवत् सावधानियाँ रखनी चाहिएँ—

1. भोज्य पदार्थ को एक रबड़ के पलटे से चलाते व निकालते रहना चाहिए।
2. मोटर पर पानी नहीं गिरने देना चाहिए इसलिए इसे हल्का गीला कपड़े से पोंछ कर साफ कर देना चाहिए।
3. उत्पादक के निर्देशों के अनुसार ही भोजन की मात्रा रखनी चाहिए।
4. गीले हाथ से मोटर को नहीं चलाना चाहिए।
5. जार, ढ़क्कन तथा ब्लेड को काम में लाने के बाद तुरंत धोकर साफ कर देना चाहिए।
6. उपयोग में लाने के बाद मोटर को ढ़क कर रखना चाहिए।

7. मिक्सी के जार में जरूरत से अधिक ज्यादा बहुत कम भोजन नहीं रखना चाहिए। अगर बहुत कम भोजन रखा गया या ज्यादा रखा गया तो मोटर पर भार बढ़ जाता है। इससे मोटर के खराब होने का डर रहता है।
8. जार चलती मोटर पर नहीं रखना चाहिए और न ही उसे हटाना चाहिए। जार रखते और हटाते वक्त सदैव मोटर को बंद कर देना चाहिए।

7. ओवन

ओवन में जिसमें सूखे ताप का प्रयोग कर भोजन पकाया जाता है। इसका उपयोग बिस्कुट, ब्रेड, केक आदि के निर्माण में किया जाता है।

ओवन की संरचना—इस उपकरण के किनारे-किनारे गर्म होने वाले तार लगे रहते हैं। ये तार नाइक्रोम के बने होते हैं जिनकी क्षमता बहुत ज्यादा होती है। इन तारों की एक विशेषता यह भी है कि ये शीघ्रता से गर्म हो जाते हैं। यह तार ओवन के केबिनेट में ऊपर और नीचे दोनों ओर लगा होता है। केबिनेट ओवन में ट्रे रखी जा सकती है और जाली के ऊपर भोज्य सामग्री रखी जाती है। गर्म करने के तार दोनों तरफ अर्थात् ऊपर-नीचे लगे होते हैं ताकि भोज्य सामग्री पर चारों तरफ से बराबर की गर्मी आये। एक तापस्थापी लगा होता है जो ताप को स्थिर रखता है। इसका आकार गोल होता है।

सावधानियाँ—भोजन निकाल लेने के बाद ओवन को ठण्डा होने देना चाहिए। दरवाजे एवं ढ़क्कन को ज्यादा देर नहीं खोलना चाहिए। ओवन को काम में लाने से 10 मिनट पहले गर्म कर लेना चाहिए। उपयोग के बाद इसे गीले कपड़े से साफ करके रखना चाहिए। भोजन की सामग्री उतने समय के लिए रखनी चाहिए जब तक वह पक न जाए अथवा जैसा उत्पादक द्वारा निर्देश दिया गया है। इस पर लगे कांच का प्रयोग देखने के लिये करना चाहिए। ओवन केबिनेट में रखी ट्रे का उपयोग भोज्य सामग्री को रखने में करना चाहिए।

8.(क) भाप आयरन

भाप आयरन का प्रयोग करते समय पानी का छींटा डालना चाहिए। उदाहरणार्थ सूती कपड़े। इन कपड़ों के आयरन के लिए भाप आयरन को उपयोग में लाया जा सकता है। भाप आयरन के प्लेट में छोटे-छोटे छिद्र होते हैं जिनसे भाप निकलती रहती है। जब भाप को निकालने की आवश्यकता होती है तो हैंडल पर लगे बटन को दबा दिया जाता है। इसमें प्लेट के ऊपर के भाग में पानी रखने की व्यवस्था होती है। यह पानी गर्म होता रहता है। यह पानी गर्भ होकर भाप बन जाता है। हैण्डल

पर लगे बटन दबाने पर प्लेट के नीचे बने छोटे-छोटे छेदों में वाष्प कपड़े पर निकल कर आता है। इस प्रकार यह उपकरण कार्य करता है।

8.(ख) गर्म प्लेट आयरन

इसकी संरचना में काफी परिवर्तन हो चुका है। शुरू में इस्त्री में एक भारी स्टील अथवा लोहे की प्लेट होती थी तथा उस पर एक लकड़ी का हत्था लगा होता है। कोयले जलाकर इसमें भर दिये जाते हैं। ढक्कन में लकड़ी का हत्था लगा होता है। कोयले को जलाने के लिए हवा की आवश्यकता होती है, जिसके लिए छेद रखे जाते हैं। नायलान के कपड़े ज्यादा उपयोग होने से कोयले की चिंगारी से छेद हो जाने के कारण इस इस्त्री का उपयोग कम होता गया। समय या शक्ति अधिक लगता है। क्योंकि गर्म करने में काफी समय लगता है।

8.(ग) विद्युत आयरन

कपड़ों को सीधा करने के लिए विद्युत आयरन का प्रयोग किया जाता है। सूती कपड़ों के लिए तो यह अत्यंत आवश्यक होता है। कभी-कभी बार क्रीज बनाने के लिए भी आयरन की जाती है। इसके लिए विद्युत से चलने वाला आयरन भी प्रयोग में लाया जा सकता है। विद्युत आयरन में नाइक्रोम के तार जुड़े होते हैं जो विद्युत धारा प्रवाहित करने के साथ ही गर्म हो जाते हैं। धातु की प्लेट इनके नीचे लगी होती है जो गर्म होकर कपड़े तन्तुओं को चमकदार बनाने के काम में आती है।

8.(घ) स्वचालित तथा अस्वचालित आयरन

दोनों ही तरह का आयरन विद्युत से संचालित होता है। माइका की शीट प्लेट के ऊपर लगी होती है जिस पर तार बंधे होते हैं। यह तार बिजली से गर्म होकर लाल हो जाते हैं और प्लेट को गर्म करते हैं। स्वचालित इस्त्री में ऊष्मा-नियंत्रक या ताप-स्थायी लगा होता है जो एक निश्चित ताप पर स्थिर रखता है। ऊनी, सूती, रेशम, नायलान आदि कपड़े के तन्तु के आधार पर अंकित रहते हैं। इस्त्री का हैण्डल बेकेलाइट तत्त्व का बना होता है। यह बिजली का कुचालक होता है।

8.(ड़) कोयले की इस्त्री

जहाँ पर बिजली की व्यवस्था नहीं है या समय पर बिजली नहीं मिल पाती वहाँ पर कोयले की इस्त्री का प्रयोग किया जाता है। कहने का अभिप्राय यह है कि ग्रामीण क्षेत्रों में इसका उपयोग ज्यादा किया जाता है। ऐसे शहरों में भी इसका चलन है परंतु उतना नहीं। इस आयरन में प्लेट के ऊपर एक कोयले के लिए केबिनेट बना होता है। कोयले जला कर इसमें भर दिये जाते हैं। ढ़क्कन में लकड़ी का हत्था

लगा होता है। कोयले को जलाने के लिए हवा की आवश्यकता होती है, जिसके लिए छेद रखे जाते हैं। नायलान के कपड़े ज्यादा उपयोग होने से कोयले की चिंगारी से छेद हो जाने के कारण इस इस्त्री का उपयोग कम होता गया। इसके अलावा गर्म करने में समय लगता है तथा समय और शक्ति ज्यादा खराब होती है।

9. रेफ्रिजरेटर

रेफ्रिजरेटर का प्रयोग उष्मा का कम करने में किया जाता है। चूँकि ऊष्मा का प्रभाव हानिकारक होता है। कई ऐसे कार्य होते हैं जहाँ उष्मा को कम करने की जरूरत होती है। उदाहरणार्थ खाद्य परीक्षण करने के लिए कम ताप का उपयोग किया जाता है। सूक्ष्म जीव जैसे फफूंदी, खमीर, जीवाणुओं की वजह से खाद्य पदार्थ खराब होते हैं। फफूंदी व खमीर जब संख्या में बढ़ जाते हैं, तथा जीवाणुओं का आकार बड़ा हो जाता है तो खाद्य पदार्थों में रासायनिक परिवर्तन होता है जिससे उसका स्वाद बदल जाता है और वह स्वास्थ्य के लिए खतरनाक हो जाता है। ताप नियंत्रित करने या संतुलित करने से यह समस्या काफी हद तक समाप्त हो जाती है।

कार्य—प्रशीतन के प्रमुख कार्य निम्नवत् हैं—

यह परिरक्षक का कार्य करता है तथा खाद्य पदार्थों का प्राकृतिक स्वरूप बनाए रखता है। भोजन को यह उपकरण धूल एवं गन्दगी से दूर रखता है। यह खाद्य पदार्थों को ठण्डा रखता है जिससे वे जल्दी खराब नहीं होते। यह खाद्य पदार्थों की पौष्टिकता बनाए रखता है।

संरचना—इसकी दीवारें ऊष्मारोधी होती हैं। इसके लिए इसमें उष्मा के कुचालक पदार्थों का उपयोग किया जाता है। यह रोधन पदार्थ गर्म हवा को दीवारों के अन्दर से जाने से रोकता है। द्वार के चारों तरफ गैस्केब लगे होते हैं जिससे दरवाजा पूरी तरह से सील हो जाता है।

रेफ्रिजरेटर में बाहरी वायु प्रवेश न कर सके इसके लिए इसमें चुंबक लगा होता है। प्रशीतन के भीतर भण्डारण दराजों में होता है। शेल्फ शलाकानुमा होती है जिससे वायु-परिचलन ठीक ढंग से होता रहता है। इसमें एक कांच की शैल्फ भी होती है। शैल्फ में बर्तन रखने के लिए ज्यादा स्थान भी बनाया जा सकता है। दरवाजे के अन्दर दूध, फल, पेय की बोतलें, पनीर, मक्खन एवं अण्डे रखे जा सकते हैं। इसे घर के सबसे ठण्डे स्थान पर रखना चाहिए। इसे ऐसे स्थान पर रखना चाहिए जहाँ का फर्श समतल हो, चूँकि समतल फर्श पर द्वार की सील ठीक प्रकार से बन्द हो जाती है। शीत का अभिप्राय है ऊष्मा की अनुपस्थिति।

ऊष्मा हमेशा गर्म वस्तु से ठंडी वस्तु की ओर चलती है तथा यह प्रक्रिया तीन विधियों

के द्वारा सम्पन्न होती है—विकिरण, चालन एवं संवहन। ठोस और तरल रखी गई खाद्य वस्तुओं से गर्म हवा विकिरण द्वारा हल्की होने के कारण ऊपर की ओर उठती है। बर्फ से टकराकर वजन में भारी हो जाती है और ठण्डी होने पर नीचे की ओर आती है। इस हवा के चक्र को चालन चक्र कहते हैं। हमेशा दरवाजा खोलने से यह वायु का चालन टूट जाता है और अन्दर हुई सारी ठण्डी हवा बाहर निकल जाती है। ऐसी स्थिति में इस वायु को ठण्डा करने के लिए प्रशीतन को दुबारा कार्य करना पड़ता है, और इससे बिजली की खपत भी बढ़ जाती है। इसी वजह से दरवाजे को कई बार नहीं खोलना चाहिए। इसके लिए खाद्य पदार्थ को कमरे के तापक्रम पर ठण्डा होने पर ही रखना चाहिए। फ्रीज के अन्दर थाली, ट्रे अथवा अन्य बड़े बर्तन नहीं रखने चाहिएँ चूँकि ऐसा करने से वायुचक्र अवरुद्ध होता है।

सब्जियों को रखने के लिए विशेष वाष्प और आर्द्रता रोधी थैली अच्छी रहती है चूँकि ये फ्रिज में काफी कम स्थान घेरते हैं। तीव्र गन्ध वाले पदार्थ फ्रिज की वायु को खराब कर देते हैं। इसी वजह से इनको प्लास्टिक अथवा ढ़क्कनदार बर्तन में रखना चाहिए। ऐसे पदार्थों में लहसुन, प्याज, तरबूज, मछली मांस, आदि आते हैं।

प्रशीतन की सुरक्षा—फ्रिज का मुख्य कार्य भोजन की देखरेख करना है इस वजह से उसको हमेशा स्वच्छ एवं सूखा रखना चाहिए। इस प्रक्रिया में बाहरी सतह को गीले कपड़े व साबुन से साफ भी किया जा सकता है। बाहरी सतह पर गीले साबुन के कपड़े से साफ कर पालिश कर लेनी चाहिएँ। शेल्फ और दीवारें सूखी रहनी चाहिए। फ्रिज की बर्फ को हटाना अत्यंत आवश्यक होता है चूँकि कुण्डलियों पर जमी हुई बर्फ ऊष्मा रोधी का काम करती है। इस स्थिति में मोटर को ज्यादा समय तक चलना पड़ता है। कुछ मॉडल में वितुषारण यानी बर्फ हटाने की आवश्यकता नहीं रहती वह वाष्प द्वारा स्वयं ही हट जाती है।

फ्रिज के भीतर खाद्य-सामग्री रखने के लिए प्लास्टिक, कांच, एल्यूमिनियम पत्री का उपयोग करना चाहिए।

10. टोस्टर

यह उपकरण ज्यादातर बिजली से संचालित होने वाला यंत्र है। यह स्वचालित तथा अस्वचालित दो प्रकार का होता है। दोनों ही तरह के टोस्टर में ब्रेड स्लाईस रखने के लिए एक स्प्रिंग लगा होता है जिसे ऊपर-नीचे किया जा सकता है। गर्म होने वाले तार एक माईका की पत्री पर लगा होता है। गर्म होने वाले तार टोस्टर के बीच में और स्वचालित टोस्टर में दोनों दीवारों के साथ भी लगा होता है। इसमें एक समय दो स्लाइस का प्रयोग होता है। स्वचालित टोस्टर में एक ताप स्थापी संलग्न होता

है जिस पर 1, 2 अथवा 3 नम्बर अंकित रहते हैं। उस ताप स्थापी के अनुसार सही ताप पर स्लाइड को सेंका जाता है। ताप इसे प्रभावित करता है। इस वजह से इसमें कांटा-छुरी आदि डालने की जरूरत नहीं होती और ऐसा करना भी नहीं चाहिए। इसको उपयोग में लाते समय सूखे हाथ होने चाहिएँ। कुचालक ऐस्बसटॉस की चादर पर रखना इसे अच्छा होता है।

11. कूलर

कूलर एक ऐसा विद्युत उपकरण है जो ग्रीष्म ऋतु में विशेष अनिवार्य होता है। इसके सम्बन्ध में हम यह भी कह सकते हैं कि घर के अन्दर की जलवायु के नियन्त्रण में ताप ठण्डा करने की व्यवस्था या संवातन व्यवस्था के उपकरण कई तरह के होते हैं, कूलर इन्हीं में से एक है। गृह की उष्णता में कमी करके इसे आर्द्र बनाए रखता है। गर्मियों में शरीर के पास का तापमान कम होना चाहिए तथा सर्दियों में ज्यादा होना चाहिए। गर्मियों में ताप के साथ-साथ नमी पर भी ध्यान देना चाहिए। नमी कम होने से नाक और गले में सूखेपन का अनुभव होता है तथा शरीर की वाष्पन की गति बढ़ जाती है। हवा में नमी की कमी होने से घर के अन्दर लकड़ी का फर्नीचर सूख कर सिकुड़ जाता है। कम्बल और कालीन रोंएदार बन जाते हैं। कूलर भी एक प्रकार का पंखा ही है परन्तु जल के कारण इससे ठंडी वायु मिलती है।

कूलर संरचना—यह एक टिन तथा इस्पात का बना डिब्बा जैसा होता है जिसकी एक दीवार पर एक छोटा पंखा लगा होता है। पंखे की पंखुडियाँ छोटी और चौड़ी होती हैं। इनकी यह विशिष्ट संरचना ज्यादा से ज्यादा हवा बाहर से अन्दर कमरे में फेंकने के लिए बनाई जाती है। कूलर की तीन दीवारों को जालीनुमा बनाया जाता है तथा उस पर भीतर की ओर से घास लगा दी जाती है। हम यह भी कह सकते हैं कि तीनों दीवारों के चारों ओर घास की चटाई लगी होती है। कूलर में लगी घास की चटाई पर पानी गिरते रहने से इससे आने वाली हवा काफी ठंडी होती है।

कार्य-प्रणाली—यह हवा में ताप को कम करता है तथा शीतल वायु प्रदान करता है। जब कूलर का पंखा हम चलाते हैं तब पंखा डिब्बे के अन्दर व दीवारों में से शुद्ध हवा को सोख कर भीतर फेंकता है। पानी की धूल व गंदगी को भी चटाई रोक लेती है। परिणामतः वायु स्वच्छता ताजी महसूस होती है। इसके प्रयोग करते समय यह ध्यान रखना चाहिए कि पानी की टंकी का पानी समय-समय पर बदल देना चाहिए तथा उसमें मिट्टी के तेल मिला देना चाहिए इससे इसमें मच्छर नहीं पैदा होंगे। इसके पंखों में भी जरूरत होने पर ग्रीस देना चाहिए व घास को बदलना चाहिए।